Annual 2015

TRUE PORTLAND

The unofficial guide for creative people

創 造 都 市 ポ ー ト ラ ン ド ガ イ ド

edit

BRIDGE LAB

何度も訪れたくなる街

この本のテーマは「ポートランド」ですが、ガイドブックなので「旅」もテーマです。
　アメリカ大陸北西部にあるオレゴン州ポートランドは「住みやすい都市」や多彩な食文化、それを支える農業、ビールやコーヒー、自然豊かなアウトドア、スポーツカルチャーなど様々なキーワードで、メディアで取り上げられたり、セレクトショップのテーマになったりと日本でもここ数年で注目度が飛躍的に増しました。次の長期休暇の旅先リストや仕事の視察先リストに入れているという人も多いかもしれません。そして、行き先がポートランドに決まり、海を渡ります。
　2014年に続いて、今回も「EAT（食べる）」「DRINK（飲む）」「GET INSPIRED（感化される）」「LISTEN（聞く）」「RUN（走る）」「MAKE（つくる）」「DIG（掘る）」「THINK（思考する）」「LOVE（愛する）」「SLEEP（寝る）」というクリエイティブに生きるための10の動詞をポートランドの真実を探る切り口としています。
　最初の訪問では、ガイドブックなどで気になっていた場所を訪れて、思い描いていた姿と実際の様子を比べてみる。期待以上なのか、期待以下なのか。そして街と普段の自分が身を置く環境との距離感を認識していく。ポートランドは発見に満ち溢れた場所。形容される様々なキーワードが表すことを感じることができるはずです。
　そして、都市により入り込んでいくためには、当たり前のことですが、一回ではなく、二回、三回と訪れてみることです。その度に切り口になっている動詞を実行し、体験を積み重ねることで感覚は磨かれ、好奇心もどんどん広がっていくでしょう。ポートランドは、自ら能動的に行動を起こし、自分の暮らしの喜び、楽しさ、面白さを求める人々が多い街。だからこそ想像以上の何かをくれる場所です。
　多様な文化が進化し続け、人々を惹きつけるポートランドの真実を探る旅。決められた時間の中で、観光地を巡るのではなく、よりリアルな場所で時間を過ごし、旅を深めたい。何度も訪れたくなる場所に出会いたい。自分がしたかった本当の旅をポートランドで。

TRUE PORTLAND | Annual 2015

都市の匂い、時代の気運

　世界中を歩いてみると、それぞれの都市には、その街の空気があり、街の気配があります。毎年、同じ街の同じカフェでお茶を飲んでみると、その街の勢いを感じることができます。ポートランドは、今の時代の価値観や創造的エネルギーを共有するのにはいい街の一つです。食べものや飲みものや、建築やデザイン、街並みやそこで生活する人々の表情からも、クリエイティブな時代の気配を感じとることができます。新しい働き方、次の社会はどうなるか、そこではCRAFTでHUMANでORGANICなものを大切にする価値観を、実際に体験することができます。旅する経験をすることが、尽きない好奇心を更に深めることに繋がります。生活するように旅して、その街の真実を経験することが、この本の目的です。毎年、僕たちはこの街を訪れます。

黒﨑輝男　Teruo Kurosaki
『TRUE PORTLAND The unofficial guide for creative people』発行人

TRUE PORTLAND | Annual 2015

TABLE OF CONTENTS

- 2 何度も訪れたくなる街
- 4 都市の匂い、時代の気運
- 8 ポートランドの基本データ
- 10 ポートランドまでの道のり
- 11 市内の歩き方
- 14 CAPITAL OF SPORTS CULTURE
- 16 COLUMN NIKE DNA
- 18 INTERVIEW
  DYLAN RAASCH(NIKE)
- 20 INTERVIEW
  TIM BOYLE(COLUMBIA SPORTSWEAR COMPANY)
- 24 INTERVIEW
  JEREMY MOON(ICEBREAKER)
- 26 JAPANESE INSPIRATION
- 30 ガイドの使い方
- 31 エリアの特徴

32 EAT
BREAKFAST / DINNER / SNACK / HANG OUT / FARM / GROCERY

- 72 COLUMN
  FARMERS MARKET IN PORTLAND
- 78 COLUMN
  QUIN
- 80 COLUMN
  WOODBLOCK CHOCOLATE
- 82 COLUMN
  JACOBSEN SALT & BEE LOCAL

86 DRINK
BEER / DISTILLED SPIRITS/ WINE / CIDER / COFFEE / TEA / BAR/JUICE

- 110 INTERVIEW
  RED GILLEN
- 111 INTERVIEW
  NATALIE ROSE BALDWIN
- 112 COLUMN
  SHUJIRO KUSUMOTO

114 GET INSPIRED
MUSEUM / GALLERY / THEATER

128 LISTEN
RECORDS / VENUE / LABEL / BAND

- 144 COLUMN
  JAY KOGAMI

146 RUN
TRAIL / SHOP / TEAM / SPORTS GYM / BICYCLE

- 158 OUTDOOR IN OREGON
- 174 COLUMN
  GREGORY GOURDET
- 175 COLUMN
  CHRIS TANG

TRUE PORTLAND | Annual 2015

TRUE PORTLAND
The unofficial guide for creative people

創造都市ポートランドガイド

Annual 2015

210 THINK
COLLEGE / BOOKS

214 INTERVIEW
TOM MANLEY

216 COLUMN
FREEDOM UNIVERSITY
CREATIVE CAMP
IN PORTLAND

230 COLUMN
WHY PORTLAND ?

176 MAKE
CRAFT / BRAND & STUDIO / PRINTING / DIY

194 COLUMN
THE GOOD FLOCK

246 SLEEP
HOTEL / LODGING

256 INTERVIEW
AIRBNB
- REBECCA ROSENFELT

258 AIRBNB

196 DIG
VINTAGE / SELECT SHOP / NATURE

232 LOVE
TATTOO / BEARD / SKATE / LGBTQ / STRIP

260 COLUMN
CHRISTINE DONG

261 ITINERARY
262 ANDI BAKOS
266 JARRETT REYNOLDS
268 CASSONDRA PITTZ
270 JOHNNY LE
272 ASHLEY VAUGHAN
274 JENNA CHEN
276 BLAIR SAXON-HILL & JOHN BRODIE
278 ARTHUR HITCHCOCK
280 MAY BARRUEL

284 COLUMN
JEFF HAMMERLY

286 EVENTS IN PORTLAND

MAP
288 SOUTHWEST
290 NORTHWEST
292 NORTH
294 NORTHEAST
296 SOUTHEAST

298 INDEX

302 BRIDGE LAB

TABLE OF CONTENTS

BASIC INFORMATION of PORTLAND

ポートランドの基本情報

米国オレゴン州ポートランド市は米国西海岸北西部パシフィック・ノースウエストに位置し、オレゴン州最大の都市で経済、文化の中心地として栄えています。オレゴン州は北にワシントン州、南にカリフォルニア州に接しており、緑豊かで雄大な自然景観に恵まれています。ここでは1年中スキーができる万年雪をいただいた山、70以上の滝を擁する雄大な渓谷、世界一のピノ・ノワールを産出するワインカントリーが、ポートランドからすぐにドライブで行ける距離にあります。

ポートランドではアメリカの都市で体験できる文化、食、雰囲気が全て楽しめますが、他都市と際立って違うのが周囲の環境です。森に囲まれ、清流が流れ、雄大な山々を背景にした街。この街はインディペンデントでクリエイティブな精神に溢れ、土地との繋がりを大切にする人々が住んでいます。ポートランドで都市生活を楽しみ、ワインカントリーやマウント・フッド、コロンビア川渓谷を巡り自然に浸る。都市と自然の絶妙なバランスがあります。

街の成り立ち

市内中心を南北に流れるウィラメット川と東西に走るバーンサイド・ストリートによって、サウスウエスト（SW、南西）、ノースウエスト（NW、北西）、サウスイースト（SE、南東）、ノースイースト（NE、北東）の4地区に大きく区分けされています。5地区目のノース（N、北）ポートランドは、ウィラメット川、コロンビア川、州間高速道路5号線に囲まれた地区です。

NEW BRIDGE
-Tilikum Crossing

ポートランドは別名「BRIDGETOWN（ブリッジタウン）」と呼ばれる町。ウィラメット川には8つの橋がかかっている。2015年9月12日にウィラメット川に新しい橋「Tilikum Crossing: Bridge of the People（ティリカム・クロッシング：人々の橋）」が開通。Tilikumとはネイティブアメリカンの Chinook Wawa語で"People"という意味で、この名前は公募で選ばれました。全米で唯一、自家用車以外の自転車、歩行者、バス、ストリートカー、MAXだけが利用できる橋となります。

Facts

人口
ポートランド市内 60万9456人(2013年米国国勢調査局推計)
ポートランド都市圏 234万8247人(2014年米国国勢調査局推計)

面積
376平方km

平均標高
52.5m

時間帯
太平洋標準時(PST)

日本との時差
17時間(サマータイム時16時間)
※サマータイム　3月第2日曜日から11月第1日曜日まで

姉妹都市
札幌市(1959年～)

在ポートランド出張駐在官事務所
Consular Office of Japan in Portland
Wells Fargo Center, Suite 2700, 1300 SW 5th Ave.
(503) 221-1811

飲酒
21歳から。バーでの飲酒や酒類の購入の際は身分証明書が必要です。アルコールの販売が許可されている時間は午前7:00～深夜2:30です。公園等の公共の場での飲酒は禁止されています。

喫煙
オレゴン州では法律(Smokefree Workplace Law)により、公共の建物内や、従業員の健康を守るためレストランやバーを含む屋内喫煙が禁止されています。建物の出入り口や窓から10フィート(約3m)以内での屋外喫煙も禁止されています。

	1月	2月	3月	4月	5月	6月	7月	8月	9月	10月	11月	12月
平均最高気温	7℃	10℃	13℃	16℃	20℃	23℃	27℃	27℃	24℃	18℃	11℃	8℃
平均最低気温	1℃	2℃	4℃	6℃	9℃	12℃	14℃	14℃	11℃	7℃	4℃	2℃
平均雨量	140mm	100mm	100mm	70mm	60mm	40mm	10mm	20mm	40mm	80mm	140mm	150mm

Weather

春
春に入ってもにわか雨が続くが、時に晴れ間ものぞき、長く雨の降らない期間もある。典型的な春の日は、午前中は雨で午後から晴れて青空が見える。気温が温暖で3月上旬には花が咲き始める。
服装：重ね着のできるものと軽いレインジャケット

夏
7月から9月、日中は暑くなるが(平均最高気温26℃)、湿度が低く快適な気候。雨はほとんど降らず、6月と7月は午後9時頃まで日が沈まず長い夕べを楽しめる。
服装：夏服。晩は冷えることもあるので軽い上着が必要

秋
10月は比較的穏やかな気候で晴れの日も多い。気温が下がり始めて、紅葉が始まり、雨の日も。11月と12月には気温がさらに下がり、雨も多くなってくる。
服装：重ね着のできるものとレインジャケット

冬
それほど寒くならないが、毎年、数日氷点下になる日もある。雪が降ることは稀。ポートランドで雨が降っている時、近くのマウント・フッドでは雪が降っている。
服装：コート、フリース、雨に強い靴、スキー用具

Getting to Portland

ポートランドまでの道のり

まず飛行機に乗ろう

一番便利なのは、デルタ航空の直行便。成田国際空港（NRT）から約9時間15分のフライトを経てポートランド国際空港（PDX）着。国内線であれば、ロサンゼルスやサンフランシスコ、ニューヨークなどから直行便があります。

空港から市内へ移動

入国検査をパスして荷物を受け取ったら好みのルートで市内まで行きましょう。タクシー（市内まで20～40分、約35ドル）やシャトルバス、ホテルの送迎サービスの停留所は手荷物の引き渡し場所がある階の屋外にあります。一番おすすめなのが「マックスライトレール／レッドライン（MAX Light Rail/Red Line）」。40分ほどで到着できます。券売機で2時間半券（2.5ドル）かバスも乗れる1日券（5ドル）を購入しましょう。自転車を組み立てる場所があり、一緒に乗り込むことができるので目的地に到着したらすぐに自転車で移動することも可能です。

飛行機以外でポートランド入りする

アメリカ国内からポートランド入りする場合、以下の交通機関を利用できます。

・Amtrak アムトラック

ユニオン駅（Union Station）から1日数便、北はワシントン州タコマ、シアトル、カナダのバンクーバーへ、南へはオレゴンシティ、州都のセーラム、アルバニー、オレゴン大学のあるユージーンの各都市を結びます。電源が完備され、軽食も販売。また、他にもロサンゼルスまで行くコーストスターライト号が通るとともに、シカゴ発エンパイア・ビルダー号の終点駅になっています。車内アナウンスがノリノリで楽しく、道中素晴らしい景色が望めます。
www.amtrak.com

・Greyhound グレイハウンド

バスの発着所は、アーヴィン通りを挟んでユニオン駅の隣にあります。ウェブから予約可能でワシントン州タコマ、シアトル、オレゴン州のフッドリバー、ユージーン、ニューポート等を結んでいます。夜から早朝にかけては治安に注意が必要。
www.greyhound.com

・BoltBus ボルトバス

ユージーン、シアトル、バンクーバー等にアムトラックの半額以下で行ける激安長距離バス。車内に無線LANや電源コンセントを完備しておりウェブから座席指定ができます。パイオニア・コートハウス・スクエアから2ブロック離れたところに停留所があります。
www.boltbus.com

Getting Around

市内の歩き方

ポートランドについて語るときに、この街の交通機関とその使いやすさが必ず話題になります。バス、マックスライトレール、ストリートカーを乗りこなせれば車がなくても目的地までの移動が楽にできます。チケットの有効時間 (2時間半、1日など券に記載) 内であれば、他の乗りものに乗り換えることができます。バス、マックスライトレール、ストリートカーの乗り換えの際は、チケットやバスで運賃を払う時に渡されるレシート「Transfer Receipt」が必要です。最近では公共交通機関であるトライメット (TriMet) がチケットを購入できるアプリをリリース (trimet.org/mobiletickets) し、話題を呼んでいます。2時間半、1週間、2週間、30日のパスがあり、期間が長いほど割引が適用されます。目的に合わせて購入するのがおすすめです。

trimet.orgにある「Trip Planner」では行き先を入力すると目的地までの交通手段や乗り換え情報、タイムスケジュールが表示されます。

忘れてはならないのが、ポートランドは全米で最も自転車利用者にやさしい街ということ。通勤に使われるような交通量の多い道路には幅の広い自転車レーンが設けられ、自転車専用の交通信号が設定されています。

用途に合わせていろいろな乗りものを楽しんでみてはいかがでしょうか？

ON FOOT 歩く

ポートランドは歩いて回るのが一番です。こじんまりとしたサイズのダウンタウンは、1街区の長さが61メートルと他の都市の半分の長さであり、公園や広場等のパブリックスペースがたくさんあるために歩く人にとってやさしいつくりになっています。また、あちらこちらで見ることができるパブリックアートは街散策をより楽しいものにしてくれます。街歩きに役立つウォーキングマップは Powell's Books (⇒p218) やパイオニア・コートハウス・スクエア (701 SW 6th Ave.) のビジターインフォメーションセンターで入手できます。

RIDING THE BUS バスに乗る

トライメット (TriMet、www.trimet.org) が運営しています。乗りたい路線の停留所で手を挙げてバスを停車させ、2時間半券 (2.5ドル) で運転手に先払いします。おつりが出ないのでぴったりの料金を用意しておきましょう。1日券 (5ドル) も購入できます。降りたい停留所を知らせるときは窓際に張り巡らされている黄色いベルコードを引っ張ります。パイオニア・コートハウス・スクエアにある観光案内所内にあるトライメットのオフィスで、時刻表や全線の路線図を手に入れることができます。バスの路線は80本あり、ダウンタウンの5thアヴェニューと6thアヴェニューをハブとして郊外まで走っています。

PORTLAND AERIAL TRAM ポートランド・エアリアルトラム

ロープウェイのポートランド・エアリアルトラム (gobytram.com) からは晴れた日には抜群の眺望が望めます。マーカムヒル丘陵の頂上にあるオレゴン健康科学大学 (OHSU) のメインキャンパスとサウスウォーターフロント地区を颯爽と行き来します。下のターミナルはポートランド・ストリートカーのOHSUコモンズ駅 (OHSU Commons) に隣接しています。
往復4ドル

月〜金 5:30〜21:30、土 9:00〜17:00、日曜・祝日運休
※5〜9月のみ日曜運行

PEDALING 自転車でまわる

ポートランドは全米でも最も進歩的な自転車政策を推進している都市の一つです。公共の自転車ラック、自転車で渡りやすい橋、自転車交通安全プログラムなどがある他、バスには自転車を乗せるラックがつけられ、マックスライトレール内やストリートカーにも自転車を持ち込むことができます。自転車をレンタルできる店やホテルがあるのでサイクリング気分で街を散策できます。ヘルメットの着用とライトの装備は法律で義務づけられており、ダウンタウン内では歩道での自転車走行は禁止されています。基本的に車道を走ること、一方通行など自動車と同じ交通規制が適用されます。自転車マップはビジターインフォメーションセンター、自転車ショップ、オンラインで入手できます。

自転車のレンタル

Waterfront Bycicles (ダウンタウン)
ウォーターフロント・バイシクルズ
10 SW Ash St. / (503) 227-1719 / 月〜金 10:00〜18:00、
土日 10:00〜16:00 / www.waterfrontbikes.com

Cycle Portland Bike Tours & Rentals (ダウンタウン)
サイクル・ポートランド・バイク・ツアーズ・アンド・レンタルズ
117 NW 2nd Ave. / (503) 902-5035 / 月〜日 9:00〜18:00
portlandbicycletours.com

Everybody's Bike Rentals & Tours (アルバータ地区)
エブリバディズ・バイク・レンタルズ・アンド・ツアーズ (⇒p170)
305 NE Wygant / (503) 358-0152 / 月〜日 10:00〜17:00
pdxbikerentals.com

MAX LIGHT RAIL　マックスライトレール

ポートランド都市圏の公共交通機関であり、MAXと呼ばれるライトレールはトライメット (www.trimet.org) が運営しています。緑、黄色、赤、青の4色に塗り分けられている路線図は非常にわかりやすいです。上りと下りで停車駅の通りが異なる場合があるので注意が必要です。チケットは停留所の自動券売機で購入してから乗車します。2時間半券 (2.5ドル) 1日券 (5ドル) があります。www.trimet.org

I-205 MAX　グリーンライン
同線はダウンタウンのポートランド州立大学からアムトラックのユニオン駅を経て東へ向かい、ダウンタウンから南東方面24キロに位置するショッピングセンターのクラカマス・タウンセンターに到達します。

INTERSTATE MAX　イエローライン
ダウンタウンのホテルが集中する地区からオレゴン・コンベンションセンターとローズクオーター地区、インターステイト・アヴェニュー沿いに走って、市内北部のEXPOセンターまで行きます。

AIRPORT MAX　レッドライン
ポートランド国際空港に乗り入れ、西海岸で初めて空港に乗り入れたライトレールとなりました。空港のターミナルからマックスのプラットフォームへスーツケースを持って移動するのもとても簡単です。駅は空港南のバゲージクレームの隣にあり、雨に濡れないように屋根がついています。

WESTSIDE MAX　ブルーライン
この路線はダウンタウンと観光施設の集中するエリアを結びます。ワシントンパーク駅近くには、ポートランドで最も多くの観光客が訪れる施設がいくつもあります。オレゴン動物園、世界森林センター、ディスカバリー博物館、ベトナム戦争戦没者祈念碑、ホイト樹木園、ポートランド子ども博物館など。

MAX Orange Line
2015年9月12日にトライメットの5本目となるマックスライン、マックス・オレンジラインが開通。ポートランド州立大学、SEエリア、ミルウォーキー、クラカマス郡北部を繋ぐ。ポートランド州立大学と都心部のSEポートランド、ミルウォーキーやクラカマス群北部のオーク林を通る7.3マイル (12km) の道のり。イーストサイドのOMSIやディビジョン、クリントンエリアへの移動が便利になります。

PORTLAND STREETCAR　ポートランド・ストリートカー

ヨーロッパ風でおしゃれなデザインのポートランド・ストリートカー (www.portlandstreetcar.org) はトライメットと提携しており、バスやMAXのトライメットと同じ運賃で乗り継ぎができます。ストリートカーのみに有効なチケットは1ドル (2時間)。降りたい停留所を知らせる時は壁面にある黄色く細長いボタンを押します。路線には洗練されたノブヒル、スタイリッシュなパールディストリクトなど個性的なネイバーフッドがたくさんあります。ウィラメット川に近接するリバープレイス地区やサウス・ウォーターフロント地区にあるエアリアルトラムの駅にもストリートカーで行くことができます。また、2012年にはセントラル・ループ線が開通、パールディストリクトからブロードウェイ・ブリッジを経てロイドセンター/コンベンションセンターを通り、MLK通り沿いにOMSI (⇒p114) まで行くことができます。

Streetcar Central Loop
マックス・オレンジライン開通とともに、2012年に運行開始のストリートカーのセントラルループライン (CLライン) の南部分も完成し、ティリカム・クロッシングを渡ります。ダウンタウンとセントラルイーストサイド、ロイド地区の行き来が便利になります。

TRUE PORTLAND | Annual 2015

MAX LIGHT RAIL AND PORTLAND STREETCAR

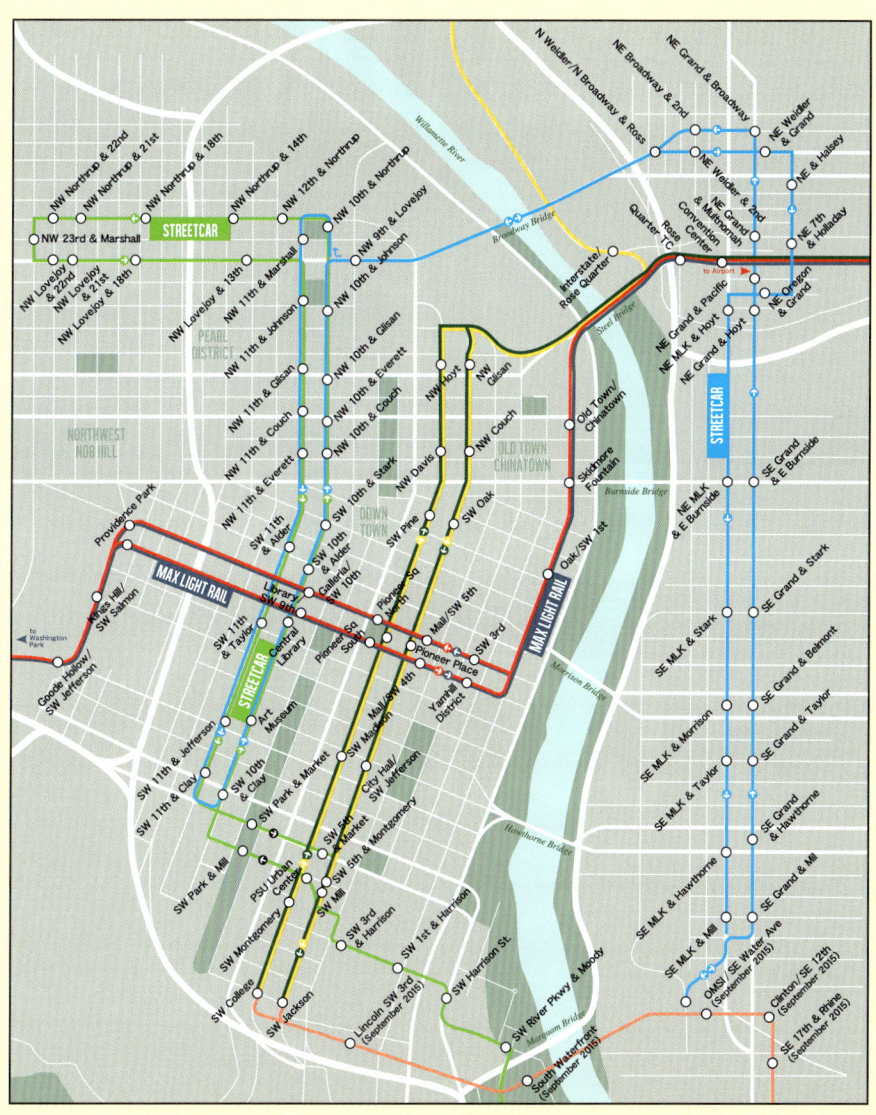

Feature01

CAPITAL OF SPORTS CULTURE

TRUE PORTLAND | Annual 2015

ポートランドに住む人々には、スポーツをする習慣がごく自然に根付いている。町の中ではランニングや自転車に勤しむ人々を数多く見かけるし、アウトドアに親しむことは彼らの定番の休日の過ごし方だ。バーで出会った人々との会話に詰まった時には、「(バスケットボールのブレイザーズや、サッカーのポートランド・ティンバーズの)昨日の試合は見た？」ともちかければ、その場が盛り上がらないことはない。創造的都市とスポーツの、切っても切れない関係性を探る。

NIKE DNA

スポーツカルチャーを牽引する
NIKE に宿る DNA とは

ポートランドを代表するスポーツブランドとしてあげられるのが NIKE だろう。ポートランド市街地から 30 分ほどのビーバートンに通称 NIKE Campus という広大な敷地のヘッドクオーターを構え、他にもヨーロッパ、アジア各所にオフィスを置き、世界中で約 60,000 人のスタッフが働いている。

いつの時代も、アスリートのパフォーマンスを次のレベルに高めることに全てを捧げてきた NIKE。その哲学の中心にあるものは何なのだろうか？という質問に対して、現 CEO である Mark Parker 氏は過去のインタビュー（※1）の中でこう答え

ている。「我々は限界 (limit) ではなく、可能性 (potential) を信じる」と。「(スポーツの歴史を振り返ってみると) 1 マイル 4 分を初めて切ったロジャー・バニスター、ルー・ゲーリッグの連続試合出場記録を破り、2,632 まで伸ばしたカル・リプケン、男子走幅跳では前人未到の記録を打ち立てたボブ・ビーモン、そしてそれを破ったマイケル・パウエル。僕たちは可能性を信じている。それこそが NIKE の思想」。

ワッフルソールで靴のソールの可能性を拡張し、NIKE AIR、NIKE FREE、NIKE FLYWIRE とテク

ノロジーの進化はとどまることを知らない。NIKE+はランナーなどのスポーツ好きとデータを結びつけ、データを蓄積、それをインターネット上のコミュニティで共有するというスポーツトレーニングの新しいかたちをつくった。それは人々のライフスタイル自体を変えてしまう可能性を持ち、日々の生活ですらスポーツであると提示しているようだ。NIKEのミッション・ステートメント（※2）に「To bring inspiration and innovation to every athlete* in the world」とあるとおり、スポーツを楽しむ人全てに対して、閃きと革新を提供している。

　NIKE Campusのいたるところでスポーツをしている（もちろん仕事なのだろう）スタッフの表情は生き生きとしている。バックパックを背負い、ジーンズにスニーカーでオフィスの中を行き来するスタッフたちを見て、同行していたカメラマンが「ここはまるで大学のよう。皆本当に楽しそう」とつぶやいた。何があっても前を向き、正々堂々。結果だけではなく、その過程を最大限に楽しむ。生きることそのものがスポーツだ。この場所が巨大なスポーツの試合会場だとするならば、働くスタッフたちもまたアスリートたちであると言えるのかもしれない。その姿勢はスポーツマンシップにのっとり、フェアである。NIKE DNAはポートランドを中心に連綿と受け継がれていく。

（※1）NIKE, INC. 2007 Annual Report Interview: Mark Parker
http://investors.nikeinc.com/files/doc_financials/annualreports/2007/pdfs/nike_ar_mparker_2007.pdf
（※2）NIKE MISSION STATEMENT
http://help-en-us.nike.com/app/answers/detail/a_id/113/~/nike-mission-statement

TRUE PORTLAND | Annual 2015

18

TRUE PORTLAND | Annual 2015

Interview with
DYLAN RAASCH
Designer (NIKE)

―ポートランドにはいつから？

6年前NIKEに参加するためにポートランドに移り住み、それまではずっとサンディエゴに住んでいたんだ。スケートボードブランドで働いていたのだけど、エクストリームスポーツが盛んで、いい街なんだ。でも、ほぼ砂漠みたいなもの。ポートランドは雨や曇りの日が多いということを除けば、緑も多いし、クリエイティブだし、ポートランドに来ることができてよかったと思っている。

―ポートランドのどんなところに魅力を感じていますか？

アート、デザインや食などの文化的な面においてアメリカを代表する都市になってきていると思う。たくさんの人たちがNYやSF、LAといった都市から移住してきていることからもわかる。カルチャーを受容する雰囲気、そしてクリエイティビティを発揮できる環境が非常に高いレベルで揃っているんじゃないかな。

―クリエイティビティを発揮できる要因は何だと思いますか？

まず、生活コストが高くないこと。NYやSFといった都市ではそれが高すぎる。生活しやすさがクリエイティブな人たちを呼び込み、その人たちが築き上げていく環境が発展を後押しする一つの要因じゃないかな。NIKEの"キャンパス"があって、そこに様々な才能が揃うということも関係があるかもしれない。NIKEでいろいろな知識や技術を身につけて、その後ポートランドで独立する人もとても多いんだ。

―そのNIKEが大切にしていることとはなんでしょうか。

NIKEにおいてはCultural Collaborationというものが重要なんだ。それは、アーティストやファッションデザイナー、様々なカルチャーの中心にいるようなスペシャリストたちとコラボレーションを行うこと。その点においてもポートランドには多くの才能溢れるアーティストやクリエイターがいて、彼らの存在は大きい。NIKEというブランドが、どのようにしてスポーツと同様にカルチャーを祝福することができるのか。これは非常に興味深いし重要なことだと思う。

―あなた自身のクリエイティビティの源は？

瞑想を自分のクリエイティブプロセスに入れているんだ。デザインする時もそうだし、ユーザーや消費者動向を考える時も、落ち着いて、ゆっくりと瞑想することで、ふっとアイデアが浮かんでくることが多い。あとは自然と自分との関係性。週に二回はハイキングに行くようにしているし、夏の間は二週間に一回はキャンプに行くようにしているよ。教えられないけれど、秘密のスポットがあるんだ。

Celebrating Cultures

Profile

Dylan Raasch

NIKEでNSW Running、NSW Football、NSW Tennisカテゴリのデザインディレクターを務める。発売以来、人気を博す"Nike Roshe Run"の生みの親でもある。

Columbia Sportswear Company

ポートランド生まれの世界的なアウトドアブランドColumbia Sportswear Company。そのルーツは今から70年以上前、ドイツ人移民の一家が買い取った帽子問屋に端を発する。社名はオレゴン州の大河、コロンビア川に由来。オレゴンの豊かな自然の中でアウトドアカンパニーへと発展し、現在では世界的な名声を誇るが、その歴史は紆余曲折であったという。CEOであるTim Boyle氏に話を聞いた。

Profile
Gert Boyle

13歳の時にドイツからポートランドに移住。大学卒業後に両親が立ち上げたColumbia Hat Companyへ 夫のNeal Boyleと参加。父と夫が他界したことから事業を受け継ぎ、世界的なアウトドアブランドに成長させた。

成長の秘訣は"セレンディピティ"

1938年、ドイツでシャツの縫製工場を経営していた創始者のランド・ラムフロム一家がポートランドへと移住する。最初は帽子問屋の権利を買い取り、その近くを流れていた川の名にちなんで 社名をColumbia Hat Companyとした。これこそが、Columbia Sportswear Company(以下、コロンビア)の前身である。現在のコロンビアをつくり上げたのが、会長を務めるGert Boyle氏。その半生を綴った自伝『One Tough Mother』で知られ、コロンビアの広告や様々なグラフィックに登場し、同社のアイコンともなっている。現在のCEOは彼女の息子であるTim Boyle氏だ。

コロンビアの70年以上の歴史には様々なドラマがあった。特に、創始者のポール・ラムフロム氏が他界した直後、ブランド存続の危機に直面した。「祖父が他界した後に会社を引き継いだ僕の父もこの世を去ってしまった。そして僕の母が受け継ぎました。でも、すぐに銀行に見捨てられてしまったんです。会社の評価も低くて、当時の負債を返済できるくらいの金額を提示してくれる買取先も見つからなかった。そこで、自分たちで再建する道を選びました。いくつか支援を申し出てくれるところもあり、その中には日本の素材メーカーや商社もありました。様々な支援を得ながら、母Gert Boyleを中心に事業再建を進めてきました。当時、母は46歳、僕は大学4年生でした」日本の企業がコロンビアの再建に協力したと

Interview with
GERT BOYLE
Chairman of the Board (Columbia Sportswear Company)

Profile
Tim Boyle

コロンビアでのキャリアはオレゴン大学4年だった1971年に始まり、母であるGert Boyleをサポートし続け、1989年からはCEOを務める。

いう意外な事実があった。

　現在では世界的なアウトドアブランドに成長したコロンビア。成功の理由の一つとして、「セレンディピティ(Serendipity)」をあげることができるという。それはつまり、ある目的を達成しようとする過程において、新たな別のものを発見する能力、とでも言えようか。「成長の秘訣は、ひとえにセレンディピティ。苦境に立たされた時にこそ、深く学ぶことができる。僕らは地道にそこにこだわってきました」。「僕らは正統的でクオリティの高いものをつくり続けることを心掛けているから、ポートランドにとってはスタンダードすぎるかもしれません。そういった意味では逆に"WEIRD"と言えるかも」。

　オフィスのスタッフも朗らかで、健康的。やはりアウトドアブランドだけあって、みんなスポーツをしているのだろうか。「お昼になるとみんな社内のジムで汗を流したり、ビーチバレーをやったりしている人も多い。ビーチバレーのチームは強いですよ。僕もランニングをするし、スキー、ヨットもやる。まわりに自然が多いことは、とても有難いことだと思っています」。社内のカフェテリアも充実しているそうで、「地ビールを作っている社員も多く、皆で持ち寄ってパーティしたりもするんです」と嬉しそうに笑う。

　最後にやはり気になっていたあの質問。ママの動静について。「ああ、母さんね。90歳になったいまも元気に会社に来ていますよ！」。「One Tough Mother」は健在です。

世界的なアウトドアブランドをつくり上げた"タフ・マザー"の歴史

Interview with
TIM BOYLE
Chief Executive Officer, Director (Columbia Sportswear Company)

TRUE PORTLAND / Annual 2015

icebreaker

Interview with
JEREMY MOON

CEO (icebreaker)

Portland is Silicon Valley for Outdoor Sports.

　ポートランドを形容するキーワードである、自然、クリエイティビティ、そして"スポーツ"。それらをもとに、デザインオフィスをポートランドにつくったブランドがある。ニュージーランド発祥のブランド、icebreakerである。なぜ、ニュージーランドのブランドがアメリカのオレゴン州ポートランドなのか？　彼らのデザインオフィスを訪問し、CEOのJeremy Moon氏に話を聞いた。

　元々Moon氏は24歳の時に勤めていたリサーチの会社を退社し、icebreakerを立ち上げたという経歴の持ち主。それも彼に言わせると、「当時付き合っていたガールフレンドに紹介された人からメリノウールの生地を偶然もらい、そこから全てが始まった」と。そんな出会いからスタートし、初年度には5型しかなかった同ブランドは、この20年で今や世界中のアウトドアスポーツ愛好者に知られるブランドへと成長した。

　肌触りが良く、吸湿性と温度管理に富み、防臭効果にも優れたメリノウールで作られたアンダーウェアが有名で、そうした機能性もさることなが

ら、そのメリノウールを提供してくれる自然との関係性を非常に大切するブランドでもある。「アウトドアの愛好家の多くは、環境に対する意識がとても高い。自然の恵みでもあるメリノウールを活用して商品をつくることは、自然との共存でもあります。だから我々の仕事は農業と言ってもいいかもしれない。誰が羊を育てているのか（生産者）もわかっているし、どういう経路でそれが商品となって、僕らの手元にきているのかもちゃんと理解しています。それは技術的ではなく、倫理的に優れているということで、ものの背景にあるストーリーを伝えていくのです。自然から提供されるものだから数に限りがありますが、それを僕たちのクリエイティビティでどう乗り越えていくことができるか、その挑戦が最も楽しい過程でもあります」。こう語るのはプロダクト部門のヴァイス・プレジデント、Mark Koppes氏。これこそが、彼らが掲げている哲学、「The Power of Nature（自然の持つ力）」ということ。

　そんなブランドがなぜ、この街ポートランドにデザインオフィスをつくったのか。まず彼らが挙

icebreakerのブランドブック「A DAY WITH icebreaker」からの写真。工房での作業からカフェでのやすらぎの時間まで、多種多様なシーンに対応するウェア。

　げたのが、自然と街との関係性。それは物理的に自然へのアクセス環境が整っているということ。icebreakerで働くスタッフたちに話を聞いてみたところ、多くの人がスポーツに親しんでいて、それを楽しめる環境が身近にあることが、デザインにインスピレーションをもたらしている。

　次にあげたのが、NIKEやadidasなどグローバルに展開するスポーツブランドのオフィスがあることや、大小様々なアウトドアブランドの発祥の地であるということ。「優秀な才能に出会いやすい街だと思う。大切なのは何と言っても人材」とMoon氏。他社をライバル視するわけでなく、スポーツカルチャーを一緒に盛り上げていこうという姿勢がある。

　「Silicon Valley for Outrdoor Sports（アウトドアスポーツにとってのシリコンバレー）」。これもMoon氏の言葉だが、ITで有名なシリコンバレーのように、この街はアウトドアスポーツにとって常に新たな何かが生まれ、歴史の第一歩となる場所なのだろう。

　icebreakerの視点は都市生活者に置かれている。「都市に住むことのメリットは時間と空間。だけど、それにはエモーショナルコスト（心理的な犠牲）が常につきまとう。それを解放するために、人々は自然に向かうのだと思う。だからこそ、より簡単に自然と向き合えるようなサポートができればと思っています。そしてオフィスに行く時でも、デートに行く時でも、日常を快適に過ごすために着られるプロダクトも、もっと提供していきたい」。

　自然と人、自然と都市との関係性のバランスを常に大切にしているMoon氏を始めとするicebreakerのクルー。その自然体なスタイルから、このブランドのあり方を感じた。

Profile
Jeremy Moon

icebreaker CEO。24歳の時務めていたリサーチ会社を辞め、アウトドア用メリノ衣類icebreakerを立ち上げ。現在icebreakerは社員数は350人。37カ国3,000以上の店舗で販売されている。
（日本語ウェブサイト）www.goldwin.co.jp/icebreaker

Feature02

JAPANESE INSPIRATION

NWのチャイナタウンは戦前まではジャパンタウン（ニホンマチ）。ポートランドと日本の間には、浅からぬ縁がある。過去にはポートランド生まれの世界的なスポーツブランドの危機を救ったのが日本の企業だったこともあった。現在もハイテク関連、環境・クリーンエネルギー関連の企業が日本から進出している。文化的な面でも、ポートランドの街には日本が生きている。その一部を紹介したい。

PORTLAND JAPANESE GARDEN

この地にも、日本がある

　1959年、ポートランド市と札幌市との姉妹都市関係が結ばれたことをきっかけに、NPO団体「オレゴン日本庭園協会」が計画。1963年に造園家の戸野琢磨氏によって設計され、1967年に開園した。広さ2haの園内に5つの庭園で構成され、鯉のいる滝や東屋、茶室などが点在している。　全米にある300の公立の日本庭園の中で、最も美しく、また本物の日本の庭園に近いと言われている。建築資材も日本から運ばれたものを使ったそうだ。開園以来、ディレクター・システムという運営方法をとり、初代の平欣也氏より現在に至るまで代々日本人造園家が細かく監修しているという。また園内では、隈研吾氏による新たな建物とランドスケープ・デザインの施工計画が進んでいる。四季折々に見られる草木の移り変わりは、ポートランドにいることを忘れてしまうほど美しい。

Information

ポートランド・ジャパニーズ・ガーデン

611 SW Kingston Ave.
(503) 223-1321
月 12:00～16:00、火～日 10:00～16:00
japanesegarden.com

OTA TOFU

100年の歴史を持つポートランドの老舗豆腐屋

SEエリアにひっそりと佇む豆腐屋さん。岡山から移住をしたOta氏が1911年にスタートしたという老舗だ。中に入ると朝から水の流れる音が絶えない。豆腐づくりには大量の水を使うため、山からの水がそのまま水道水として流れているポートランドはとても恵まれた環境なのだ。

つくっているのは豆腐や厚揚げ、豆乳など。市内のホールフーズ・マーケットや飲食店に卸しているが、工房でも直販を行っている。取材時も、20年前にポートランドに移住して以来買い続けているという日本人の常連客が訪れていた。店の前に大量のバケツが並んでおり、独特の雰囲気を醸し出しているが、これは飲食店の人たちが豆腐をまとめ買いするのに使うものだそう。コーヒーやビールに飽きたら、豆乳を買って公園で一息つこう。

Information
オオタ・トウフ

812 SE Stark St.
(503) 232-8947
月〜土 8:00〜17:00
www.otatofu.com
MAP▶p298-31

CHEF NAOKO

2008年にポートランドに移住した日本人、田村なを子さんが始めた弁当カフェ。オーガニック食材にこだわり、季節の味覚も楽しむことができる。最近ではデルタ航空のポートランド発東京行きのビジネスクラスの和食を提供するようになった。

Information

シェフ・ナオコ

1237 SW Jefferson St.
(503) 227-4136
火〜金 11:30〜14:30、水〜金 18:00〜21:30、土 11:30〜15:00
www.chefnaoko.com
MAP p288-58

BIWA

焼き鳥やラーメンなどの日本食とともに日本酒や焼酎も楽しむことができる"IZAKAYA"。メニューを見ると、刺身やほうれん草のおひたしまである。オーナーは日本に留学経験があり、最近ではラーメン店Noranekoもオープンさせた。

Information

ビワ

215 SE 9th Ave.
(503) 239-8830
月〜日 17:00〜24:00
www.biwarestaurant.com
MAP p296-89

NODOGURO

地元で採れた食材で創作日本料理のコースを、予約制のディナーパーティのかたちで提供する。以前は特定の店舗を持っていなかったが、食材店Pastaworks内に拠点を構えるようになった。日本語が流暢なRyan Roadhouseがシェフを務める。

Information

ノドグロ

3735 SE Hawthorne Blvd.
nodoguropdx.com
MAP p296-55

TRUE PORTLAND | Annual 2015

How to Use This Book

ガイドの使い方

本書に掲載した情報は、2015年1月から3月の取材をもとに構成されています。現地の人に敬意を払いつつ、できるだけ正確な情報を掲載しているつもりですが、時の経過とともに営業時間が変更になったり、店が移転する可能性もあります。そんな時は一緒にガイドブックをつくる仲間としてinfo@truepdx.com までご連絡して頂けると嬉しいです。truepdx.comで情報を更新してまいります。

表記のルール

表記中に記載のないものは該当するものがありません。

※2 住所の表記について
Ave.→Avenue / Blvd.→Boulevard / Rd.→Road / St.→Street Hwy.→Highway / Ct.→Court

※3 料金の目安
「EAT」「DRINK」「SLEEP」大体の値頃感を表示しています。ほとんどの店はカードを使えますが、「BUY LOCAL」とレジに書いてあったら現金のほうが歓迎されます。ホテルはキャンペーンを上手に利用すれば少しリーズナブルになる場合もあります。

$ ------------------------ 10ドル以下(ホテルは1泊約100ドル以下)
$$ -------- 11ドルから20ドル(ホテルは1泊約150ドル)
$$$ ---------- 21ドルから40ドル(ホテルは1泊約250ドル)
$$$$ ---------------- 40ドル以上(ホテルは1泊約350ドル)

※消費税と飲食税はありませんが、レストランではチップとして飲食費の15〜20%を支払うのがマナー。
※ホテルでは客室数によって11.5%〜13.5%の宿泊税がかかります。

── カテゴリー

清潔感が漂う白を基調とした店内は、美しくお皿に盛られた料理をいっそう引き立たせる。(店は女性スタッフで切り盛りしている。)手書きのメニューを見ながら、おすすめメニューを彼女たちに聞くのも楽しい。

の質が私にインスピレーションを与えてくれる。店のキッチンはとても慎ましくて、火口が2つあるガス台とオーブンが1つ、アイスクリームマシンと祖母のために使っているノルウェーの伝統的なパンを焼く器具があるだけ。調理器具は全て見える場所にあって、効率的にフル稼働しているわ」

店のコンセプトは"親密な空間でおもてなし"という感じだろうか。気配りが行き届いた料理は、パイ生地からソースに至るまで全て手づくり。彼女が日課としている手書きメニューからも思いが伝わってくる。

────────────────── 場所の表記／日本語
　　　　　　　　　　　　　　 住所(※2)
Information
モーリス
921 SW Oak St.
(503) 224-9921 ─────────── 電話番号
月〜土 10:00〜19:00 ────────── 営業時間
mauricepdx.com ──────────── ウェブサイト
$$ / MAP p.288-14 ── 料金の目安(※3) / 地図ページでの位置

Area Guide

エリアの特徴

ポートランドは大きく5エリアで構成されています。その中に大きな通りを中心とした"ネイバーフッド"と呼ばれる小さなエリアに分かれています。個性溢れるネイバーフッドが公園やミュージアム同様、この街を訪れる人たちにとって重要なアトラクションとなっています。

SOUTHWEST　サウスウエスト（MAP: p288）

Cultural District
カルチュラル・ディストリクト
ダウンタウンを訪れる人々にとって最も印象に残るのが緑の多さです。「サウス・パークブロック」の両側には壮麗な高層住宅が立ち並び、市内有数の文化施設が軒をならべます。

Pioneer District
パイオニア・ディストリクト
有名ブランドの入るパイオニアプレイス・ショッピングセンターやデパートなどがあります。「パイオニア・コートハウス・スクエア（別名ポートランドのリビングルーム）」が中心にあります。

West End / Down Town
ウエストエンド／ダウンタウン
近年まで、ダウンタウンのこの一角は長い間荒れ果てた印象のある地区でした。しかし Ace Hotel がオープンしたこと、10thアヴェニューと 11thアヴェニューにストリートカーが開通したことにより再開発が進みました。

NORTHWEST　ノースウエスト（MAP: p290）

North West Portland / Nob Hill
ノースウエスト／ノブヒル
並木道沿いに立ち並ぶビクトリアンやコロニアル様式の古い邸宅とともに、新旧のアパートメント・ビルやショップが連なります。この地区はフォレスト・パークの広がる丘陵地ウエストヒルズの麓に位置します。古くから「ノブヒル」と呼ばれています。

Old Town / Chinatown
オールドタウン／チャイナタウン
地下には「シャンハイトンネル」と呼ばれる黒い歴史が潜んでいます。そのトンネルはその昔、船上の労働力として船乗りや木こり、労働者を誘拐して船まで運んだ地下通路だといわれています。現在はアートあふれる繁華街

Pearl District
パールディストリクト
住居、商業、オフィス用途のミックス・ユースを推進する都市再開発のモデルとして有名。見放されて荒廃していた工業地帯が洗練された地区に生まれ変わり、その多くはグリーン建築基準LEED認証を取っています。

NORTH / NORTHEAST　ノース（MAP: p292）
　ノースイースト（MAP: p294）

Alberta Arts District / Killingsworth
アルバータ・アートディストリクト／キリングスワース
ポートランドで最も文化的で多様性に富んだ通りです。芸術家、起業家、クリエイティブな精神を持つ人たち、若い世代の家族、学生などが一体となって草の根的なコミュニティをつくり上げています。毎月最終木曜日にラスト・サーズデイ・ストリートフェスティバルが開催。

North Mississippi Avenue
ノース・ミシシッピ・アヴェニュー
ぶらぶら散歩をしながら店をのぞいたり、食べ歩きするのにぴったり。アート性に富んだ若さに溢れた雰囲気の地域で、リノベーションした古い建物や、環境にやさしい設計の新しいミックスト・ユースの建物が混在します。

North Williams
ノース・ウィリアムズ
数年前に公式に自転車大通り Bike Corridor として指定されてから、環境にやさしいデザインのアパートメントや商店が林立するようになりました。

SOUTHEAST　サウスイースト（MAP: p296）

Hawthorne and Belmont
ホーソンとベルモント
自由奔放な雰囲気の漂うホーソン通りは、ポートランドのカウンターカルチャーの中心地として知られてきました。ヒッピーやヒップスターが好んで住み、働き、遊ぶ場所です。ヴィンテージやインディーショップ、コーヒーハウスやバー、フードカートが増えています。

Central Eastside
セントラル・イーストサイド
倉庫や線路が立ち並ぶエリアに、レストランやマイクロブルワリーなどが続々増えています。インダストリアルシックな面と、ネイバーフッドの草の根的ヒップスターの雰囲気が溶け合ったようなネイバーフッドになっています。ストリートカーのCLライン全線開通で、さらに発展しそう。

East Burnside
イースト・バーンサイド
10年ほど前まで軽工業と殺風景な店構えの商店が連なる地域でした。ところが2004年、おしゃれな Jupitar Hotel がオープンした頃から変貌を遂げてきました。

Division / Clinton
ディヴィジョン／クリントン
ホーソン通りの南に位置する歴史ある地区。サウスイースト・ディヴィジョン通りの10thアヴェニューから50thアヴェニューの範囲には古くから親しまれている店やレストランと新しい店が混在。クリントン通りは主に住宅街ですが、小さな店が集中しています。

28th and Burnside St.
28thと バーンサイド
別名レストラン通りとも呼ばれる28thアヴェニューはノースイースト(NE)地区とサウスイースト(SE)地区を南北に貫き、NEグリサン通りからSEスターク通りの約10ブロックにかけて、人気のレストランが並んでいます。

EAT

豊かな食文化は
喜びをともなう
食べものから

←アメリカの食文化に貢献したシェフやレストランに贈られる「ジェームス・ビアード賞」は、料理界のアカデミー賞。2015年のセミ・ファイナリストとして、ポートランドから16件がノミネートされた。女性だけで切り盛りしているMauriceもその一つ。

美味しい店を見つけられるか否かは、訪れた街の印象を大きく左右する。その点ポートランドは、全部巡るのに時間が足りないほど、行きたい店のリストが溢れている。料理のジャンルも様々で、フランス、イタリア、アジア料理はもちろん、おしゃれな居酒屋や、ソビエト（ロシアではなく）料理の店なんてものもある。全米屈指の美食都市であるポートランドには、今や世界中から腕利きのシェフが集まって来る。その求心力となっているのが、街の至る所で開催されるファーマーズマーケット。農家の人々と会話をしながら食べるものを手に入れられる喜びは、食の未来を明るくしている。

Måurice

心を込めたもてなしを実現させた空間

TRUE PORTLAND | Annual 2015

EAT

「私は8年前に東海岸からポートランドに引っ越して来たの。いつでも農家の人々に会えて、人との繋がりを通じ、何がどこから来たのかがわかるライフスタイルにすぐ惚れ込んでしまったわ。それがMåuriceを始めたきっかけ」

　焼きたてのペストリー（パイやタルト類）、季節の新鮮な食材を使った料理。普段着でふらっと行ける街のダイナーは、素敵な女性オーナーが描いた理想を実現している。そんな店の世界観に惹かれ、朝ごはんやランチを食べにやって来る人々が列をなしている。Powell's Books（⇒p218）にほど近い人気のランチスポット、Måuriceのオーナーである Kristen D. Murrayに店づくりについて聞いてみた。

「私の家のダイニングルームで、フランスとノルウェーのアクセントを効かせたペストリーが充実した食堂を開く。その奇想天外なアイデアをかたちにしたの。どんなメニューにするのかは、季節や材料

個性的なメガネと、フレンチボーダーシャツがお似合いのオーナーシェフKristenさん。2015年のジェームス・ビアード賞に"注目すべきパティシエ"としてセミ・ファイナリストにノミネートされた。チョコレートムースは絶品！

TRUE PORTLAND / Annual 2015

EAT

清潔感が漂う白を基調とした店内は、美しくお皿に盛られた料理をいっそう引き立たせる。(店は女性スタッフで切り盛りしている。)手書きのメニューを見ながら、おすすめメニューを彼女たちに聞くのも楽しい。

の質が私にインスピレーションを与えてくれる。店のキッチンはとても慎ましくて、火口が2つあるガス台とオーブンが1つ、アイスクリームマシンと祖母のために使っているノルウェーの伝統的なパンを焼く器具があるのみ。調理器具は全て見える場所にあって、効率的にフル稼働しているわ」

　店のコンセプトは"親密な空間でおもてなし"という感じだろうか。気配りが行き届いた料理は、パイ生地からソースに至るまで全て手づくり。彼女が日課としている手書きメニューからも思いが伝わってくる。

「私はずっとホームパーティーなどの集まりには、常に手書きでメニューを書いているわ。私にとって大切なのは、お客さまに心を尽くしたおもてなしをすること。だからMauriceで手書きのメニューを書くことは自然な流れなの」

　一期一会、人との繋がりを大切に。Kristenさんがポートランドで受け入れられた理由は、街の人たちが大切にしている価値観を持ち合わせていたからかもしれない。彼女がつくり上げる理想の世界へ、ぜひ足を踏み入れてほしい。

Information

モウリス

921 SW Oak St.
(503) 224-9921
月〜土 10:00〜19:00
mauricepdx.com
$$ / MAP p288-14

Sweedeedee

焼きたてパンと弾む会話
朝から自然と人が集まるカフェ

近隣に住む人たちのために、カフェが開く。毎朝やってくる常連たちを、焼けたパンの香りが迎えてくれる。慌ただしい朝など別世界のことであるかのように、レコードプレーヤーからあたたかくて透明感のあるBGMが流れている。アクセントとして、エレキギターをピリッと効かせたようなオルタナティブな空気が店内に満ちている。
「小さなカントリースタイルのカフェを開く夢を長年追い求めてきたわ。近所の人たちのために、アットホームな雰囲気をつくろうと思って店を始めたの。リラックスしに来る人たちが楽しめて、健康的で気の利いた食事ができる場所よ。ビジネスをしよう、という発想ではなかったわ。」

オーナーのEloise Augustynさんは、ポートランド出身。木の温もりを感じる店内に、手書きのメニューや瓶詰めされた保存食が並んでいる。懐かしさが漂うカセットテープやレコードは、隣にあるMississippi Records（⇒P132）で手に入れたのだろうか。

開店からほどなく、朝ごはんを食べに、友達同士や家族連れがやって来る。平日でも、入口付近までお客さんが並んでいることもしばしば。メニューや焼きたてのペストリーを眺めながら、何を注文しようか考える時間が、朝ごはんを食べる時間を一層盛り上げてくれる。

右下のSweedeedee Breakfast Plate（10ドル）は人気の定番メニュー。左下はHoney Cake With Fruit & Cream（5ドル）フルーツソースはもちろん手づくり。この他にGranola（6.5ドル）や、Sandwiches（7ドル〜）などがある。コーヒーはカップをカウンターでもらい、ポットから自分で注ぐシステム。

店のブログを覗いてみると、敬愛している人や店の紹介をしている。人の繋がりを大切にする彼女だからこそ、食材選びにもこだわりがある。
「ウィラメットバレーに地元の小規模農家がたくさんあって、素晴らしい作物をつくっているの。それらのクライマックスとして、私の店で調理して提供していることにとっても興奮するわ。食べ物がどこからやって来るのかは、とっても大切。私たちが調理するものや農産物は、よく考えてから店に出しているの」
　かわいらしい店内ながらも"わかる人にはわかる"筋の通ったポリシーを感じる。それを受け入れる常連さんが多いことが、とても羨ましく思えた。聞きそびれた、店で使用している綺麗なブルーの陶器について教えてもらおうと後日メールをしたら、自動返信でこんなメッセージが返ってきた。
「がんばって早く返信できるようにするけれど、店のことも大切だし、家事をして睡眠もとらなきゃいけないの。期待に答えられないかもしれないけれどわかってね」……。メールの返信に日々、追われている身として少し動揺した。そして、彼女のライフスタイルが、そのまま店に反映されているのだと悟った。家族や友達を大切にし、働くことの意義を見出す。きちんと休んで、よき人々と人生を楽しむ。日常の中に喜びがあり、それを糧にする。そういえば、彼女はこんなことも言っていた。
「このカフェに来る人たちのコミュニティはどんどん大きくなっているの。ここに来る人たちのために、食事を用意できるなんてとってもラッキーよ」

Information

スウィーディーディー

5202 N Albina Ave.
(503) 946-8087
月〜土 8:00〜16:00、日 8:00〜14:00
sweedeedee.com
$$ / MAP p292-8

Harlow

新鮮な小麦の若芽を絞り、ショットグラスで身体にチャージ！

ビーガンやベジタリアンにとって、ポートランドは天国のような場所かもしれない。野菜や果物、穀物類に至るまで、質の良いオーガニック食材が手に入りやすいからだ。ここHarlowには肉や魚料理はないけれど、健康的な食事を楽しみたい人たちでいつも賑わっている。最も気になるメニューといえば、新鮮な小麦の若葉を圧縮機で絞り出したWHEAT GRASS（3ドル）。オーダーを受けてから、猫草のように生えた芽を収穫するので（右ページ上段）、新鮮そのもの。恐る恐る口に含むと、甘い衝撃が！抹茶のように濃く、苦みよりも甘さのほうが勝っている。飲み終わりに、カットしたライムを口に含みリフレッシュ。身体がシャキッと目覚め、病みつきになりそう。嬉しいことに、胃腸の調子を改善し、便秘にも効果を発揮する。ダブルショットも注文できるので、気に入ったら試してみるといい。テンペや玄米の上に、カラフルな野菜が飾られたボウル類も充実。ダウンタウンにある姉妹店のPrasad（925 NW Davis St.）はヨガスタジオに併設している。

Information

ハーロウ

3632 SE Hawthorne Blvd.
(971) 255-0138
月～土 8:00～21:00、日8:00～15:00
harlowpdx.com
$$ / MAP p296-65

中段、色が真っ赤な綺麗なジュースRUBY（6ドル）は、グレープフルーツ、人参、ビーツ、生姜がミックスされている。緑色のスムージーはほうれん草が入ったPopeye（6ドル）。左下、Granora（6ドル）、右下、Apple Walnut Flapjacks（8ドル）。

Milk Glass Mrkt

甘くないビスケットサンドで
小皿の朝ごはん

　オーナーの美意識が反映されていて、全ての品が愛情を込めて陳列されている。日本にもこういう店がもっとあったらいいのに！日常を豊かにしてくれる、近所にあったら絶対に常連になりたい店。この店のオーナーシェフは、スタンプタウンコーヒー系列の飲食店、The Woodsman Tavernのペストリーシェフを務めていた。レジ近くの小さなスペースに並んでいる品々は、毎日店で焼かれていて、お客さんの希望にぴったりと合ったセンスの良いものばかり。甘くないビスケットに、チェダーチーズや卵を挟んだものを朝ごはん変わりにするのがいい。

Information

ミルク・グラス・マーケット

2150 N Killingsworth Ave.
(503) 395-4742
火〜日 9:00〜19:00
milkglassmrkt.com
$ / MAP p292-4

上から、トマトマーマレードの甘酸っぱさがたまらない、Buttermilk Biscuit, Sheep's Milk Cheese & Tomato Marmalade（5ドル）、その下はバニラポピーシードのしっとりしたケーキにクリームを添えて（7ドル）。

Garden Bar

地元野菜を使った
カジュアルなサラダバー

サラダの材料が全て顔の見える生産者の人たちから仕入れられるなんて、最高じゃない？その他、店で扱う飲料も地域の業者から仕入れ、地域経済で店が回るようにしている。インテリアも手抜きをしないで、店で使っている竹のテーブルは、オレゴン州で採れた素材からつくっている。サラダを中心とした、私たちのまわりを取り囲むものたちの物語を紡いでできたのが、このサラダバー。サラダのサイズは、大きめだからシェアするのがいいかも！日替わりスープ（4ドル）もあるから、注文して身体を温めよう。

Information

ガーデン・バー

25 NW 11th Ave.
(971) 888-5263
月〜金 10:30〜20:00、
土日 11:30〜19:00
gardenbarpdx.com
$ / MAP p290-42

P's & Q's Market

本物の素材と手づくりが合わさるコンビニエントな店

ホームメイドなカフェ & グロッサリーストア。昔懐かしい、食に特化した日用品店。デリが充実していて、自家製BBQのブレスト(牛の胸肉)や、ローストビーフのサンドイッチがお勧め！平日なら15時以降からハッピーアワーもやっているから、お得に料理もお酒も楽しめちゃう。ディナーも食べられるので、ほんとに使い勝手がよい。デリやペストリー(焼き菓子など)もぜひ試してみてほしい。

Information

ピーズ・アンド・キューズ・マーケット

1301 NE Dekum St.
(503) 894-8979
月～金 11:00～21:00、土日 9:00～21:00
psandqsmarket.com
$ / MAP p294-1

Oso Market + Bar

自然派ワインを取りそろえた新感覚のショップ

店で取り扱っているのは、自然派ワインとクラフトビール。店で買って家で楽しむのもいいけれど、店にバーがあるから、そこで楽しみ方を盗んでみては？買いものと食事とバーが上手く融合している。東海岸から引っ越してきたオーナーは、クラフトビールをつくりたくて東海岸から引っ越して来たけれど、夢を追い求めるうちにこの店を開くことになったそう。

Information

オソ・マーケット＋バー

726 SE Grand Ave.
(503) 232-6400
火〜木 11:00〜22:00、
金土 11:00〜23:00、日 11:00〜21:00
osomarket.com
$ / MAP p296-38

All-Way

映画のワンシーンのようなダイナーで
シェイクとグルメバーガーを

　ダウンタウンの中心にある、レンガづくりの公園Pioneer Court Squareには観光案内所があり、ツーリストの起点となっている。そのすぐ近くで、クラシック・スタイルのハンバーガーを食べられる店がここ。一足踏み入れると、艶のある赤いソファに目を奪われるだろう。これは55年間営業した、前店の遺産を受け継いだもの。

　入口でメニューを注文したら、外の壁画が見える席を確保しよう。肉厚でボリューム満点のパテを、ほどよい柔らかさのバンズで挟んだハンバーガーに、しましま模様のストローでシェイクを飲めば、50年代にタイムスリップした気分に浸ることができる。ランチタイムから夜遅くまでアクティブに街を探索したい人にとって、腹ごしらえするのに便利な店。

Information

オールウェイ

615 SW Broadway Ave.
(503) 299-6666
月〜土 11:00〜23:00、日 12:00〜18:00
facebook.com/allwaypdx
$$ / MAP p288-47

オフィスビルの1階奥に在るので、入口の看板を見逃さないように。デパートが立ち並ぶエリアにあるので、買いもの前に腹ごしらえするのもいい。

Trifecta Tavern & Bakery

薪割りの音を BGM に
新感覚のベーカリー居酒屋

　街で最も信頼が厚いベーカリーとピザ屋を手がける、Ken Forkish氏の集大成ともいえる店がオープンした。2012年の秋に出版されたレシピ本「Flour Water Salt Yeast」は、ベストセラーとなり、彼の名が全米中に知れ渡ることとなった。ベーカリーメニューが充実した居酒屋、というコンセプトは一朝一夕で築かれたものではないのだ。
　この店で外せないメニューは、Pimento Double-Cheeseburger（10ドル）。2枚重ねのパテにピリ辛のチーズを乗せ、ブリオッシュ生地のバンズで挟み込んでいる。パンを知り尽くしたシェフのレシピは、他のグルメバーガーと一線を画している。その他、薪火で調理する季節の野菜やステーキは、どれもパンとの相性が抜群。ひたすら蒔を割っているスタッフも、食事をする空間を一層盛り上げてくれる。

Information
トライフェクタ・タヴァーン・アンド・ベーカリー
726 SE 6th Ave. / (503) 841-6675
月 17:00〜21:00、火〜木 17:00〜22:00、
金土 16:00〜23:00、日16:00〜21:00
trifectapdx.com
$ $ $ / MAP p296-40

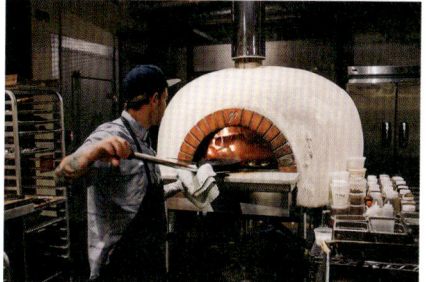

ディナータイムが始まる1時間前からパンが購入できる。この店のためにKen氏が様々な種類の小麦を調合してつくったレシピを元に、パンがつくられている。パンに使うバターまで自家製ということだわり。

Ataula

TRUE PORTLAND | Annual 2015

EAT

シェフの感性が光る独創的なタパス料理

素敵な笑顔を披露してくれているのが、バルセロナ出身のJose Chesaシェフ。父親がオーナーシェフをしている店で、15歳からキャリアをスタートした。2010年にニューヨークからポートランドに拠点を移し、念願の店を2014年夏にオープン。彼がつくり出す料理は、普通のタパスの概念を飛び越えて、料理が運び込まれるたびに驚きを与えてくれる。木のボードに盛り付けられたPulpo(12ドル)は、マッシュポテトの上に、タコをグリルして薄く切ったものを乗せ、その上に黒オリーブのソースを掛けている。黄色くイクラのようなザクロビネガーソースが、さらにその上を華やかに彩っている。他にも、蒸したオックス・テイルをバンズで挟んだCua de Bou(10ドル)は、韓国の友達が教えてくれたピリ辛ソースを使っている。ポートランドのシェフが集うPDXシェフズ・ウイークにも参加し、今後ますます目が離せない店になりそうだ。

Information
アタウラ

1818 NW 23rd.
(503) 894-8904
火〜土 16:30〜22:00
ataulapdx.com
$$ / MAP p290-4

左上 Pa amb Xocolata i Oli d' Oliva (7ドル)は、チョコレートムースの甘さを塩の結晶が引き立ててくれる、Jacobsen sea salt (⇒P82)を使ったデザート。左下はキャンディに見立てた、チョリソーのホットドッグ Cojonudo (6ドル)。

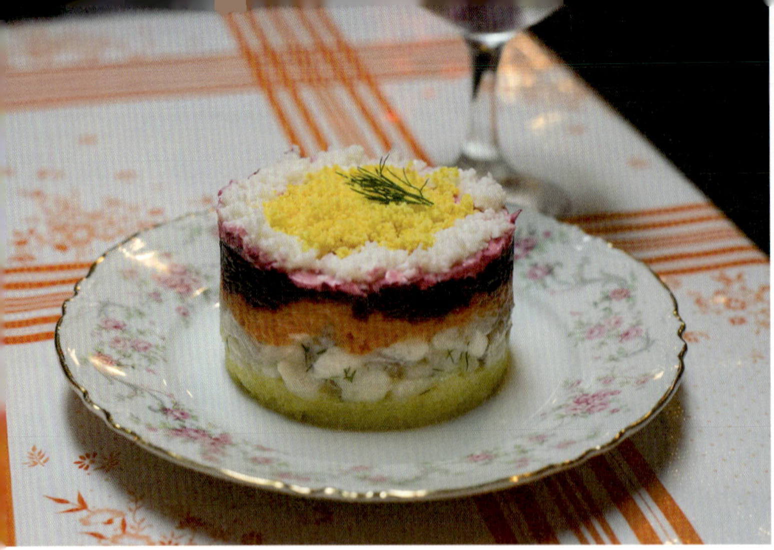

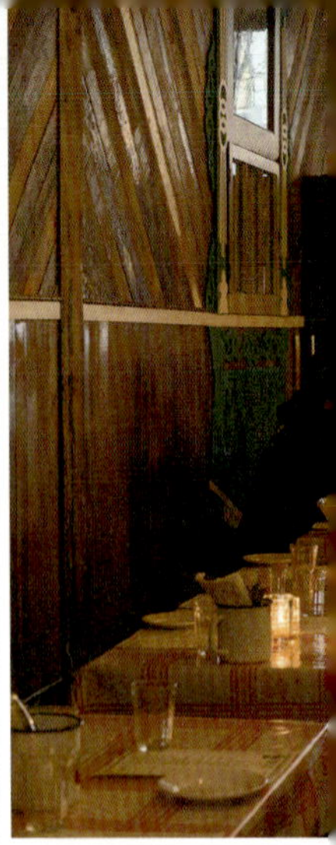

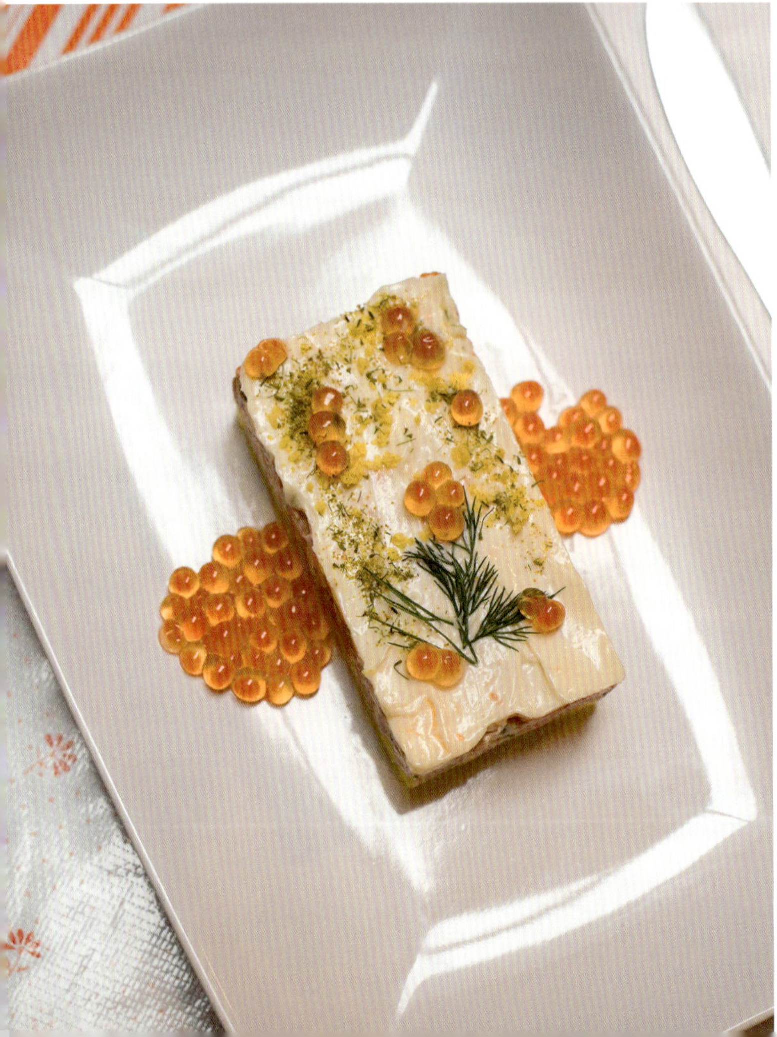

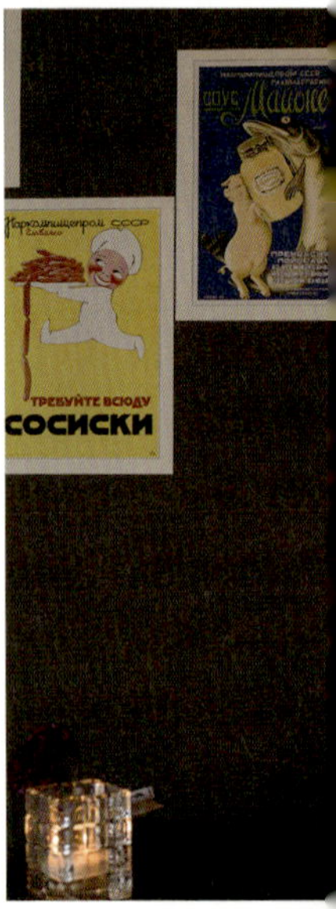
Наркомпищепром СССР
ТРЕБУЙТЕ ВСЮДУ
СОСИСКИ

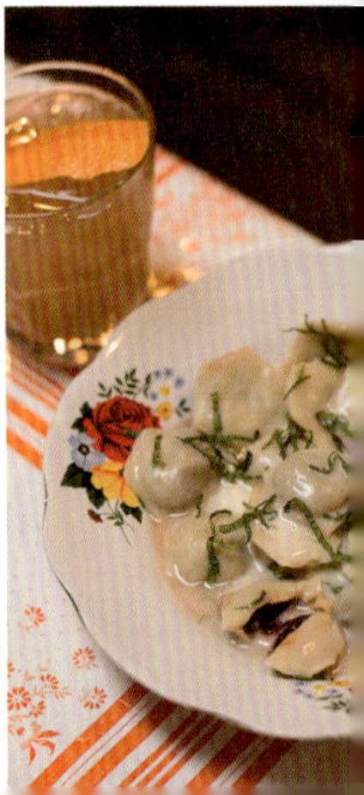

EAT

Kachka

ちょっぴりクレージーなソビエト料理店

スタッフに「ここはロシア料理の店ですか？」と尋ねると、「いいえ、ソビエト料理です」と誇らし気に返された。かつてアメリカと緊張関係にあったソ連の料理をポートランドで食べる。ちょっとモヤモヤ感が残る感覚がウケているのか、最近になり注目度が急上昇しているレストランだ。

左上の"毛皮のコートを着たニシン"というHerring Under A Fur Coat(8ドル)は、美しい伝統的なサラダ。ニシン、ジャガイモ、タマネギ、ニンジン、ビート、マヨネーズと卵が7層になっている。それをモダンに解釈したものが左下のSalat Mimoza(9ドル)になっている。また、下段中のDumplings(10ドル～)と呼ばれるウクライナ料理は、生地を毎日厨房でつくっている。餃子のように具にバリエーションがあり、肉やチーズ、甘く煮込んだチェリーが詰まっている。ウオッカを片手に、何もかもが目新しいレストランを体験してほしい。

店内のBGMはロシアン・ポップスが流れたと思えば、ソ連軍歌やロシア民謡が突然流れ出す。壁にはソ連時代のプロパガンダ・ポスターが貼られていて、いい味を醸し出している。店のトレードマークはオレンジ色のアヒル。

Information

カチュカ

720 SE Grand Ave.
(503) 235-0059
月～日 16:00～22:00
kachkapdx.com
$$$ / MAP p296-37

TRUE PORTLAND | Annual 2015

上、客席から入口のキッチンを眺めたところ。ろうそくの光と、赤白のカーテンがロマンティックな時間を演出してくれる。写真中央右上、近郊でとれたオイスターに、黒コショウとウオッカをかけて。

DOC

魅力的なキッチンと
ワインを存分に楽しむ夜

ポートランドが位置するアメリカ北西部の料理は、ノース・ウエスト(NW)料理と称される。料理の基礎はイタリアンやフレンチなどの技術を身に付けているのだが、なぜか皆、よい感じで力の抜けた料理に仕上がるのだ。ここDOCもイタリア料理発、NW料理に着地している。

白いガラス張りのドアを開けると、厨房の裏口ドアを開けてしまった感覚に襲われる。出入り口の両サイドがキッチンになっているという、不意を突いた造り。シェフが料理をしている後ろを通って席に着く。メニューから好きな料理を選ぶと、ワインキュレーターが一品ずつ料理に合ったワインを提案してくれる。各ボトルに宿った物語を聞きながらフルコースを楽しむと、軽く3時間は経過してしまう。閉店時間を定めていないのは、スタッフの心遣いなのだ。

Information

ディーオーシー

5519 NE 30th Ave.
(503) 946.8592
火〜土 18:00〜閉店
docpdx.com
$$$$ / MAP p294-5

EAT

右ページの写真左が Earl Ninsom。親戚を頼りにタイからアメリカへ渡り、ポートランドで成功を収めた。研究熱心な彼は、屋台のイメージから脱却したポートランドスタイルのタイ料理店をつくり上げた。

秘密の小部屋で冒険心に満ちたタイ料理を

前作で紹介したタイ料理Paa DeeのEarl Ninsomオーナー兼シェフの快進撃が止まらない! 雑誌GQの「2015年版、全米の優れたレストラントップ25」の2位にランクインし、ジェームス・ベアード賞のセミファイナリストまで勝ち残ったからだ。おかげで予約は半年先までいっぱいとなり、それを解消すべく日曜も営業することとなった。

　Langbaanとは、タイ語で"家の後ろ"の意味。店の入口は外になく、案内された秘密の扉を開けると、プライベート感満載の小さなダイニングルームがある。"味がよい、ということは真に美味しいということにあらず"という、食にまつわるタイの古い言い伝えがあるそうだ。地元産の食材を使い、隠れ家で楽しむ「タイのおばあちゃんの味」は、一緒に食事をした人との大切な時間を一層盛り上げてくれるだろう。

Information

ラングバーン
6 SE 28th Ave.
(971) 344-2564
木 18:00〜又は20:45〜、金土 18:00〜又は20:30〜、日 17:30〜又は20:15
langbaanpdx.com
$$$ / MAP p296-14

EAT

Langbaan

Beast

女性シェフが織りなす
大胆なフランス料理

　ポートランドのシェフたちは探求心に満ちていて、各メディアは常にポートランドのフードシーンをフォローしている。BeastのオーナーシェフのNaomi Pomeroyは、アメリカの料理界にとっての最高賞「ジェームズ・ベアード賞」を受賞。

　料理のリアリティー・ショーにて、彼女の美しさと腕の良さは全米中に知られることになった。彼女の経歴がユニークなのは、学生時代はリベラル・アーツを学び、結婚式のケータリングから自身の才能を開花させていったことだ。宝石のように肉を扱い、肉料理の味のよさに定評のある店だが、新たな試みとしてベジタリアン・メニューのイベントも企画しているようだ。

Information
ビースト
5425 NE 30th Ave.
(503) 841-6968
水〜土 18:00〜、20:45〜、日 10:00〜、12:00、19:00〜
beastpdx.com
$$$$ / MAP p294-8

平日のディナーは2回転だが、スタート時間が決まっているので予約時に気をつけよう。ディナーと同様に、週末のブランチも高く評価されている。

EAT

LePigeon

　ダウンタウンから、バーンサイド・ブリッジを渡りSEエリアに入ると、真っ先に出迎えてくれるのがこの店。こちらも「ジェームズ・ベアード賞」を受賞したGabriel Ruckerシェフが率いる店。Little Bird（⇒P62）とは姉妹店になっている。

　味とボリューム、見た目のインパクトが3拍子揃った、看板メニューのハンバーガー（14ドル）は、この店の精神が溢れている。

料理から溢れ出る
インディペンデント精神

Information
ル・ピジョン
738 E Burnside St.
(503) 546-8796
月〜日 17:00〜22:00
lepigeon.com
$$$ / MAP p296-4

Olympia Provisions

Information
オリンピア・プロビジョンズ
107 SE Washington St.
(503) 954-3663
月〜金 11:00〜22:00、
土 10:00〜22:00、日 10:00〜21:00
www.olympiaprovisions.com
$$ / MAP p296-29

　オーナー兼、サラミ職人であるElias Cairoは、肉の保存技術の美しさに魅せられ、ヨーロッパで修行。帰国後に、アメリカでほとんど絶えてしまった伝統的な肉の加工技術を復活させた。USDA オーガニック認証の精肉を使って生み出される数々のサラミは、高級食材店でも取り扱われている。市内のファーマーズ・マーケットでも、ブースを構えている。最近、オリンピックから"オリンピア"に店名を若干変えた。

インダストリアル地区で
グルメ・サラミを味わう

"美食の街"の礎を築いた
地産地消のパイオニア

Higgins Restaurant and Bar

Information

ヒギンズ・レストラン・アンド・バー
1239 SW Broadway
(503) 222-9070
月〜金 11:30〜24:00、土日16:00〜24:00
higginsportland.com
$$$$ / MAP p288-62

　ポートランドに店を構えるシェフたちは、よりよい食の未来をつくるために農家との信頼関係を大切にしている。この流れを作ったのが、2000年からこの地に店を構えているGreg Higginsシェフだ。彼は、ダウンタウンにある駐車場を、常設のファーマーズ・マーケットに変貌させようという計画のサポーターをしている。彼の歩みを見守ってきた常連客で、店はいつも賑わっている。この店があって、若手シェフたちの成功があることを、忘れてはならない。

Ned Ludd

手触りの質感を大切に
シェフの美意識を体験する

　アメリカン・クラフト・キッチンというテーマを掲げ、手仕事でできる範囲に価値を見いだし、調理をしている。この店で、海外から取り寄せた材料が使われることはないだろう。薪釜を使った調理法で、農家が食べものを育んだ背景を表現している。昨年、店の隣に「ELDER HALL」というロングテーブルを囲んで、食事ができる場所がオープン。料理や写真撮影のワークショップを開催し、新たなコミュニティづくりにも力を入れている。

Information

ネッド・ラッド
3925 NE MLK Jr. Blvd. / (503) 288-6900
水〜日 17:00〜23:00、日ブランチ 9:00〜14:00、
月ピザのみ17:00〜売切次第
nedluddpdx.com
$$$$ / MAP p294-25

EAT

Kathryn Elsesser

Holdfast Dining

新たな波をもたらす
イベント型レストラン

　　Will PreischとJoel Stocksは今大注目の若手シェフたち。他のレストランで働きながら、「KitchenCru」(⇒P77) で、自分たちのポップアップ・レストランを同時に運営していた。そして、ついに2014年末に実店舗をオープン。通常、キッチンの仕事は分業制。コースメニューの全行程に関わりたい、という思いから、2人の理想を実現させた。しかし、それだけに留まらず、他店舗のスタッフを招き入れたり、彼らが出向いたりしてイベント的なコラボレーション・ディナー形式を取っている。数々の名店で実力を磨いた彼らだから実現できたアイデアだろう。料理とお酒のペアリングを重視したコースメニューとなっている。ウェブにアクセスし、イベントページからディナーの予約をしよう。

中段上、バターで味付けした半熟の黄身に、イクラと黒ニンニクを添えたもの。芸術的な盛りつけのセンスで目を楽しませてくれる。下段下、まるでキッチンショーを見ているかのように、オープンキッチンを客席が取り囲む。

Emily Krause

Emily Krause

Emily Krause

Information

ホールドファスト・ダイニング

537 SE Ash St. #102
ディナーのみ / ウェブで事前予約が必要
holdfastdining.com
$$$$ / MAP p296-16

インドを旅したフレンチのシェフが
辿り着いた屋台料理

Bollywood Theater

あなたがインドカレー屋を始めるとしたら、まず何をするだろうか？ Troy MacLartyシェフは、インドを旅して屋台料理を研究。街の熱気やホコリっぽさ、ありとあらゆるものを吸収し、自分の持っている技術やフィルタを通じて、異なる文化圏の料理を作り上げた。誰でも気軽に美味しい料理が食べられる店を、インド屋台料理の店としてオープンした。人気レストランが並ぶ3010 SE Division St.の店舗は屋外の席数が充実している。

Information

ボリウッド・シアター

2039 NE Alberta St.
(971) 200-4711
月〜日 11:00〜22:00
www.bollywoodtheaterpdx.com
$$ / MAP p294-15

予約必須の
気取らないフレンチ

Little Bird Bistro

普段、フランス料理を敬遠している人ほど、この店に足を運んで欲しい。ユーモアたっぷりのメニューが、あなたを待っている。日替わりのCharcuterie Board (25ドル) をまずオーダーしてみたらいかがだろう。木製のボードに盛り付けられたオードブルは、センスのよさを直ぐに感じるだろう。サイドメニューのMacaroni Gratin (8ドル) は、心をわしづかみにされる味。 通し営業をしているので、遅めのランチにも対応してくれる。

Information

リトル・バード・ビストロ

215 SW 6th Ave.
(503) 688-5952
月〜金 11:30〜24:00、土日 17:00〜24:00
littlebirdbistro.com
$$ / MAP p288-36

¿Por Qué No?

美しいエメラルドブルーの建物に入ると、お祝い気分のメキシカン・インテリアが迎えてくれる。スタッフが自らリノベーションをした店内は、メキシコにワープしたかのような雰囲気が抜群！ 自家製のワカモレ（アボガドのペースト）とチップス、それに柔らかいトルティーヤか美味のタコスを何種類か注文して、テキーラのカクテルを合わせよう。手軽な価格で大きな満足感が得られること間違いなし！

ミシシッピ通りを探索した後はメキシコ料理に舌つづみ

EAT

Information
ポル・ケ・ノ
3524 N Mississippi Ave.
(503) 467-4149
月〜土 11:00〜22:00、日 11:00〜21:30
porquenotacos.com
$$ / MAP p292-40

カリブ海に浮かぶ国、キューバの食文化は非常に豊か。スペインやアフリカの影響を受け、1年を通じて気候が温暖なため、亜熱帯の野菜や果物が栽培されている。キューバ料理は、日本人の私たちからすると見たことのない食材の宝庫。ユカ・フリータ（写真）というキャッサバ芋のフライは、ニンニクのソースとともに食べるスナック。料理の他にキューバン・シガーを楽しむことができ、異国情緒溢れる体験ができる。

Pambiche

Information
パンビチェ
2811 NE Glisan St.
(503) 233-0511
月〜木 11:00〜22:00、金 11:00〜24:00、土 9:00〜24:00、日 9:00〜22:00 / pambiche.com
$$ / MAP p294-36

ド派手な壁画が目を惹くキューバ料理店

Salt & Straw

相変わらず行列が絶えない
地元素材を活かしたアイス

Information

ソルト・アンド・ストロー

3345 SE Division St.
(503) 208-2054
月〜日 11:00〜23:00
saltandstraw.com
$ | MAP p296-97

フードカートから始まったサクセス・ストーリーは様々なメディアで取り上げられ、話題のアイスを食べようとする、観光客の巡礼地の一つとなった。現在、NW 23rd、Albertaと人気レストランがひしめくDivisionの各通りに店を構えているが、ついにL.A.に出店した。各店舗では、その店でしか味わえないフレーバーがあるので、店に行ったら要チェック！"畑からコーンへ"という根底にある思想は、誰にでも愛される美味しいアイスとなった。店に足を運んだ際、長蛇の列だったとしても、メニューを眺め、気になる味を試食できるから楽しく順番待ちができる。自然と店の人とコミュニケーションできる心遣いが、人気店の秘訣なのかも。

Division St.の店舗には、オレゴン州内で作られている少量生産の品物が並んでいる。どれもパッケージのセンスが良く、おみやげにも最適だ。

Fifty Licks Ice Cream

　オーナーのChad Draizinは、ビール醸造に魅せられてポートランドにやって来た。しかし、現在はハンドメイドでつくることができる分だけ、アイスをつくっている。素材に徹底的にこだわって、お店で手焼きをしているワッフルコーンはグルテンフリー。市内で唯一、アレルギーの原因となるナッツ類を排除して、誰もが安心して食べられるレシピを考案。彼の化学知識で、アイスを食べる喜びを分かち合える仲間を増やしている。

食品化学を愛する
理系男子のアイス

Information

フィフティ・リックス・アイス・クリーム
2021 SE Clinton St.
月〜木 15:00〜22:00、金 15:00〜23:00、
土 12:00〜23:00、日 12:00〜22:00
fifty-licks.com
$ / MAP p296-79

The Meadow

Information

ザ・メドウ
3731 N Mississippi Ave.
(503) 288-4633
日〜木 10:00〜20:00、金土 10:00〜21:00
atthemeadow.com
$ / MAP p292-19

　この店が取り扱う商品は、オーナーのこだわりが詰まっている。一見、グルメ・スーパーのように思えるけれど、ラインナップが良い意味で偏っている。塩は調理をする上で最も基本となる調味料。たかが塩、だけれど種類の多さを店で目の当たりにするだろう。チョコレート、ワインにビターズと呼ばれるハーブをつけ込んだ滋養強壮酒も扱っている。店内ではビターズを使ったカクテルをオーダーできる。ショッピング街のNW 23rd Ave.にもある。

世界中から取り寄せた
グルメ・チョコレートと塩

Blue Star Donuts

　地元の素材を使ったドーナツが作れる環境って羨ましい。ドーナツ生地となる高品質の小麦が近郊で栽培されていて、フレーバーの原料になるフルーツも手に入る。毎日焼きたて、こだわりの製法＋αの要素が入っている。毎朝3時から、南フランス仕込みの伝統的なブリオッシュ生地をつくり、Crème Brûlée CointreauやBlueberry Bourbon Basilなど大人を虜にするドーナツをつくっている。売りきれ次第店は閉店する、そんなポートランドのリズムが好き。4月中旬に代官山店がオープン。

Information

ブルー・スター・ドーナツ

3549 SE Hawthorne Blvd.
(503) 477-9635
月～日 8:00～売切次第終了
bluestardonuts.com
$ / MAP p292-41

Voodoo Doughnut

　この店に行くなら断然夜がおすすめ。派手なネオンサインや、店内の照明がweirdさを引き立てる。Tex-AssやDirty snowballs doughnutという見た目にインパクトがありすぎるドーナツがあるけれど、初心者はBacon Maple Barドーナツあたりがおすすめ。フレンチ・クルーラーなどの普通のドーナツもあるからご安心を。支払いは現金のみ。こちらも日本上陸の噂があるけれど、店で結婚式（250ドル～）が挙げられるのか気になるところ。

Information

ブードゥ・ドーナツ

22 SW 3rd Ave. / (503) 241-4704
月～日 24時間営業 元旦、感謝祭、クリスマス、グラウンド・ホッグデーは休
voodoodoughnut.com
$ / MAP p288-20

ジャンクなドーナツは
奇抜なアイデアが命

メキシコ料理店Uno Masをはじめ、精肉店でランチが食べられるTails Trotters、アメリカンパイがキュートなPie Spotなど個性的な店が連なっている。現在1店舗空きが出ている（2015年4月現在）。

The Ocean

マイクロレストランという新アイデア

フードカートは、駐車場や空き地を活用しながら、手軽な資金と自由な時間で商売ができる。2008年ポートランド州立大学の研究によると、フードカートの平均年収は360万〜600万円。しかし弱点もあり、客足が天候に左右されやすく、開店時間にバラつきがあり、場の力を強められないことがある。そこで誕生したのが、マイクロレストラン。7坪ほどの雨風を凌げる店舗が6つ連なり、同じ時間帯で営業する。フードカートから数々のスターが誕生したことを考えれば、マイクロレストランから大きく羽ばたくレストランがあってもおかしくない。デベロッパーが発案した資金調達と土地活用の新しい手法だが、近隣住民の憩いの場として大いに受け入れられている（参考：urbanland.uli.org）。

Information

ジ・オーシャン

NE 24th Ave. & NE Glisan St.
営業時間は店舗により異なる
slowburger.net、24thandmeatballs.com、unomastaquiza.com、tails-trotters.myshopify.com、pie-spot.com / $ / MAP p294-35

The Side Yard Farm & Kitchen

Farm to Table の理想を体現する
アーバンファーム

つくるところと、それを味わうところの距離がとても近いのがポートランドの特長の一つ。顔の見える距離感を皆が心地良いと感じ、信頼して応援していくという良さがある。

こと料理に関していうと、ここはその象徴のような場所だ。オーナーのStaceyの肩書は"Urban Farmer & Chef"。ダウンタウンから自転車で30分ほどの住宅街の中で、女性二人で農業を始めた。さらに、自分たちで育てた野菜を自分たちの手で料理をして、様々なケータリングまで行っている。育てる野菜も多種多様だ。穫れた野菜は近隣の飲食店にも卸している。

農園の運営には多くのボランティアも関わっており、毎週のようにイベントも行われている。ポートランドの土に触れたい、美味しい食べものを食べたいと思ったら、ぜひウェブサイトをチェックしてみてほしい。

Information

ザ・サイド・ヤード・ファーム・アンド・キッチン

5940 NE 45th
(503) 957-4588
www.thesideyardpdx.com
$$ / MAP p294-3

2015年3月には3カ所目の畑もオープン。ここにはエアストリームのキッチンを入れ、ゆくゆくは西海岸を料理しながら旅をするという計画だ。

People's Food Co-op

誰もが参加できる
コミュニティによる
コミュニティのための店

　ポートランドでは"Cooperative"という言葉をよく見かける。日本で言う協同組合で、People'sのような小規模で独立したグロサリーストアも多いが、自転車屋、印刷会社、タクシー会社など幅広い業界にあるのが特徴的だ。People'sではコミュニティが定めたガイドラインに沿った食品や日用品、園芸品を販売している。誰もが出資して会員になることができるが、会員でなくとも買い物は可能。会員向けには、従業員として働きながら「店で何が起こっているのか」を学び、労働の対価として買い物が割引されるというプログラムもある。毎週水曜日には店の前でファーマーズ・マーケットを開催し、定期的に畑へのツアーも行っている。何事もただ"消費"するのではなく、自ら"参加"していくというスタンスが徹底されているのがポートランドらしい。

Information
ピープルズ・フード・コープ
3029 SE 21st Ave. / (503) 232-9051
8:00〜22:00 / www.peoples.coop
$ / MAP p296-87

新鮮な野菜や果物はもちろん、加工品も充実。多くのものが余計なパッケージを省き、必要な量だけ買えるよう量り売りで提供されている。

マニア向けの商品ばかりでなく、生分解性のプランターやDIYチーズキットといった商品も並ぶ。おみやげを探すのにも楽しい。

Urban Farm Store

自宅で鶏を飼おう

　都市にいても、自分の食べるものはなるべく自給したい。あなたがそういう生き方に憧れる、または実践をしたい人だったら、ここはまさにあなたのための店だ。店の中では種や土、苗にプランターなど、菜園をするのに必要なあらゆるものが販売されているが、特筆すべきなのは扱っている鶏の品種の多さ。最大で30種類以上の鶏から自分の好みにあった鶏を選び、自宅で飼うための小屋や餌、ガイドブックまで取り揃えることができる。ポートランドでは「自宅の庭で鶏を飼うのか」、それとも「スーパーやファーマーズマーケットで卵を買うのか」も立派な選択肢。あなたも何か始めてみませんか？

Information

アーバン・ファーム・ストア

3454 SE Powell Blvd.
(503) 234-7733
月〜金 10:00〜18:00、
土 9:00〜18:00、日 11:00〜17:00
www.urbanfarmstore.com
$ / MAP p296-88

Farmers Market in Portland

Profile

田中佑資

1985年東京生まれ。メディアサーフコミュニケーションズ株式会社にて、Farmer's Market @ UNUやCOMMUNE 246の立ち上げと運営に携わる。旅をすると必ずその土地のマーケットを訪れる。数年前まで全然お酒を飲まなかったくせに、本書ではDRINKカテゴリーの編集と執筆も担当。今では食べるのも飲むのも好きです。
www.farmersmarkets.jp

ポートランドのファーマーズ・マーケット

COLUMN/EAT

　もしあなたが食べることが好きだったら、ぜひポートランドのファーマーズマーケットを訪れてみてほしい。世界的に農家と都市生活者が直接つながるムーブメントが起こっていて、アメリカでもここ20年でファーマーズマーケットの数は5倍近くに増えた（2014年現在、全米で8,000ヶ所以上）。市内の様々な場所で大小40ものファーマーズマーケットが開催されているというポートランドは、特にその動きが盛んな場所と言えるだろう。

　まず訪れてみてほしいのは、毎週土曜日にPortland State Universityの中で開かれているファーマーズマーケットだ。ここはPortland Farmers Marketという団体が運営している7つのマーケットのうちの一つ。以前は冬は休業していたが、年中開催されるようになった。市内でも最大規模のマーケットで、100件近い出店者が立ち並ぶ。野菜や果物、花はもちろん、肉や魚などの生鮮食品、パテやジャムといった加工品もバラエティーが豊か。ふらっと散歩するだけで何かしらお気に入りが見つかるだろう。朝ごはんがてらコーヒーと果物をつまんだり、マーケットの食材を使ったフードベンダーのご飯でランチをするのもおすすめだ。

　他にも曜日と場所によって、個性あるマーケットが開催されている。水曜日のShemanski ParkはAce Hotel近くで行われており、アクセスがとてもいい。大きな樹の下で、緑に覆われたようなマーケットは気持ちがよく、買い物目的でなくても楽しめる。Northwestのマーケットは地元の人々を対象に午後から始まるこじんまりとしたマーケットだ。

　Hollywoodのファーマーズマーケットは"GROCERY OUTLET"とデカデカと書かれた安売りの食品スーパーの駐車場の一角で行われている。農家の人々の真ん中にそびえ立つ看板が何ともシュール……。

　どのマーケットでもバンドの演奏やシェフによるデモンストレーション、子どものための料理教室などが行われ、エンターテインメントと教育とが自然に日常に溶け込んでいる。ゴミの分別も徹底していて、燃える燃えないだけでなく、土に還るもの、という項目まであるのはすごい。

　場所により、開催される時期や営業時間が違うので、Portland Farmers Marketのウェブサイトでチェックしてから出かけよう。

WEEKLY SCHEDULE

Portland Farmers Market
portlandfarmersmarket.org

月曜日
Pioneer Courthouse Square
パイオニア・コートハウス・スクエア

場所：SW Broadway & SW Morrison St.
開催日時：6月中旬〜8月下旬
10:00〜14:00

水曜日
Shemanski Park
シェーマンスキー・パーク

場所：SW Park Ave. & SW Salmon St.
開催日時：5月上旬〜11月下旬
10:00〜14:00

木曜日
Northwest
ノースウェスト

場所：NW Everett St. & NW 19th Ave.
開催日時：6月上旬から9月下旬
14:00〜18:00

金曜日
Kenton
ケントン

場所：N Denver Ave. & N McClellan St.
開催日時：6月上旬から9月下旬
15:00〜19:00

土曜日
Portland State University
ポートランド・ステート・ユニヴァーシティ

場所：SW Park Ave. & SW Montgomery St.
　　　(1717 SW Park Ave. 近く)
開催日時：3月〜12月 8:30〜14:00
　　　　　11月〜2月 9:00〜14:00

日曜日
King
キング

場所：NE Wygant St. & NE 7th Ave.
開催日時：5月上旬〜11月下旬
10:00〜14:00

その他のネイバーフッドマーケット

水曜日
People's Farmers' Market
ピープルズ・ファーマーズ・マーケット

(www.peoples.coop/farmers-market)

土曜日
Hollywood Farmers Market
ハリウッド・ファーマーズ・マーケット

(www.hollywoodfarmersmarket.org)

日曜日
Hillsdale Farmers' Market
ヒルスデール・ファーマーズ・マーケット

(www.hillsdalefarmersmarket.com)

写真はPortland State University、King、Hollywoodのファーマーズマーケットで撮影したもの。どの会場も、食の多様性と売り手と買い手の食に関するコミュニケーションに溢れている。

COLUMN/EAT

Ken's Artisan Bakery

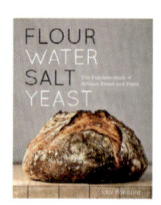

二つの賞を受賞した書籍「Flour Water Salt Yeast」を出版したアルチザンがいる店／ベーカリー

ケンズ・アルチザン・ベーカリー
338 NW 21st Ave. ／ (503) 248-2202
月〜土 7:00〜18:00（月夜ピザタイム 17:30〜21:30）,日 8:00〜17:00／kensartisan.com
$／MAP p290-18

Pearl Bakerly

早朝から営業し、イートインが可能で朝ごはんに便利。クロワッサン、サンドイッチなど全て美味しい／ベーカリー

パール・ベーカリー
102 NW 9th Ave. ／ (503) 827-0910
月〜金 6:30〜17:30、土 7:00〜17:00、日 8:00〜15:00／pearlbakery.com
$／MAP p290-34

Tabor Bread

店舗内で小麦を挽いており、焼き上がりの風味が抜群。全ての商品を大きなレンガの薪釜で焼いている／ベーカリー

テイバー・ブレッド
5051 SE Hawthorne Blvd. ／ (971) 279-5530 ／ 火〜金 7:00〜18:00、土日 8:00〜16:00／taborbread.com
$／MAP p296-58

Little T American Baker

地元企業とのコラボに積極的で、Woodblock Chocolate（⇒P80）入りクッキーがある／ベーカリー

リトル・ティー・アメリカン・ベーカー
1022 W Burnside St. ／ (503) 894-8258 ／ 月〜金 8:00〜17:00、土〜日 9:00〜17:00／littletbaker.com
$／MAP p290-53

Nuvrei Fine Cakes & Pastries

プラムのブリオッシュ、アーモンドクロワッサン、マカロン…。おすすめがありすぎて迷う／パティスリー

ネヴェリ・ファイン・ケークス・アンド・ペストリーズ
404 NW 10th Ave. ／ (503) 972-1700 ／ 月〜土 7:00〜17:00、日 8:00〜17:00／nuvrei.com
$／MAP p290-22

The Sugar Cube

人気フードカートからレシピ本を出版し、路面店へ。レモンカードを乗せたティーケーキをぜひ／パティスリー

ザ・シュガー・キューブ
3039 NE Alberta St. ／ (971) 202-7135 ／ 水〜金 8:00〜17:00、土日 9:00〜16:00／thesugarcubepdx.com
$／MAP p294-22

Lovejoy Bakers

パール地区に住む人たちの生活の一部。商品をテイクアウトして近所のJamison Squareへ／ベーカリー

ラブジョイ・ベーカーズ
939 NW 10th Ave. ／ (503) 208-3113
月〜日 6:00〜18:00
lovejoybakers.com
$／MAP p290-12

Spielman Bagels

家族経営の小さなベーグル店。サワードウスターター（発酵種）づくりから強いこだわりを持つ／ベーグルカフェ

スピルマン・ベーグルズ
2128 SE Division St. ／ (503) 467-0600
月〜日 7:00〜16:00
spielmanbagels.com
$／MAP p296-74

Saint Cupcake

季節のイベント向け、アイシングシュガーのデザインカップケーキが楽しい／ベーカリー

セイント・カップケーキ
1138 SW Morrison St. ／ (503) 473-8760 ／ 月〜金 9:00〜18:00、土 10:00〜18:00、日 11:00〜17:00／saintcupcake.com／$／MAP p288-42

EAT

Crema Coffee Roaster & Bakery

自然とコミュニティが生まれる環境を感じる。アーティストへの応援も積極的／ベーカリー

クレマ・コーヒー・ロースター・アンド・ベーカリー
2728 SE Ankeny St. / (503) 234-0206
月〜日 7:00〜18:00
cremabakery.com
$ / MAP p296-18

Hotlips Pizza

環境に配慮した食材を使い、食べる人にその重要性を気づかせる。ソーダも本物の素材で／ピザ

ホット・リップス・ピザ
721 NW 9th Ave. / (503) 595-2342
月〜日 11:00〜22:00
hotlipspizza.com
$ / MAP p290-13

Nong's Khao Man Gai

カオマンガイ（鶏の炊き込みご飯）を求め、ランチタイムは長蛇の列。売り切れ次第終了／タイ料理

ノンズ・カオ・マン・ガイ
SW 10th & Alder St. / (971) 255-3480
月〜金 10:00〜16:00
khaomangai.com
$ / MAP p288-45

Lardo

ボリューム満点のPork Belly Gyroとビールを組み合わせて。Dirty Friesも忘れずに／サンドイッチ

ラルド
1205 SW Washington St. / (503) 241-2490 / 月〜日 11:00〜22:00
lardopdx.com
$ / MAP p288-23

Eb & Bean

オーガニック食材を使い店で手づくり。トッピングで味の種類は無限大／フローズンヨーグルト

イービー・アンド・ビーン
1425 NE Broadway St. / (503) 281-6081
日〜木 12:00〜21:30、金土 12:00〜22:00
ebandbean.com
$ / MAP p294-29

Pine State Biscuits

フライドチキンとビスケットをベースに、ベーコンやグレービーソースを追加できる／南部料理

パイン・ステイト・ビスケッツ
2204 NE Alberta St. / (503) 477-6605 / 月〜水 7:00〜15:00、木〜日 7:00〜23:00 / pinestatebiscuits.com
$ / MAP p294-18

Bunk Sandwiches

音楽とサンドイッチが好きなオーナーが始めた。グルメサンドイッチの先駆け／サンドイッチ

バンク・サンドイッチズ
211 SW 6th Ave. / (503) 328-2865
月〜金 8:00〜15:00、土日 9:00〜15:00
bunksandwiches.com
$ / MAP p288-35

Little Big Burger

無性にハンバーガーが食べたくなったら駆け込む。ビーガンメニューもあり／ハンバーガー

リトル・ビッグ・バーガー
122 NW 10th Ave. / (503) 274-9008
月〜日 11:00〜22:00
littlebigburger.com
$ / MAP p290-33

Canteen

クリーンな身体を保ちたい人に、野菜のボウルやスムージーが1日中楽しめる／ビーガン料理

キャンティーン
2816 SE Stark St. / (503) 922-1858
月〜日 9:00〜21:00
canteenpdx.com
$ / MAP p296-33

Pok Pok

スターシェフがいる予約必須の大人気店。すぐ近くにあるThe Whiskey Soda Loungeも同系列店／タイ料理

ポク・ポク

3226 SE Division St. ／ (503) 232-1387
月～日 11:30～22:00
pokpokpdx.com
$$$ ／ MAP p296-B1

Broder Nord

朝ごはんはここで！パンケーキやミートボール、燻製鱒のハッシュなど／スウェーデン料理

ブローダー・ノード

2240 N Interstate Ave. ／ (503) 282-5555 ／ 月火・日 8:00～15:00、水～土 8:00～21:00 ／ broderpdx.com
$$ ／ MAP p292-35

Tasty n Sons

スキレットを使った様々なメニューは、シェフの旅がヒント。ブランチに良い／アメリカ料理

テイスティ・アンド・サンズ

3808 N Williams Ave. Suite C ／ (503)621-1400 ／ 月～木 9:00～22:00、金・土 9:00～23:00、日 9:00～22:00 ／ tastynsons.com
／ $$ ／ MAP p292-26

Old Salt Marketplace

デリと精肉店は19時まで。夜はバーとディナーメニューが充実したレストラン。週末はブランチも／アメリカ料理

オールド・ソルト・マーケットプレイス

5027 NE 42nd Ave. ／ (971) 255-0167 ／ 月～木 11:00～23:00、金 11:00～0:00、土 9:00～0:00、日 9:00～23:00 ／ oldsaltpdx.com ／ $$ ／ MAP p294-23

Ox

最高級の地元産牛や魚を、アルゼンチン・スタイルの薪火で調理。スモークした牛タンは絶品／アルゼンチン料理

オックス

2225 NE Martin Luther King Jr Blvd. ／ (503) 284-3366 ／ 火～木・日 17:00～22:00、金・土 17:00～23:00 ／ oxpdx.com
$$$ ／ MAP p294-27

Lúc Lác Vietnamese Kitchen

1人でも気軽に入れるが、ディナータイムは混雑していることが多い。週末は朝まで営業している／ベトナム料理

ルック・ラック・ベトナミーズ・キッチン

835 SW 2nd Ave. ／ (503) 222-0047 ／ 月～木 11:00～14:30、16:00～0:00、金・土 16:00～翌4:00、日 16:00～0:00 ／ luclackitchen.com
$$ ／ MAP p288-63

Luce

人気店Navarreの姉妹店。かわいい店内に掲げられたメニューボードをオーダー前にチェック／イタリア料理

ルーチェ

2140 E Burnside St. ／ (503) 236-7195
月～日 11:00～22:00
luceevents.blogspot.jp
$$$ ／ MAP p296-12

Departure

地元の新鮮な素材を、日本や中国、タイ料理等を融合したモダンな料理に。The Nines (⇒ p251) の最上階／アジア料理

デパーチャー

1525 SW Morrison St. ／ (503) 802-5370 ／ 月～木・日 16:00～24:00、金土 16:00～翌1:00 ／ departureportland.com
$$$ ／ MAP p288-27

Apizza Scholls

ディナーメニューのApizza Amoreとシーザーサラダがおすすめ。地元の人々が愛してやまない店／ピザ

アピッツア・ショールズ

4741 SE Hawthorne Blvd. ／ (503) 233-1286 ／ 月～金 17:00～21:30、土日 11:30～14:30 ／ apizzascholls.com
$$ ／ MAP p296-57

KitchenCru

446㎡の広さをもつ料理のインキュベーション施設。腕に自信があれば、ここの設備内でケータリングを始めたり、パンやお菓子を焼いて店舗に卸したり、ポップアップレストランを開店することもできる。オーブンやアイスクリーム機など、アイデアさえあればいつでも調理できる設備が整っており、館内はいつも熱気に満ちている。ここからJacobsen Salt Co.(⇒P82)やHoldfast Dining(⇒P61)などが巣立っており、食に携わる人々の才能を醸造しているような場所だ。

Information

キッチンクルー

337 NW Broadway
(503) 226-1400
kitchencru.biz
$$ / MAP p290-27

Portland Culinary Workshop

地元の人たちとアットホームな雰囲気で、料理のワークショップに参加が可能。

コースのバリエーションが豊富で、オンラインで事前予約をする。1人での参加も可能だが、子供向け、カップルや家族で料理を学べるコースも。料理も様々で、エスニックフードや、ベジタリアン向け、パンの焼き方、ワインとチーズのマリアージュなど、興味やレベルに合わせた多種多様なコースがあるので是非ウェブをチェックしてみて！

Information

ポートランド・キュリナリー・ワークショップ

807 N. Russell St. / (503) 512-0447
portlandsculinaryworkshop.com / $$ / MAP p292-32

Oregon Culinary Institute

本格的に料理を学び、プロを目指したい人におすすめのポートランドが本拠地の料理学校。地元のレストランやシェフと、学生の交流を積極的に行っている。調理技術、製菓、レストラン・マネージメントのコースがあり、卒業までに8ヶ月から16ヶ月の期間がある。日本からの留学生も受け付けており、高校卒業以上の資格と、英語力はTOEFL500点以上を取得していることが条件。農場から食卓へ、環境を含めた料理へのアプローチはポートランドならでは。

Information

オレゴン・キュリナリー・インスティテュート

1701 SW Jefferson St. / (503) 961-6200
www.oregonculinaryinstitute.com / $$ / MAP p288-4

COLUMN/EAT

美味しそうな香りが漂うQUINのファクトリー。女性たちが音楽を聴きながらキャンディ作りを楽しんでいる姿が印象的だった。今後は同スペースにショップの併設も考えているとか。

QUIN

Information

クイン

1022 W Burnside St.
(503)300-8395
月～日 11:00～19:00
quincandy.com
$ / MAP p288-9

現代の魔法で生まれ変わった
アメリカンキャンディー

　元々はポートランドでカップケーキのベーカリーを営んでいたオーナーシェフJami Curlが2年前にUnion Wayにオープンしたモダンなキャンディー・ショップ。ベーカリー時代、レジ横に置いて「ついで買い」してもらえるような小さなものを何かつくれないだろうかと考え、試しにキャラメルをつくってみたところ、たちまち大好評となり、お客さんからレシピを聞かれるまでに。じゃあロリポップもつくってみようか、ローカルの畑から調達したフレッシュなベリーをまるごと入れてみたらどうだろう……など、様々なアイデアやレシピを試してつくられたキャンディーはどれも大人気に。好感触を得たJamiは、ベーカリーを売却して本格的にキャンディー・ショップをスタートすることに。

　キャラメルやロリポップ、マシュマロ、グミキャンディーなど、常時それぞれ10種類以上のフレーバーが揃い、季節ごとに限定フレーバーも2、3種類登場する。なかでもフラッグシップ商品の"Dreams Come Chew"(Trueではなく)フルーツ味は、まさにJamiの「夢の結晶」のようなキャンディー。というのは、実際に彼女が眠っていた時に理想のフルーツキャンディーの夢を見て、夜中に目覚めてあわててそのイメージを思い出しながらメモし、翌朝その味を再現しようとキッチンにこもってつくり上げたのだそう。

　「どのキャンディーもユニークだけれど、アメリカの伝統的なキャンディーをベースに実験するうちに、タイミングとインスピレーションに導かれて自然に生まれたものばかりよ。カップケーキを焼いていた頃の考え方や経験も活きているわ」と彼女が語るキャンディーたちは、どれもどこか子供の頃の懐かしい記憶をくすぐりながらも、現代的なセンスが光るものばかり。香料など人工の原料を使うショップも多い中、香りや味、色合いや質感に至るまで全て本物にこだわり、最高品質の天然素材を厳選。常にフレッシュなものを提供したいとの想いから大量生産はせず、小ロットで丁寧に手づくりされる。

　「今やアメリカとカナダの100以上の小売店で扱ってもらえるまでになったけれど、最初は何もないゼロの状態からキャンディーを抱えて売り込みに行ったのよ。大変だったわ(笑)」とのことだけれど、いろいろキャンディーの全フレーバーがいっぺんに楽しめるのはやっぱりここだけ。ポートランドの思い出やおみやげにいかがだろうか。

COLUMN/EAT

Woodblock Chocolate

Information

ウッドブロック・チョコレート
1236 SE Oak St.
火〜金 10:00〜15:00、
土 11:00〜16:00
www.woodblockchocolate.com
$ / MAP p296-27

ポートランド発 bean-to-bar（豆からバーへ）のクラフトチョコレート

まさに「チャーリーとチョコレート工場」！創業者 Charley Wheelock が妻 Jessica と二人の子供を連れてポートランドに引っ越したのは10年前のこと。「ニューヨークでインダストリアルデザインの仕事をしていたんだけど、子供2人を抱えて生活費が高くて。そんな時ポートランド郊外でワイナリーをやっている友人の結婚式に招かれこの街を訪れたら、すっかり気に入ってしまった。素晴らしいデザインコミュニティがあったしね」。

移住後、仕事と子育てに追われる日々の中、家族のためによりサステイナブルな暮らし方がしたいという思いが募っていった。「何かファミリービジネスを始めたいな、と。僕はデザイナーで、そこにワイナリーの友人の影響もあって、食べものとデザインを組み合わせて何かできないか、妻と一緒にいろいろ考えた。ワイナリーで3回の収穫期実際に働いたりもした。ワインとチョコレート、多くの共通点を持つこれらにおいて、その経験のおかげで僕の味覚はずいぶん開発されたし、学んだことの多くは後に大きな財産になった」。

そうして気づいたのが、クラフトビールやコーヒーの世界は盛り上がっているのに、クラフトチョコレートはまだ誰もやっていないということだった。「クラフトフードがビッグなこのポートランドですらチョコレート店は輸入したチョコレートを溶かして加工しているだけで、カカオ豆からちゃんとつくっているのは誰もいないよね？と。チョコレートについて勉強すればするほどその奥深さに感動して、じゃあ僕たちがアメリカのクラフトチョコレート・ムーブメントの先陣を切ろう、ポートランドなら絶対受け入れられる！ってね」。

学校に通って、チョコレートづくりを始めたのが4年前。「僕たちはワインメーカーにとってのブドウ畑のように、カカオ畑の土壌や農法に注意を払う。豆は世界中から選び抜いた4つの産地ートリニダード、ペルー、エクアドル、マダガスカルと直取引している。この4つの豆はそれぞれ全く違う個性をもっていて、さらに僕たちは乳化剤などの添加物を一切使用せず、カカオと純粋なきび砂糖だけでチョコバーをつくるから、カカオ本来の味が凝縮されて素晴らしい味わいのバーができるんだ」。

豆のローストから包装まで全て手作業でつくられるチョコレートのラインナップは、シングルオリジンのバー3種類、ダブルオリジン（ブレンド）6種類。ソルトやセサミなどの個性的なバーも。大人買いして食べ比べてみたい！

COLUMN/EAT

小売スペースも併設するチョコレート工場。試食をしながら自分の気に入ったチョコレートを探すことができる。写真下・中、このチョコレートのカツラは非売品とのこと。

COLUMN/EAT

Ben Jacobsen氏(左)とDamian Magista氏(右)。二人ともお互いに対するリスペクトを最初に会った時から感じたそう。この日も軽快なテンポでインタビューは盛り上がった。

Jacobsen Salt Co. & Bee Local

Information

ジェイコブセン・ソルト・コー
602 SE Salmon St.
(503) 473-3952
月〜金 11:00〜17:00
jacobsensalt.com
$$ / MAP p296-51

ビー・ローカル
602 SE Salmon St.
(888) 606-2002
月〜金 11:00〜17:00
www.beelocal.com
$$ / MAP p296-

塩も、蜂蜜も、ほしいと思ったらつくってみる
クレイジーなアイデアも実現できる街

「次のTRUE PORTLANDでは絶対にポートランド産の食材にもスポットライトを当てたほうがいいよ。今、本当に面白い状況になってきているから！」とDeparture Restaurant + Lounge のシェフのGregoryから一本の電話があった。どこに話を聞くのがいいだろうかと聞いてみると、塩をつくっているJacobsen Salt Co. と蜂蜜をつくっているBee Localに行くように、と段取りをつけてくれた。この二組はスペースを共有しているという。ポートランド産の塩と蜂蜜？ポートランドといえばコーヒーとビールでしょ！と思ったあなた。Jacobsen Salt Co.のBen JacobsenとBee LocalのDamian Magistaの話をぜひ聞いてほしい。

—そもそも、塩と蜂蜜をポートランドでつくるというアイデアは、どこからスタートしたのでしょうか。

Ben: コペンハーゲンで学生をしていた頃、本当に美味しいと思える塩に出会ったこと。それ以来ずっと気になっていたんだ。当時ポートランドを含むパシフィック・ノースウエストと呼ばれるエリアにはいい食材がたくさんあるのに、いい塩はなかなかなかった。当時人々はフランス、イギリス、そして日本から塩を買っていたんだよ。そんな状況を変えたかった。そこで2011年に塩をつくり始めてみたんだ。ワシントン州とオレゴン州の20ヶ所以上の海水の味を試してみて、オレゴンのネターツ湾の海水に行き着いた。その海水を使って、手作業で塩をつくっているよ。

Damian: 僕もBen同様、2011年に蜂蜜づくりをはじめたんだ。その前年から蜂の巣をコミュニティのいろんなところに置かせてもらっていたんだけれど、そこから採れる蜂蜜が、蜂の巣が置かれるエリアによって大きな違いがあるということに気づいた。蜂蜜の味はもちろん、色すら異なっていたんだ。どれも本当に美味しかったけどね。僕らのミッションは、最もヘルシーでユニーク、かつフレイバーに富んだ蜂蜜をサステイナブルな養蜂のスタイルを貫きながら提供することなんだ。

—二人のブランドは同じスペースで、店舗や試作品を作るためのキッチン、経理や商品発送などの機能を共有しているんですよね。

Ben: いろいろな部分で一緒にやっていくということは単純に理にかなっているんだよね。研究と開発に使われるキッチンも共有しているし、皆で食事するスペースも、そしてバックオフィス機

COLUMN/EAT

能も共有しているよ。僕たちは異なる商品を扱っているけども、多くの同じ店に卸しているしね。何よりも「質が高く、いいものを人々に届ける。そして家でもレストランでも、僕たちの商品を気持ちよく使ってもらう」という考え方が同じだった。

Damian:お互いに協力することで、様々なハードルを乗り越えられる。最も重要だったのは、お互いの考え方や商品に対するリスペクトがベースにあるということだね。今のスペースには1年ほど前に移ってきたんだ。ほとんどは自分たちで改装したし、最初の6ヶ月は暖房もなく、しかも冬だったから本当にきつかったよ。

―このエリア、ひいては、ポートランドという街の変化、ということに関してはどうでしょうか。

Damian:この僕たちのスタジオがあるエリアは最近本当に発展している。このエリアにも、チーズメーカーやディスティラリー（蒸留酒製造所）、ブルワリー、アイスクリームメーカーなどがありたくさんのアーティストたちがいる。この進化は留まることなく続いていくだろうね。

Ben:この街は本当に変化に対して寛容なんだ。それに、僕は北欧にも住んでいたから思うのだけど、ここは北欧の街に感じが似ているんだ。街のサイズ感もそうだし、自然と人々の関係性についても。

Damian:コンパクトな街だし、川も山も公園にも近いしね。どの方角に車で行っても10分から15分で自然がある。街から出るだけでずっと運転しないといけない他の大都市に比べ、ヘルシーなライフスタイルと言えると思うよ。

―つまり、そんなポートランドだからこそ両ブランドは生まれたと言えるのでしょうか。

Ben:そうだね。コラボレーションがしやすい環境ということもあると思う。皆でお互いをサポートし合うというカルチャーがあるのが、とてもユニークな点。一流のシェフやレストラン、そしてコーヒーロースターとのコラボレーションも実際に僕たちはやってきた。ポートランドはイージーだし、サポートし合う文化がある。いい人たちがつくる、いい街という感じ。住人がポートランドをどんどん魅力的にしている。

Damian:もし仮に、クレイジーなアイデアを思いついたとするよね、それを実現させられることができる数少ない街の一つがポートランドだと思う。僕たちを見てよ。ポートランドのコミュニティから生まれた蜂蜜とポートランドの塩だよ。でも実現したんだ。この街の寛容さと、クリエイティブな雰囲気、そして常にコミュニティをサポートする姿勢が僕たちのブランドを支えていると思う。それこそがポートランドのDNAと言えるかもしれないね。

"We both make the best elemental products in America"

広々としたスペースに様々な種類の塩、蜂蜜にキャラメルなどが並ぶ。ショップスペースとは別に開発のキッチン、オフィス機能、ストック、発送などすべての作業がここで行われる。

TRUE PORTLAND | Annual 2015

DRINK

発酵し続ける街

サードウェーブコーヒーの発祥の地として。世界最多のブルワリーを有する都市として。ポートランドを形容する言葉には事欠かない。すでに十分なように思えるのに、今なお新しいコーヒーロースターが登場し、ブルワリーの数も増え続けているのはなぜだろう。マウント・フッドから流れこむきれいな水と都市近郊で育つ豊かな素材、そして街の持つ独特な文化が職人を惹きつけ、この街ではありとあらゆる種類の飲みものが職人たちによって手づくりされている。そこにDIYカルチャーが結びついてつくり手の裾野を拡げ、ますますこの勢いを加速させている。まるで都市全体が発酵し続けているようだ。

←移転前のThe Commons Brewery。古いレンガとメカニカルな設備。こんなふうに一見相反するものが絶妙にバランスをとり、ポートランドという街が形成されている。

The Commons Brewery

美味しいビールのまわりに人が集まる

Information
ザ・コモンズ・ブルワリー
630 SE Belmont St.
(503) 343-5501
火〜日 12:00〜22:00
www.commonsbrewery.com
$$ / MAP p296-44

2015年3月、ブルワリーとタップルームをこれまでの3倍の広さの場所に移転。いま最も勢いのあるブルワリーの一つだ。モットーは"Gather Around Beer"。ビールが人をつなぐ力を信じて疑わない彼らのビールは、アルコール度数が高くなく、会話に寄り添って飲み続けられるようにつくられている。

定番のUrban Farmhouse Aleはまさにそれを象徴したビール。地元の素材になるべくこだわって醸造し、セゾンスタイルの軽快な飲み口だ。

新しいタップルームでは常時12種類のビールを提供。「季節の限定ビールや、他のブルワリーとのコラボレーション・ビールにも力を入れていく」という。"Cheese Annex"と名付けられたフードカウンターからは、受賞歴もあるチーズの専門家Steve Jonesがチーズプレートや塩漬肉をサーブ。さらに、ここで提供されるパンはLittle T American Baker(⇒p74)で、Urban Farmhouse Aleと同じ酵母、同じ素材で焼かれたもの。

DRINK

光の差し込む明るい店内。タップルームとブルワリーの境目がほとんどないのも移転前から変わらない彼らのスタイルだ。

Multnomah
Whiskey Library

重厚感のある店内で
ウイスキーの物語に思いを馳せる

これほどまでに酒瓶がひしめき合って並べられている空間は他にあるだろうか？レンガ造りの壁面を覆った天井まで届く棚に、スタッフがはしごを駆使して、注文を受けたお酒を探し当てる。ポートランド産のウイスキーをはじめ、スコッチ、アイリッシュ、ケンタッキー・バーボンにメキシコ産の蒸留酒などを揃え、日本のウイスキーも置いてある。コレクション数は1,500種類以上。2014年の秋にオープンして以来、キュレーターが世界中から選りすぐりの品を集め、管理している。

バーワゴンがすぐ隣までやって来て、バーデンターとの掛け合いを楽しみながら、目の前で好みのカクテルを仕上げてくれる。会員(個人は600ドル〜)になると、蒸留酒の知識を深める限定イベントなどに参加できる。

古き良きイギリスのジェントルマンズ・クラブを参考にしたという店内は、品格のある大人の時間を過ごすのにふさわしい。命の水(スピリット)に魅せられた、酒造家たちの肖像画に見守られながら。

Information

マルトノマ・ウイスキー・ライブラリー

1124 SW Alder St.
(503) 954-1381
月〜木 16:00〜0:00、金土 16:00〜翌1:00
multnomahwhiskeylibrary.com
$$$ / MAP p288-39

非会員は席の予約は出来ないが、直接店に行けば入店できる場合がある。タイミングが合うことを祈って、是非足を運んでみよう。開店直後が狙い目。料理のメニューも充実しているので、食事をしながらお酒を楽しめる。

DRINK

Courier Coffee Roasters

高品質なコミュニケーションと
エコ・ドライブな経営方針

　クーリエ・コーヒー・ロースターズが、現在の場所に店を構えて5年。その間、他の人気店は店舗数を増やしたり、新参の店がオープンしたりとコーヒーを取り巻く環境が絶えず変化している中、以前と変わらず最もオルタナティブ路線を突き進んでいる。店で出すペストリーは、毎朝焼き上げて自家製にこだわる。ローストした豆は、特別仕様のカーゴ自転車で届けられる範囲しか注文を受けない。オーナーのJoel Domreisは、生産効率を上げることとはほど遠い考えで店を運営している。

　店が忙しくない時に、スタッフのDavidさんは、本書の2014年版を見ながら、日本から来たという訪問者におすすめ場所を探すのを手伝っていた。初めてポートランドを訪れたとしても、急に行き着けの店が出来た気分にさせてくれる。誰でも温かく迎えてくれる店に感謝したい。

Information

クーリエ・コーヒー・ロースターズ
923 SW Oak St.
(503) 545-6444
月～金 7:00～18:00、
土日 9:00～17:00
couriercoffeeroasters.com
$ / MAP p288-12

昨年も登場してくれたCeri。クールに手際よく注文をこなす。豆の焙煎はライトからミディアム。バニラカスタードが入ったカヌレ（写真右下・中段）を見つけたら是非トライして。ファンが多すぎるから、見つけたらチャンスを逃さずに！

DRINK

Tea Bar

お茶が人を繋ぎ、
ビルや街を再生させる

　ポートランドの北東部にKillingsworth St.という大通りがある。ヒップな若者達が集うAlberta St.より、さらに3ブロック北に位置するこの通りで、新たなムーブメントを予感させる店がオープンした。チャーミングな女性たちが、中国茶や抹茶などを提供してくれるTea Barだ。
　オーナーのErica Indira Swansonは、16歳で中国に住んだ時、すっかりお茶に恋をしてしまったそうだ。そして帰国後、"リトル・ベイルート・プロジェクト"と呼ばれる家業を手伝うために、この店を開いた。誰も価値を見出さなくなった物件を買い取り、魅力ある空間に生まれ変わらせることを目的としている。
　「限られた予算の中で、店舗デザインから全てを精一杯やったの。市の歩行者計画まで調査したわ」
　その甲斐あってか、オープンしてまだ数ヶ月にも関わらず、店のInstagram (@teabarpdx) には、抹茶ラテなどを片手に、笑顔が素敵なネイバーフッドがたくさん投稿されている。きっとTea Barが起点になって通りの風景が変わっていくに違いない。

Information
ティー・バー
1615 NE Killingsworth St.
(503) 477-4676
月〜日 8:00〜20:00
teabarpdx.com
$ / MAP p294-7

TRUE PORTLAND | Annual 2015

DRINK

左がオーナーのEricaさん。京都の小規模農家から取り寄せているという宇治抹茶を使ったメニューや、ラベンダー風味のミルクティが看板メニューとなっている。お茶のある日常をスタイリッシュに提案している。

Ex Novo Brewing

世界をより良くするビール

　非営利の活動というと、どんなイメージを持つだろうか？ここEx Novoはポートランドで55番目のブルワリーであり、唯一の非営利ブルワリーだ。ビールをつくり、販売するために必要な経費を抜いた利益はすべて寄付をしてしまう。

　元はメーカーのソーラー発電部門でエンジニアをしていたというオーナーのJoel。ホームブルーイングを始め、ビールの世界に興味を持つが、「何か社会に対してもインパクトのあることがしたかった」と非営利でブルワリーをつくることに思い至る。今後の目標をと訊くと、「とにかくいいビールをつくること」というシンプルな答え。彼の言う"GOOD"は単に美味しいビールということを意味しないのだ。

Information

エクス・ノヴォ・ブルーイング

2326 N. Flint Ave.
(503) 894-8251
月〜木 15:00〜22:00、金 15:00〜23:00
土 12:00〜23:00、日 12:00〜22:00
www.exnovobrew.com
$ / MAP p292-33

ニューメキシコ出身のJoelは自然とカルチャーを求めてポートランドに引っ越してきた。

定番のピルスナーをはじめ、年間を通じて様々なビールをつくる。ちなみにオーナーのAlexはOld Salt Marketplace(⇒p76)の共同創業者でもある。

Upright Brewing

Beer of the Year にも選ばれた実力派

　ダウンタウンからウィラメット川を渡ってすぐ、古いビルの地下にタップルームを持つ小さなブルワリー。しかし、提供するピルスナーはWillamette Weekが選ぶBeer of the Year 2015にも選ばれるなど、ポートランダーのビール好きの間でも評価が高い。
「自分たちが飲みたくて、自分たちのためにつくったんだ。でも結果としてよく売れたよ」とはオーナーのAlex。こういった感覚はポートランド全体に通ずる気がする。自分たちが欲しいものでお客さんもハッピーになったら、最高じゃないだろうか。レコードの音に耳を傾けながらゆったりとビールを楽しもう。

Information
アップライト・ブルーイング

240 N Broadway suite two
(503) 735-5337
木 17:00〜21:00、金 16:30〜21:00、
土 13:00〜20:00、日 13:00〜18:00
www.uprightbrewing.com
$ / MAP p292-37

Cascade Brewing Barrel House

サワービール・シーンを牽引するブルワリー

　フルーツとビールをあわせたサワービールを専門に提供しているブルワリー。イチゴ、ブルーベリー、アプリコットなど、飲み比べセットを頼むのも楽しい。酸味の強いサワービールは意外とアルコール度数が高いので、飲み過ぎにはご注意を。

Information

カスケード・ブルーイング・バレル・ハウス
939 SE Belmont St.
(503) 265-8603
日月 12:00〜22:00、火〜木 12:00〜23:00、
金土 12:00〜翌2:00
cascadebrewingbarrelhouse.com
$$ / MAP p296-45

Baerlic Brewing Company

Information

ベアリック・ブルーイング・カンパニー
2235 SE 11th Ave
(503) 477-9418
火〜木 16:00〜22:00、金 14:00〜23:00、
土 12:00〜23:00、日 12:00〜21:00
baerlicbrewing.com
$ / MAP p296-71

　2014年に新規オープンして以降、ポートランドでの存在感を着実に増しているブルワリー。タップルームでは10種類ほどのビールが楽しめる。食べものは提供していないが、持ち込みは可能。土曜日にはブルワリー・ツアーも開催されているので、ビールづくりの工程を覗いてみたい人はウェブサイトからコンタクトを！

シンプルな空間で
多彩なビールを

Burnside Brewing Co.

Information

バーンサイド・ブルーイング・コー

701 E. Burnside
(503) 946-8151
日~火 11:00~22:00, 水木 11:00~23:00,
金土 11:00-24:00
www.burnsidebrewco.com
$$ / MAP p294-40

リスクを厭わず新しいビールづくりに挑戦する、創造的なブルワリー。常識に縛られず常に新しいビールを目指す。結果、ビールリストの半分ほどは季節の限定ビールに。

ビールにあわせてつくられるパブのフードも美味しいと評判。女性ブルワーのNatalie(⇒p111)を見かけたら、声をかけて彼女のビールを飲んでみてほしい。

Gigantic Brewing Company

ホップ感の強いIPAに特長のあるブルワリー。IPA以外のビールはすべて期間限定だが、新しいビールをつくる度に新しいアーティストとコラボレーションしてラベルをデザインしており、ラベルとあわせて楽しみたい。

「2015年は黒米と梅を使ったビールを仕込んでるんだ。この間参加した居酒屋イベントにインスパイアされてね」。ビールの名前は"Ume Umai"。ラベルは日本人アーティストのYu Sudaがデザインするそう。

Information

ジャイガンティック・ブルーイング・カンパニー

5224 SE 26th Ave. / (503) 208-3416
月~金 15:00~21:00, 土 12:00~21:00,
日 12:00~20:00
giganticbrewing.com
$

Reverend Nat's Hard Cider

伝統を守りながら新しい味に挑戦

Information

レヴェレンド・ナッツ・ハード・サイダー

1813 NE 2nd Ave. / (503) 567-2221
木金 17:00〜22:00、
土 12:00〜22:00、日 12:00〜17:00
reverendnatshardcider.com
$ / MAP p294-28

近年ポートランドではサイダー（リンゴ酒）の消費量が年々増えており、サイダーシーンも熱い。創業者の Reverend Nat は2004年、友人宅の裏庭になったリンゴで初めてのサイダーをつくって以来、サイダーづくりに夢中だ。まずは自宅の地下を改装して醸造をスタート。2013年に現在のガレージに移転した。伝統的な製法でリンゴだけを使ってつくるサイダーの他、ホップや杏、ジンジャーを使ったものなど既成の概念に囚われないサイダーをつくり続けている。飲み比べセットもあるので、訪れた際にはぜひ味比べをしてみよう。

タップルームのカウンターの奥にはサイダーの発酵している銀のタンクが見える。この距離感もポートランドならでは。

DRINK

自社のサイダーのみならず、他社のボトルサイダーもずらりと並ぶ。ワシントンやカリフォルニア、ニューヨークのサイダーまで、圧巻の品揃えだ。

Bushwhacker Cider

横のつながりも大切にする
ポートランドで最初のサイダー醸造所

　伝統的な製法を大切にするサイダー醸造所。ポートランドはビールやワインといった醸造の基礎がある上に、リンゴの産地に近いためサイダー醸造にも適している。ここで醸造されている"Alice"という名のサイダーはグラニースミスという品種のリンゴのみを使ったもの。酸味のある爽やかなリンゴの特長がサイダーにも出て、万人受けする人気商品だ。ジンやウイスキーの樽を使って香りづけしたサイダーもある他、他社製のサイダーのテイスティング・イベントも定期的に開催されている。

Information
ブッシュワッカー・サイダー

1212-D SE Powell Blvd.
(503) 445-0177
月～木・日 12:00～23:00、金土 12:00～24:00
www.bushwhackercider.com
$ / MAP p296-86

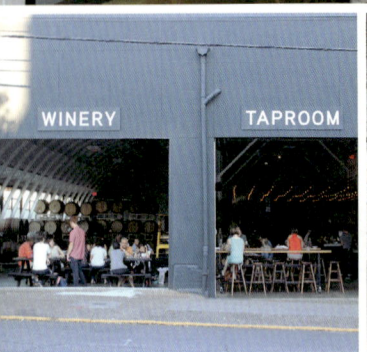

元は自動車の販売店だったという空間。開放的で気持ちいい。中には自転車を停めるスペースも。

Cooper's Hall

ワイン好きなら絶対に訪れたい
アーバン・ワイナリー

Information
クーパーズ・ホール
404 SE 6th Ave.
(503) 719-7000
月〜木 16:00〜22:00、金土 16:00〜24:00
coopershall.com
$$$ / MAP p296-24

　SEに位置するアーバン・ワイナリー。大きな倉庫のような空間の中にワイナリーとタップルームが共存しており、ワイナリーを眺めながら食事とワインを楽しむことができる。

　ずらりと並ぶタップが圧巻。Cooper's Hallのワインが約20種類、ゲストワインも約10種類、あわせて30種類以上のワインが提供されている。2ozから頼むことができるのでいろいろワインを飲み比べてみよう。もちろんクラフトビールやサイダーもあるので気分にあわせてチョイスが可能。ワインはボトルで買って帰ることもできるので、宿泊先で飲むのもおすすめ。

ENSO Winery

世界の伝統的なスタイルのワインを

　つくり手が生活圏のコミュニティにワイン生産の場所を持ってくるというアイデアから生まれたアーバン・ワイナリー。創立者のRyan Sharpは、セーラムにあるブドウ園で収穫作業を手伝ったことをきっかけにワインづくりにハマり、NW地区で育ったブドウを集めて自分の家でワインづくりを始めた。この場所は彼の探求心の賜物だ。

　バーの奥がワイナリー。彼らのワインは全てここで生産されている。バーではワインの他、ローカルのチーズや肉のプレートも提供。貸し切りでイベントも可能なため、時にはウェディングが行われることも。

Information

エンゾ・ワイナリー
1416 SE Stark St. / (503) 683-3676
月〜木 16:00〜22:00、金 16:00〜23:00
土 13:00〜23:00、日 13:00〜22:00
www.ensowinery.com
$$ / MAP p296-32

夏の終わりに訪れると、まさにブドウを絞り、ワインの生産を行っている最中だった。ブドウはオレゴンだけでなく、カリフォルニア、ワシントンの農家から買い付けている。

F. H Steinbart Co.

1918年の創業以来、ビールやワインを自家醸造したい人に向けて、材料や酵母、容器などを販売する全米で最も歴史ある老舗。麦芽などの材料は豪快に量り売り、酵母やホップなども多彩な品揃えを誇る。初心者向けのキットも種類が豊富。3～4時間ほどで醸造の基礎が学べる教室も開催しているほか、知識と経験豊富なスタッフのサポートも厚くお客さんが絶えない。(ただし、日本での自家醸造は違法なのでご注意を)

Information
エフ・エイチ・スタインバート・コー
234 SE 12th Ave. / (503) 232-8793
月～水 8:30～18:00、木金 8:30～19:00
土 9:00～16:00、日 10:00～16:00
fhsteinbart.com
$$ / MAP p296-21

See See Motor Coffee Co.

バイク好きは必見

バイクが好きなら外せない、バイクショップとカフェがあわさった独特のカルチャーを持つ店。オリジナルのバイクギアやパーツも販売。定期的にパーツ交換会なども開催しており、初心者からマニアまで幅広いバイク好きが集まっている。店の裏にはカスタムのための工房も。コーヒーはスタンプタウンの豆を使用。

Information
シー・シー・モーター・コーヒー・コー
1642 NE Sandy Blvd.
(503) 894-9566
月～金 7:00～19:00、土日 8:00～18:00
seeseemotorcycles.com
$$ / MAP p294-42

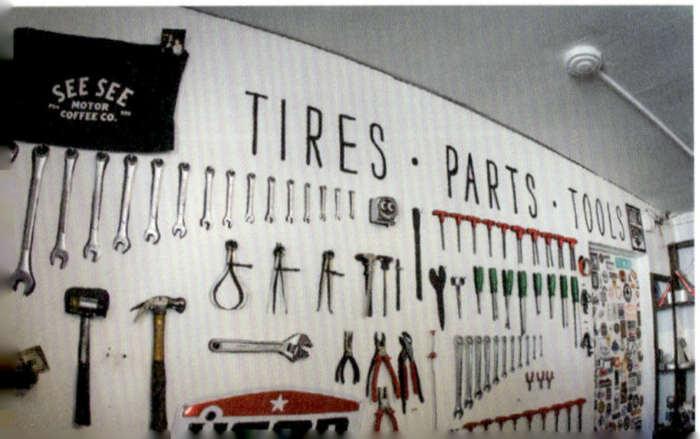

Glyph Café & Arts Space

　子どもからお年寄りまでがアートのまわりに集う、カフェとギャラリーを一体にした店。常に様々な展示やイベントが行われている店内には"Poetry Wall"と呼ばれる黒い壁があり、誰でも詩や俳句、懺悔や感謝などを残し、気に入るものがあれば持ち帰ることができる。食事や飲みものにもオーナーのSandraのこだわりが。ファーマーズマーケットで野菜を調達するという食事のメニューは日替わり、毎朝Sandraがウェブサイトにアップしている。

Information

グリフ・カフェ・アンド・アーツ・スペース

804 NW Couch St.
(503) 719-5481
月〜金 8:00〜18:00、土 11:00〜17:00
www.glyphpdx.com
$$ / MAP p290-46

Heart Roasters

　フィンランド出身のプロ・スノーボーダー Wille Yli-Luoma が2009年にオープン。「ライトあるいはダークにローストするというのではなく、適切にローストする」というのが Heart 流。"妥協のない品質"を掲げる彼らは、ロースト時にいかなる香りも足さず、できる限り最良の方法で抽出するために努力や工夫を惜しまない。ダウンタウンにも店舗があり、テーブルやチェアを The Good Mod(⇒p178)が手がけている。

Information

ハート・ロースターズ

2211 E Burnside St.
(503) 206-6602
月〜日 7:00〜18:00
www.heartroasters.com
$ / MAP p294-44

製茶の全てをここで行う
理想の詰まったアトリエ

Smith Teamaker

Information
スミス・ティーメーカー

1626 NW Thurman St.
(503) 719-8752
月〜金 9:00〜17:00、土 11:00〜17:00
www.smithtea.com
$$ / MAP p290-5

創立者の Steve Smith は銀のスプーン一つで多くの人を魅了する紅茶の神様と呼ばれてきた。創業したTazo Tea を売却後、フランスでアルチザンやショコラティエに触発され、「本当にやりたい製茶」をやろうと、製茶の全てがそこで完結する小さなアトリエ兼ショップを立ち上げた。残念なことにSmith氏は2015年に逝去してしまったが、彼の右腕だったTony Tellin が後を継ぎアトリエを継続。ここを訪れたら、ぜひお茶の味くらべに挑戦しよう。

毎朝やっているのが嬉しい
オーガニックのジューススタンド

Sip Juice Cart

Alberta 通りにあるジューススタンド。SEのPeople's Food Coop(p70)にも店舗があり、ここは2店舗目。車を改造してつくってあるが、基本的に営業場所は固定されている。地元産のオーガニックの素材にこだわり、ジュースやスムージーを販売。毎日、朝から営業しているのが嬉しい。このジューススタンドが評判になって、Canteen(p75) が生まれた。

Information
シップ・ジュース・カート

2210 NE Alberta St.
(503) 680-5639
月〜日 9:00〜19:00
www.sipjuicecart.com
$ / MAP p294-17

一杯一杯がオリジナル
ドリンクメニューの無いバー

Angel Face

Information

エンジェル・フェイス
14 NE 28th Ave.
(503) 239-3804
日〜木 17:00〜24:00、金土 17:00〜翌01:00
www.angelfaceportland.com
$$$ / MAP p294-46

バーなのにドリンクメニューが無い。代わりに、"どんなテイストがいいか"を伝えると、バーテンダーがインスピレーションでカクテルを仕上げてくれる。どんなカクテルが出てくるのかを待つ時間もこの店の楽しみの一つだ。ベルモットやブランデーといったスピリッツの種類が豊富。日本にも支店ができた人気店NavarreやLuceの姉妹店でもある。

Expatriate

オーナーバーテンダーのKyle Websterの生み出すカクテルと空間が評判のバー。Beast(p58)のオーナーシェフ Naomi Pomeroy がアジア料理をベースにつくった食事メニューも美味しい。実は彼らは夫婦。二人で手がけた店はウィラメットウィークの Bar of the Year 2014 で2位に選ばれるなど、ポートランドのバーシーンの真ん中に位置し続けている。

Information

エクスペイトリエイト
5424 NE 30th Ave.
(503) 805-3750
月〜日 17:00〜24:00
expatriatepdx.com
$$$ / MAP p294-9

カクテルと料理が織りなす空間

Stumptown Coffee Roasters

サードウェーブの先駆け。ACE HOTEL 以外にも市内に4店舗ある。The Annex には焙煎所も併設。

スタンプタウン・コーヒー・ロースターズ
3356 SE Belmont St. / (503) 232-8889 / 月〜金 6:00〜19:00、土日 7:00〜19:00 / stumptowncoffee.com
$ / MAP p296-78

Coava Coffee Roasters

広々とした空間で、豆の個性を引き出した一杯を。SEのホーソーンにできた新店舗も要チェック。

コアヴァ・コーヒー・ロースターズ
1300 SE Grand Ave. / (503) 894-8134 / 月〜金 6:00〜18:00、土日 8:00〜18:00 / coavacoffee.com
$ / MAP p296-52

Extracto Coffee Roasters

NEに2つの店舗を持つロースター。「ポートランドで一番のコーヒー」という地元のファンも多い。

エクストラクト・コーヒー・ロースターズ
1465 NE Prescott St. / (503) 284-1380
月〜日 7:00〜18:00
www.extractocoffee.com
$ / MAP p294-6

Albina Press

朝の一杯にピッタリな居心地の良いコーヒーハウス。店内では頻繁に地元アーティストの展示も行われている。

アルビーナ・プレス
4637 N Albina Ave.
(503) 555-1234
月〜日 6:00〜20:00
$ / MAP p292-12

Barista

ポートランド内外のロースターの豆を熟練したバリスタが提供。市内4店舗あるが、店ごとに違う雰囲気を味わえる。

バリスタ
1725 NE Alberta St. / (503) 208-2568
月〜金 6:00〜18:00、土日 7:00〜18:00
baristapdx.com
$ / MAP p294-12

Pépé Le Moko

ACE HOTELに隣接するバー。スタンプタウンのコーヒーを使ったカクテルが美味しい。

ペペ・レ・モコ
407 SW 10th Ave. / (503) 546-8537
月〜日 16:00〜2:00
pepelemokopdx.com
$$ / MAP p288-28

Donnie Vegas

Ned Ludd(p60)のスタッフが独立して始めたホットドッグバー。カクテルをタップから注ぐのが面白い。

ドニー・ベガス
1203 NE Alberta St.
水〜月 16:00〜2:30
donnie.vegas
$ / MAP p294-11

Rum Club

名前の通りラムの種類が豊富なバー。クラフトなカクテルも値ごろで美味しい。まずは定番の Rum Club Daiquiri を。

ラム・クラブ
720 SE Sandy Blvd.
月〜日 16:00〜2:00
rumclubpdx.com
$$ / MAP p296-30

Church

あらゆる人を受け入れる"教会"という名のカクテルバー。DJは司祭。眠れぬ夜は店内の懺悔フォトブースで悔い改めよう。

チャーチ
2600 NE Sandy Blvd. / (503) 206-8962
月〜日 16:00〜翌2:00
churchbarpdx.com
$$ / MAP p294-33

TRUE PORTLAND | Annual 2015

DRINK

Base Camp Brewing

アウトドア好きにはたまらないブルワリー。広い屋外席で都会のアウトドアを楽しむべし。

ベース・キャンプ・ブルーイング
930 SE Oak St. / (503) 477-7479
日〜水 12:00〜22:00 木〜土 11:00〜0:00 / basecampbrewingco.com
$ / MAP p296-25

PINTS Urban Taproom

ダウンタウンにあるブルーパブ。客席から醸造設備が見える。手前はカフェで、朝からコーヒーを飲むことも。

パインツ・アーバン・タップルーム
412 NW 5th Ave. / (503) 564-2739 / 月〜土 11:30〜23:00、日 12:00〜21:00 / www.pintsbrewing.com
$$ / MAP p290-28

Hopworks Urban Brewery

オーガニックのビールを100%再生エネルギーでつくっている。店内の自転車は地元ビルダーによる作品。

ホップワークス・アーバン・ブルワリー
2944 SE Powell Blvd. / (503) 232-4677 / 日〜木 11:00〜23:00、金土 11:00〜24:00 / hopworksbeer.com
$$ / MAP p296-98

Bailey's Taproom

オレゴンでつくられているビールを常時100種類以上楽しめるビアバー。新しいビールに出会いたい時に。

ベイリーズ・タップルーム
213 SW Broadway / (503) 295-1004
月〜日 12:00〜24:00
www.baileystaproom.com
$$ / MAP p288-19

Saraveza

クラフトビールのコンビニ。扱うボトルの種類はなんと250種類。食事も楽しめるが、おみやげにも◎

サラヴェザ
1004 N Killingsworth St. / (503) 206-4252 / 月〜日 11:00〜24:00
www.saraveza.com
$$ / MAP p292-6

The Oregon Public House

「パイント一杯で世界を変えよう」が合言葉。非営利のビアパブで、純利益は全て寄付してしまう。

ジ・オレゴン・パブリック・ハウス
700 NE Dekum St. / (503) 828-0884
日〜木 12:00〜22:00、金土 12:00〜23:30
oregonpublichouse.com
$$ / MAP p294-2

Willamette Valley Wineries

ダウンタウンから車で1時間ほどで、多くのブドウ畑とワイナリーが。宿泊もできるのでのんびり訪れたい。

ウィラメット・ヴァレー・ワイナリーズ
willamettewines.com

SE Wine Collective

小規模のワイン職人達に場所を提供しているアーバンワイナリー。

サウスイースト・ワイン・コレクティブ
2425 SE 35th Place / (503) 208-2061 / 月、水〜金 16:00〜22:00、土 13:00〜22:00、日 13:00〜20:00 / sewinecollective.com
$$ / MAP p296-77

Bull Run Distilling Company

NWの23rd Ave.の近くにある蒸留所。テイスティングルームではウオッカ、ウイスキーやラム酒を試飲できる。

ブル・ラン・ディスティリング・カンパニー
2259 NW Quimby St. / (503) 224-3483 / 水〜日 12:00〜18:00
bullrundistillery.com
$$ / MAP p290-7

Interview with
RED GILLEN
Beer Blogger

2015年の"醸造"シーン

Beer and Cider in 2015

Profile
ポートランドと日本、双方のクラフトビールやお酒について日本語で情報を発信。ブログでは、ビールだけでなくオレゴンのワインやウイスキーについても幅広く書いている。お酒にまつわる各種ツアーも提供。www.oshuushu.com

ビールだけでなく、アーバンワイナリーにサイダー醸造所など、ますます盛り上がるポートランドのお酒文化。「オ州酒ブログ」のRed Gillenさんに、2015年の"醸造"シーンについて聞いてみた。

—いまだにブルワリーの数は増え続けてるようですね。

ポートランド市内のブルワリー数は58軒（2015年3月時点）。世界一です！今年中に60軒を超えると思います。最近のトレンドの一つはピルスナースタイルのラガー。大手メーカーのラガーより素材にこだわっていて、コーンスターチのような副原料も使用しないことがほとんど。より美味しいものができあがっています。ラガーならHopworks Urban Brewery（⇒p109）のLagerとBurnside（⇒p99）のCouch Lagerがオススメ。もう一つの特徴はサワービールが増えていること。昔、サワービールはレアでしたが、今では様々なブルワリーが造っています。Commons（⇒p88）とUpright（⇒p97）は大体がサワー系のビール。三つ目のトレンドは樽熟成のビールです。バーボン、ワイン、ラム酒などの樽にビールを寝かしているので味は最高です！樽熟成は冬が多いのですが、1年を通じて楽しむ

ならLompoc BrewingのSide Barがいいですね。

—ビールだけでなくサイダーシーンも盛り上がっているのはなぜでしょうか？

ポートランドではサイダーもクラフト。職人意識で造られるサイダーの品質が高くて本当に美味しいです。りんご以外に様々な素材（例えばアプリコット、チェリー、生姜など）が使用されるのでバラエティがあります。サイダーはビールとほぼ同じ度数ですがビールより軽く、苦くないので、ビールが苦手な人には嬉しいオプションです。ポートランドならサイダーはビアバー、スーパー、レストランなどで気軽に手に入るので、ビールが好きな友達と一緒に楽しむことができます。

—なぜこうした醸造文化がポートランドで発展しているのだと思いますか？

オレゴン州はビール、サイダー、ワイン、スピリッツの素材の産地であり、水がとても綺麗です。ですから美味しいお酒が造られますね。そして、お酒に情熱がある人たちが市内のクラフト醸造所で働いてから独立するので、醸造職人が毎年増えます。その結果、醸造職人たちが共存共栄をして、お酒が常にレベルアップされています。

Interview with

NATALIE ROSE BALDWIN

Burnside Brewing

DRINK

"自家醸造"が都市を形づくる

Home brewing shapes the city.

Profile
コロラド生まれ。2012年にポートランドに引っ越す。ハイキングや自転車、旅行、そして何かをつくることが好き。Alan TaylorとSam Pecoraroの二人の偉大なブルワーにビール造りについて学び、現在はBurnside Brewingのブルワーとして働く。

　ホームブルー（自家醸造）という言葉をご存知だろうか？ポートランドのビール文化を語る際に、その存在は欠かせない。ホームブルワーからキャリアを開始し、ポートランドでも珍しい女性のプロ・ブルワーになったNatalieにインタビューしてみた。

─いつからホームブルーを？

　3年前からです。大学でバイオケミストリーを学んでいたのだけれど、チーズとビールが大好きで、自分で造ってみたいと思うようになったのがきっかけ。最初のビールは大失敗だったわ（笑）。

─どうやって材料を揃えますか？

　ブルワリーから譲ってもらったり、F.H Steinbert（⇒p102）のようなお店で買ったり。友だちと酵母の交換会をやったりもする。自分で自家醸造するだけでなく、コンテストに向けてプロのブルワーと一緒にビールを造ったりしながら、プロになることを目指していたわ。

─プロになるまでの経緯は？

　2014年10月にBurnside Brewingのアシスタントに採用してもらうことができた。今年の2月にはブルワーのポジションが一つ空いたんだけれど、自分はまだあまりにも未熟だと思ったから応募できなかった……。そうしたら、オーナーと醸造責任者が「君がやらないか？」って！今は定番のビールを造るだけでなく、自分のレシピのビール造りにもチャレンジさせてもらっている。造るだけでなく、イベントで販売に行ったり、日本やマレーシア、スペインやブラジルといった海外からのオーダーに対応したりするのも仕事の一部。

─市内にブルワリーがどんどん増えていくのはどう思いますか？

　いいビールを造るために、競争があるのはいいことだと思う。それぞれが独自のスタイルを持っているから、ブルワーを目指す人にとっても様々な経験ができるのもいい。ポートランドでは行政がブルワリーを開くのに投資をしてくれるの。コミュニティにとっての美味しいビールの価値を認めているから。それでも、プロのブルワーは狭き門で、毎日のようにホームブルワーが自家醸造したビールを持って「空いてるポジションはないか？」と聞きに来るような状況よ。

─今後の目標は？

　もっと美味しいビールを造れるようになること。そしてゆくゆくは小さいながらも自分のブルワリーを持ちたいと思ってる。

Fitness &
Creative Life Style

Profile

楠本修二郎

カフェ・カンパニー株式会社代表取締役社長。1964年、福岡県生まれ。88年、早稲田大学政治経済学部卒業。同年リクルートコスモス入社。93年大前研一事務所入社後、94年平成維新の会事務局長に就任する。98年スタイル・ディベロップ設立、代表取締役社長に就任し、キャットストリートの開発活動を開始。2001年現カフェ・カンパニーを設立。
www.cafecompany.co.jp

ポートランドは
フィット感のいい街

　ポートランドは、人の暮らしや営みが豊かで、創造性あふれるオープンイノベーションの街です。スモールビジネスが活発で、多様な人々が互いをリスペクトし合う自由な風土は、カフェそのもの。素敵な笑顔で誇りを持って仕事をする職人気質のポートランダーと語り合うたびに発見があり、自身の想いを新たにさせてくれる僕にとって大切な場所です。

　街に降り立つとまずはランニングをしてポートランドの空気を身体いっぱいに取り込みます。僕にとってランニングの時間は自分の中にあるアイデアやインスピレーションが生まれ、つながる大切なひととき。旅に出ると必ずその街を走るのですが、走りながら見る街の景色ってその街の匂いや息づかいをつかむのにちょうどいいんですよね。気温や湿度を肌で感じながら、移り変わる景色の中でその街に暮らす人たちの表情がみえて、語り合う言葉、街の音などいろんな情報が自然と入ってきます。

　そんな視点で見た時のポートランドは、"フィット感のいい街"。スケールよりもスタイル、ビジネスモデルよりもクリエイティビティー、物質よりもつながり。そういう価値観で人々が暮らし、営み、コミュニティが形成されているこの街は、人と自然が寄り添いながら快適に元気に生きる、そういう叡智の玉手箱だと思います。今後、日本は都市・地域ともに、少子高齢化、人口減少化社会を迎え、特に地方の暮らし方や営みは大きく変わってくると思います。そんな時に、みんなで自転車通勤し、オーガニックな食を大切にし、山を走り、街を1杯のコーヒーやハードリカーとともに謳歌し、海や川で遊び、自然に溶け込む。そういった彼らの「Fitness & Creative Life Style」は、きっと参考になるはずです。

　さあ、KEEP WEIRD（ばかちんでいこう）で、ポートランドに繰り出しましょう！

TRUE PORTLAND / Annual 2015

COLUMN/DRINK

TRUE PORTLAND / Annual 2015

INSKEEP GALLERY

GET INSPIRED

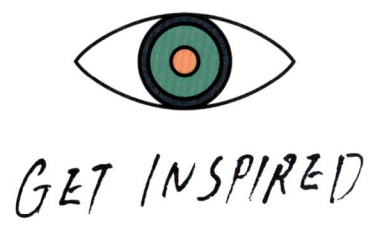

この街がアートなのか
アートが街をつくるのか

アートとの距離が近い。アートシーンに対するミュージアムやギャラリーの、常に献身的で積極的な活動はもちろん、書店もアートとともにあるし、ホテルでもカフェでも地元のアーティストの作品が展示の機会を与えられている。そしてFirst Thursday、Last Thursday、First Fridayといったアートイベントが毎月開催されることで、街の景色をアートがつくるという状況が根付いている。街でギャラリーを見つけて、少しでも気になったらドアを開けてみよう。カフェで見かけたアートが気になったらアーティストについて聞いてみよう。そのインスピレーションは旅の一番の収穫になるかもしれないから。

←「Portland Art Museum」はダウンタウンにある歴史ある美術館。世界中から集められた収蔵品の種類は、有史以前からモダンアートまで多岐にわたる。

Portland Art Museum

膨大な所蔵は見応え十分
歴史ある美術館でアートに浸ろう

　約42,000点を超す所蔵作品を誇る、1892年開館の総合美術館。アメリカで七番目、太平洋岸北西部では最も古い。有史以前のネイティブアメリカンが残した5,000点を超す工芸品で有名である。アメリカ美術では、肖像画家ギルバート・スチュアート、ハドソン・リバー派のビアスタットといったアメリカを代表する画家の作品が集まる。西洋美術では印象派のモネ、ルノワール、セザンヌやピカソ、ほかにもロダンやイサム・ノグチの彫像なども。日本美術も充実しており、江戸や明治時代の掛け軸や浮世絵などで約1,800点。アジアでは、中国の漢や唐王朝の陶芸品や埋葬品も。また、マルセル・デュシャンやアンディ・ウォーホルといった近現代美術、26,000点の版画作品を集めたコレクション、オレゴンや米国西部の歴史を記録した写真コレクションも所蔵している。休憩はコーヒーショップMuseum Groundsで。屋外にある彫刻の庭を散歩するのもいい過ごし方。

Information

ポートランド・アート・ミュージアム
1219 SW Park Ave.
(503)226-2811
火水・土日 10:00～17:00、
木金 10:00～20:00
portlandartmuseum.org
MAP p288-61

収蔵品の多さもさることながら、自転車やタトゥーなど、地元ポートランドに根付く文化の展示も行っている。総合美術館のとしてのアートに対する懐の広さもポートランドらしい。

GET INSPIRED

Museum of
Contemporary Craft

それは本来身近にあるもの
美しきクラフトの世界に触れる

Information
ミュージアム・オブ・コンテンポラリー・クラフト
724 NW Davis St.
(503) 223-2654
火〜土 11:00〜18:00、第一木曜 11:00〜20:00
museumofcontemporarycraft.org
MAP p290-36

アーティストと作品を手に取る人との関係づくりに熱心で、来館する人が作品に能動的に関わることのできる双方向型の美術館。PNCA（⇒p213）ともパートナーシップを結んでいる。1937年に創設され、元々は陶磁器を中心としたギャラリーだったが、2007年に現代クラフト美術館としてリニューアルした。コレクションは約1,000点以上に及び、2階の常設展には日本人陶芸家・浜田庄司の作品も飾られている。1階の企画展ではポートランド近郊の作家たちによる新作展が積極的に行われ、既成概念に囚われないキュレーションで、刺激的な展示が開催されている。この美術館が入っているパールディストリクトのDeSotoビルディングには、Augen（⇒p126）、Froelick、Blue Sky（⇒p126）などのギャラリーが入居し、クリエイティブの中心地となっている。1階には美しい工芸品やモダンなデザインプロダクトを販売するクラフトショップもあり、国内の著名アーティストからアメリカ北西部の気鋭のアーティストやデザイナーの作品まで取り扱っている。

TRUE PORTLAND | Annual 2015

GET INSPIRED

訪れた際に行われていたのは、「ShowPDX: A Decade of Portland Furniture Design」と題された、革新的で機能的な家具を60以上展示したエキシビジョン。

Nationale

アートへの愛に溢れた
小さなギャラリーショップ

Information
ナショナーレ

3360 SE Division St.
(503)477-9786
月・水〜日 12:00〜18:00
www.nationale.us
MAP p296-82

　2008年創業のアートギャラリー兼セレクトショップ。新進アーティストの作品をプロモーションし、自主製作のエキシビション・ブックやアーティストたちのポートフォリオも取り揃えている。街の小さなギャラリーのリーダー的存在で、手頃な価格で作品を手に入れることができる場所でもある。オーナー May Barruel が選ぶフレグランスや石けん、ローカルブランドの雑貨も扱う。アートと文学好きな彼女はフランスのグルノーブル出身で、2000年にポートランドに移り住み、スタンプタウン・コーヒーでバリスタとして働きながら、ダウンタウンでアート・キュレーターとしても活動していた。

アート鑑賞はもちろんのこと、入り口周辺にディスプレイされている、雑貨やアートブックなどを見るのも楽しい。キュレーターの視点をアート以外でも感じることができる

Fisk

2014年9月にオープンしたコンテンポラリー・アート＆デザイン・ギャラリー。デザイン、イラスト、音楽における商業アーティストをフィーチャーしている。レコードショップ兼レーベルのBeacon Sound（⇒134）とコラボレーションして空間づくりを行っている。ショーやトークイベント、パフォーマンスに加え、ポップアップイベントも不定期で開催し、アーティストとコラボレートしたプロダクトの販売を行う。Bijan BerahimiとMichael Spoljaricの二人のデザイナーが共同オーナーとして運営している。

Information
フィスク

3636B N Mississippi Ave.
月〜日 12:00〜19:00
itsfisk.com
MAP p292-11

レコードショップとコラボレーションしたアート空間

Upfor

Information
アップフォー

929 NW Flanders St.
(503) 227-5111
火〜土 11:00〜18:00
www.upforgallery.com
MAP p290-23

パールディストリクトではこれまであまりなかった、メディアアートを専門とするギャラリー。メディアとしてテクノロジーを捉えるアーティストたちの思わず見入ってしまうようなインスタレーション、メディアパフォーマンス、プレゼンテーションなどが楽しめる。オーナーのTheo Downes-Le Guinは、元々シンクタンクでテクノロジーを専門にしていた研究者だ。

メディアアートを身近なものにするオープンなギャラリー

独学のアーティストたちの
自由な発想にインスピレーションを受ける

Adams and Ollman

Information
アダムズ・アンド・オルマン
209 SW 9th Ave.
(503)724-0684
水〜土 11:00〜17:00
adamsandollman.com
MAP p288-16

　20世紀にアメリカ国内で活躍した独学のアーティスト(Self-Taught Artist)やコンテンポラリー・アーティストたちによる作品を展示。自分自身のために独学で制作した、自由な発想や表現に溢れる作品が魅力だ。オーナーのAmy Adams自身も、その一人。ギャラリーの名前は、フィラデルフィアの Fleisher/Ollman Galleryのオーナー John Ollmanに因み、コラボレーションでイベントも開催している。

ランドリーハウスが
実験的アートギャラリーに変貌

Yale Union

　若手アーティストの支援や新しい制作方法の提案、アートに関する講演を奨励する現代アートセンター。イベントやエキシビション、レクチャーなども開催しており、訪問にはスケジュールの確認と、事前予約が必要。アーティストたちによって始まった小さな組織で運営されている。100年以上も前の建物であり、かつてのランドリーハウスであった国家歴史登録財のYale Union Laundry Buildingをリノベーションした。

Information
イェール・ユニオン
800 SE 10th Ave.
(503) 236-7996
展示により異なる
yaleunion.org
MAP p296-46

Portland Museum of Modern Art (PMoMA)

　Mississippi Recordsの中にある地下へと続く吹き抜け階段を降りると、国内外の現代アートが集められたスペースへと辿り着く。MoMAと表示されているからニューヨークのそれを想像して身構えていると、ちょっとびっくりする。地元アーティストの展示や多様なコンセプトのアートプロジェクトを取り上げるなど、規模は小さいながらもセンスは流石。「美術館」とは言えないかもしれないが、独特の空気感がある。

ポートランドにはポートランドの MoMA がある

Information

ポートランド・ミュージアム・オブ・モダン・アート

5202 N Albina Ave.
月〜日 12:00〜19:00
portlandmuseumofmodernart.com
MAP p292-9

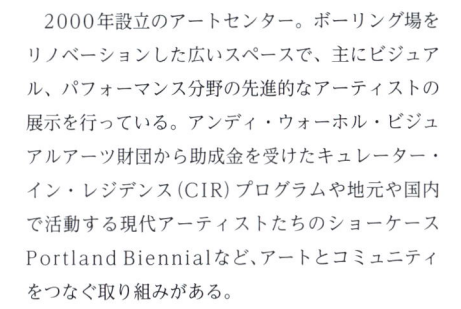

Disjecta Contemporary Art Center

　2000年設立のアートセンター。ボーリング場をリノベーションした広いスペースで、主にビジュアル、パフォーマンス分野の先進的なアーティストの展示を行っている。アンディ・ウォーホル・ビジュアルアーツ財団から助成金を受けたキュレーター・イン・レジデンス (CIR) プログラムや地元や国内で活動する現代アーティストたちのショーケース Portland Biennialなど、アートとコミュニティをつなぐ取り組みがある。

Information

ディスジェクタ・コンテンポラリー・アート・センター

8371 N Interstate Ave.
(503) 286-9449
金〜日 12:00〜17:00
www.disjecta.org
MAP p292-2

アートとコミュニティが結びつくプラットフォームとなる場所

チケットはメイン入り口にあるボックス・オフィスで購入しよう。映画の開始時間よりも早めに行って、始まるまでの時間を充実したフードとお酒でゆったり過ごそう。

Living Room Theaters

まるで家にいるような感覚で映画もフードも楽しめる

Information

リビング・ルーム・シアターズ

341 SW 10th Ave.
(971) 222-2010
月〜木・日 11:30〜22:30、金土 11:30〜24:30
pdx.livingroomtheaters.com
MAP p288-25

ダウンタウンにある、全てのスクリーンがデジタル仕様（アメリカ国内初！）の人気シアター。上映作品は、新作や話題のインディペンデントフィルムなど、地元や世界中から集めた作品を10ドルで見ることができる。ピザやチキンの串焼き、サラダやパニーニ、そして寿司までサーブするフードが充実したカフェ、ラウンジを備え、座席までフードやドリンクを持ってきてくれる贅沢なサービスもある。ゆとりある座り心地の良い椅子で映画を見ながら、フードとお酒を楽しめるのは最高のひと時となるだろう。週末の金曜日と土曜日には、併設されているバーエリアでジャズバンドの演奏も行われる。

Laurelhurst Theater

1923年にオープンした
アール・デコ様式のシアター

文化的にも建築的にもポートランドの歴史に刻まれるシアター。当時初めてのアール・デコ様式のシアターと言われていた。650人が収容可能で、4つのスクリーンにモダンなアメニティを備えながらも、クラシックな雰囲気を保っている。インディペンデント、アートやモダンからクラシックまで、あらゆる映画をリバイバル上映。4ドルで鑑賞できる。地ビールや焼きたてピザなど、映画を見ながら楽しめる。

Information

ローレルハースト・シアター

2735 E Burnside St.
(503) 232-5511
作品により異なる
laurelhursttheater.com
MAP p294-45

Cinema 21

Information

シネマ・トゥウェンティワン

616 NW 21st Ave.
(503) 223-4515
作品により異なる
cinema21.com
MAP p290-14

地元の人々に親しまれる独立系のシアター。1920年代から現役で稼動しているスクリーンも一つだけある。18時以降上映開始で、大人一人9.50ドル。チケットはオンラインでも購入が可能。毎年10月にはQueer Film Festivalが開催され、LGBTQアーティストによる映画をハイライトしている。前身はPortland Lesbian & Gay Film Festival。

個性的な作品を上映する
個人所有の映画館

Elizabeth Leach Gallery

1981年にスタートし、NW地区、そして世界中の突出したアーティストたちの様々なコンテンポラリ作品を扱う。

エリザベス・リーチ・ギャラリー
417 NW 9th Ave. / (503) 224-0521
火〜土 10:30〜17:30
elizabethleach.com
MAP p290-24

Augen Gallery

現代アーティストや版画家の作品を展示。このパールディストリクトのロケーション以外に、ダウンタウンにもある。

オーゲン・ギャラリー
716 NW Davis St. / (503) 546-5056
火〜金 11:00〜17:30、土 11:00〜17:00
augengallery.com
MAP p290-37

One Grand Gallery

時代を切り開く若い才能とコレクター、そしてコミュニティを繋ぐアートやデザインを扱うギャラリー。

ワン・グランド・ギャラリー
1000 SE Burnside St. / (212) 365-4945
水〜日 11:00〜18:00
onegrandgallery.com
MAP p296-8

PDX Contemporary Art

1996年にスタート。ギャラリーが入っているビルはパールディストリクトでも最も古い建物の一つ。

ピーディーエックス・コンテンポラリー・アート
925 NW Flanders St. / (503) 222-0063
火〜土 11:00〜18:00
pdxcontemporaryart.com
MAP p290-25

Fourteen30 Contemporary

映像作品から彫刻作品まで幅広く扱う、2008年にオープンした現代アートギャラリー。

フォーティーン・サーティー・コンテンポラリー
1501 SW Market St. / (503) 236-1430
土日 11:00〜17:00
fourteen30.com
MAP p288-5

Eutectic Gallery

陶芸のギャラリー兼ブティックストア。現代アメリカの陶芸作品を専門的に取り扱っている。

ユーテクティック・ギャラリー
1930 NE Oregon St. / (503) 974-6518
月〜木 10:00〜17:30、金土 10:00〜18:00
eutecticgallery.com
MAP p294-32

Newspace Center for Photography

写真講座と、写真展を行うギャラリー。暗室やスタジオもあり、学生からプロまで集まる写真に関する地元のハブ。

ニュースペース・センター・フォー・フォトグラフィー
1632 SE 10th Ave. / (503) 963-1935
月〜木 10:00〜22:30、金〜土 10:00〜18:00
newspacephoto.org
MAP p296-60

Hap Gallery

アーティストとオーディエンス、コレクターをつなぎ、引き込んでいくことを目指す現代アートギャラリー。

ハップ・ギャラリー
916 NW Flanders St. / (503) 444-7101
水〜土 11:00〜17:30
hapgallery.com
MAP p290-26

Blue Sky Gallery

1975年にOregon Center for the Photographic Artsとして、5人の若い写真家のグループにより設立。

ブルー・スカイ・ギャラリー
122 NW 8th Ave. / (503) 225-0210
火〜土 12:00〜17:00
bullseyeprojects.com
MAP p290-35

Bullseye Projects

現代ガラスアート作品を展示。アーティストたちによるレクチャーや、ディスカッションなどにも利用されている。

ブルズアイ・プロジェクツ
300 NW 13th Ave. / (503) 227-0222
火～土 10:00～17:00
bullseyeprojects.com
MAP p290-21

Stark's Vacuum Museum

Stark'sという掃除機専門店に併設。アンティークの掃除機を100台以上ディスプレイしている。

スタークス・バキューム・ミュージアム
107 NE Grand Ave. / (503) 232-4101
月～金 8:00～19:00、土 9:00～16:00
starks.com/vacuum-museum
MAP p294-39

Portland Institute for Contemporary Art

国際的に知られる現代音楽やダンスなど、パフォーミングアートの実験的劇場を併設する研究所。

ポートランド・インスティテュート・フォー・コンテンポラリー・アート
415 SW 10th Ave. / (503) 242-1419
火～金 11:00～18:00
pica.org
MAP p288-29

Oregon Museum of Science and Industry

1944年に設立された、世界に誇る超大型の科学センター。地元の人にはOMSI（オムジ）という名前で親しまれている。

オレゴン・ミュージアム・オブ・サイエンス・アンド・インダストリー
1945 SE Water Ave. / (503) 797-4000
火～日 9:30～17:30
www.omsi.edu
MAP p296-69

Hollywood Theatre

非営利の映画館。アートフィルムを通じて、コミュニティを活気づけていくことを目的としている。

ハリウッド・シアター
4122 NE Sandy Blvd. / (503) 493-1128
作品により異なる
hollywoodtheatre.org
MAP p294-31

McMenamins Bagdad Theater & Pub

1927年にオープン。上映中にピザやクラフトビールが楽しめる。別料金でバルコニー席に移動が可能。

マクミナミンズ・バグダッド・シアター・アンド・パブ
3702 SE Hawthorne Blvd. / (503) 467-7521 / 月～木・日 11:00～24:00、金土 11:00～25:00 / mcmenamins.com
MAP p296-66

TRUE PORTLAND | Annual 2015

LISTEN

ヒューマンな音楽との関係性

知る人ぞ知る穴場な街だった90年代から、ポートランドには多くのミュージシャンが移り住んできた。この街を舞台にしたTVシリーズが登場したり、注目度が高まる現在でもそれは続いている。他の街ではなかなか受け入れられない音楽をやったり、辺境の音楽やゴスペルばかり扱うレコード屋を経営しても、お互いをサポートし合って個性と才能を伸ばせるシーンがあるのがポートランドの魅力だ。30ドルもあれば何枚かレコードを買って、日本じゃ見られないようなかっこいいバンドのライブに遭遇できるような街だから、旅行中に楽しまない手はない。

←「Little Axe Records」で見つけたディスプレイ。日本では、ほぼ見かけなくなったカセットテープも、この街では最前線のメディアである。デジタルにはない、録音の生っぽさが醍醐味として認識されている。

Little Axe Records

音楽好きの友達の家に遊びに行くようにレコードを探す

　元は家のガレージでレコードを売り、地元のコアな音楽ファンに支持されていたJed BindemanとWarren Hillが、アルバータ・ストリートから少し路地に入った場所に店舗をオープンしたのは2012年のこと。エクスペリメンタル系とゴスが好きなBindeman、それに対して、Mississippi Records (⇒p132)のレーベルをスタートした一員でワールドミュージックとフォークを好むHill、そんな二人の趣味の違いのおかげでユニークなセレクションが人気のレコードストアだ。一軒家のリビングルームを改装した空間はとても居心地がいい。視聴用のターンテーブルもヘッドフォンも決して高価なものではないが、ポーチ越しに外を眺めながら気になるレコードをゆったりと座って聴けるのもここの魅力の一つ。Monograph Bookwerks (⇒p220)とAmpersand (⇒p223)の中間に位置しているので、レコードと本好きの人はたまらないエリア。

Information
リトル・アックス・レコーズ
5012 NE 28th Ave.
(503) 320-3656
水〜月 12:00〜18:00
www.littleaxerecords.com
MAP p294-20

日本のレコードストアでは見かける事がないようなレコードばかりで、カバーアートを見るだけでもとても楽しい。寡黙だけど、親切でとことん音楽に詳しいオーナーがどんな質問にも答えてくれる。

LISTEN

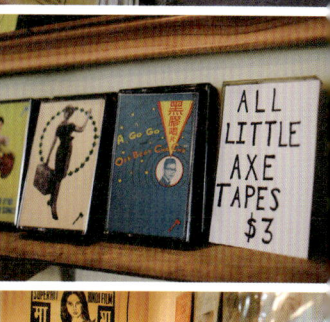

店に足を運び、所狭しと並ぶレコードと古いオーディオ機器に囲まれると、なんだかいい音楽に出会えそうだな、と思うはず。そしてその期待は裏切られることが無い。音楽好きなら手ぶらで店から出るなんてきっとできない！

Mississippi Records

ポートランド音楽シーンにおける最重要スポット

ポートランドで最も愛されるレコードストアがここMississippi Records。音楽好きなら滞在中に必ず足を運ぶべき、ポートランドの音楽シーンにおいての重要スポットだ。ワールドミュージックやゴスペルなど、マニアックなレーコドの再発売で知られるレーベルの運営からスタートし、今では世界的にもその名が知られている。ここを北米で一番好きなレコードストアとしてあげる国内外のDJも多いようだ。レコードとカセット、ヴィンテージのオーディオ機器修理、販売もしているが、CDは一切扱っていないところにさすがのこだわりを感じる。入口の上のサインにも書かれている"Always, Love Over Gold"をモットーに、有名になっても儲けよりもお客との関係を大切にしている店が12年も続いているのも、ポートランドならではかもしれない。

Information
ミシシッピ・レコーズ
5202 N Albina Ave.
(503) 282-2990
月〜日 12:00〜19:00
$$ / MAP p292-7

LISTEN

TRUE PORTLAND | Annual 2015

とてもよくキュレートされた品揃えで、電子音楽ファンはきっと満足できるはず。彼らが運営するレーベルでは、ポストクラシカルの作曲家Peter Broderickや、元Yellow SwansのGabriel Salmanなどもリリースも手がけているので、今後も目が離せない。

Beacon Sound

ダンスやベースミュージックを探すならここ

Information
ビーコン・サウンド

3636 N Mississippi Ave.
(503) 493-7202
月〜日 12:00〜19:00
www.wearebeaconsound.com
MAP p292-21

　4年前にオープンしたMississippi Ave.にあるレコードストア兼レーベル。中古盤やレアものを扱うレコードストアが多いポートランドの中では、最近のエレクトロニック、ダンスミュージックのセレクションに力を入れているので、音楽ファンに重宝されている。インディーズレコードも多く揃えているので、普段は海外からメールオーダーをするようなレコードファンには特におすすめしたい。ポートランドにある他の多くのレコードストア同様、インストアライブも定期的にやっているので、ウェブサイトのカレンダーからスケジュールをチェックして行ってみよう！店の奥にはFisk（⇒p121）という小さなギャラリースペースも併設されている。

Exiled Records

癖のあるキュレーションに病みつきになるかも

　Mississippi Records（⇒p132）に続いて、辺境音楽やサイケデリック、エクスペリメンタル音楽に強いレコードストア。ポートランドの中でも特に癖のあるキュレーションのレコードを取り揃えている。Sublime Frequencies周辺が好きな人はきっと気に入るはず！オーナーのScott Simmonsは、Woodistからリリース経験もあり、Male Bonding、Gangliansなどのバンドともスプリット盤を出しているパンクバンド、Eat Skullのベーシストとしても活躍している。ポートランドでレコードストア巡りを考えている人は、まずこの店に行って、彼が毎年発行している地図付きの地元のレコードストアガイド「Portland Guide to Independent Record Stores」をゲットしてから回ることをおすすめする。ここでは紹介しきれない店舗も、くまなく紹介されている。

Information

エグザイルド・レコーズ
4628 SE Hawthorne Blvd.
(503) 232-0751
火〜土 11:00〜19:00、日 12:00〜17:00
www.exiledrecords.com
$$ / MAP p296-67

チェーンのミュージックストアでは感じられない、レコードストアらしいレコードストア。大きすぎない店舗なので、なにか見落としてるんじゃ、と心配になることもない。

Clinton Street Record & Stereo

ローカルアーティストの信頼ナンバーワン

　小さなお店ながらも、ポートランドのDJや、音楽ファンには根強い人気のClinton Street Record。オーナー二人のうちの一人は、Dig A PonyやHolocene (⇒p137) での人気イベントでもレジデントとしてDJ Maxx Bass名義で活動しているR. Jared White。店の品揃えも彼のDJプレイも、ゴリゴリなヒップホップから、イタロハウスなどのダンスものまで、その幅広さが魅力だ。もう一人のオーナー、Aaron Heubergerは、Mississippi Records (⇒p132) でも働く人物で、同じ業種で掛け持ちできてしまうのもこの街らしさ。店の並びには、人気のブランチスポットBroderがあるので、待ち時間や帰りに寄るのもいいかもしれない。

Information

クリントン・ストリート・レコード・アンド・ステレオ

2510 SE Clinton St.
(503) 235-5323
火～日 13:00～19:00、月 不定休
clintonstreetrecordandstereo.com
MAP p296-80

Mississippi Studios and Bar Bar

　バプテスト教会として使われていた建物がリノベートされたライブハウス。元教会だけあって天井が高いので、音響系のアーティストやアコースティックライブが特によく似合う。広過ぎないスペースで、アーティストから近い距離でライブを楽しむことができるので人気だ。Bar Barというバー／レストランが併設され、ランチとハッピーアワー営業もしているので、ライブ前に早く着きすぎても安心！

元教会で極上の音に聴き入る

Information
ミシシッピ・スタジオ・アンド・バー・バー
3939 N Mississippi Ave.
(503) 288-3895
バーエリアは月〜日 11:00〜翌2:00
www.mississippistudios.com
MAP p292-17

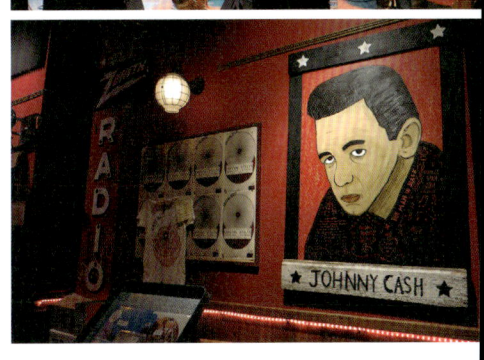

　クラブに近いダンス寄りのイベントが多いのがここの特徴。もちろんポートランドらしいバンドのライブも行われる。90年代音楽中心の「SNAP! 90's DANCE PARTY」や、ディスコやテクノなどで人気の「Main Squeeze」、ゲイ向けのパーティー（もちろんストレートも歓迎）の「GAYCATION!」などのレギュラーパーティーは、無料のものから、高くても5ドルと良心的な価格設定だ。

Holocene

Information
ホロシーン
1001 SE Morrison St.
(503) 239-7639
ライブによって異なる
www.holocene.org
MAP p296-42

ヒップスターに混ざってとことんダンス

音の良さには定評あり

Doug Fir Lounge

Information
ダグ・ファー・ラウンジ

830 E Burnside St.
(503) 231-9663
地上階は月～日 7:00～翌2:30
www.dougfirlounge.com
MAP p296-6

　Jupiter Hotel（⇒p249）に併設されているDoug Fir Loungeは、地上階はパティオもあるバー＆ダイニングスペースで、地下がライブスペースになっている。スペースエイジのログキャビンを彷彿とさせるインテリアで、ポートランドにあるライブハウスの中でも音の良さには定評がある。ステージはそこまで高くないし、恐いセキュリティがいるような場所ではないので、他のライブハウスよりもアーティストを身近に感じられるはず。

話題のバンドを誰よりも早く見よう

Wonder Ballroom

　2004年にミュージックベニューとしてオープンしたこの建物は、元は1914年にアイルランド系民族の文化保存のために建てられたスペースで、ボクシングスクールやコミュニティーセンターだったこと も。ピッチフォーク（音楽サイト）で目にするようなインディーだけど、ある程度知られたアーティストがライブをすることが多い。未成年でも入れるライブハウスであるため、入場時にセキュリティーチェックがある。再入場も不可なのを覚えておこう。

Information
ワンダー・ボールルーム

128 NE Russell St.
(503) 284-8686
ライブによって異なる
www.wonderballroom.com
MAP p294-26

Crystal Ballroom

　1914年にダンスホールとして建てられ、1979年には米歴史遺産に登録された由緒あるコンサートスペース。市内では一番大きな規模なので、他のライブハウスよりもメジャーなバンドのライブが多い。ステージに向かって左側は未成年も入場できるオールエイジエリアになっていて、右側は、IDを提示してスタンプを手の甲に押してもらうとアルコールが買えるエリアやバルコニー席にもつながっている。

Information

クリスタル・ボールルーム

1332 W Burnside St.
(503) 225-0047
ライブによって異なる
www.crystalballroompdx.com
MAP p288-22

歴史ある空間で音を楽しむ

LISTEN

HOW TO GO TO A SHOW
ライブの行き方

　ポートランドの音楽シーンに興味があってポートランド行きを決めたら、まずはこのガイドブックに掲載されているライブハウスのウェブサイトからスケジュールをひたすらチェック！ 他にも、地元のフリーペーパー（Willamette WeekやPortland Mercury）のサイトのMusicセクションにあるイベントカレンダーを見れば、街中のイベントを網羅しているので便利。もちろん現地に着いてから、まったく前情報のないアーティストを見に行くのもあり。行きあたりばったりで新しいバンドを発掘するのも醍醐味の一つだ。見たいアーティストが見つかったら、次はチケット購入。ソールドアウトにならないライブも多いので焦る必要はないけれど、絶対に見たいアーティストのライブならオンラインでチケットを買って安心しておきたいところ。ライブハウスのサイトから「Buy Tickets」をクリックすると、例えばHoloceneならStrangertickets、Doug FirやWonder Ballroomならticketflyというように、それぞれ違うチケットサービスのサイトに飛ぶので、そこで買いたい枚数を入力。Delivery Methodを選択する欄では、プリントアウト、電子チケット、もしくはWill Callにするかを選べるようになっている。Will Callというのは、ライブハウスにあるボックスオフィスでチケットを受け取れるシステム。記念にチケットをとっておきたい人には、このWill Callを選択するのがおすすめ。ポートランドに着いてからチケットを買う場合には、レコードストアか、直接ライブハウスに足を運んでボックスオフィスでの購入が可能。昼は開いていないライブハウスが多いので、営業時間を調べてから行こう。ちなみにライブハウスごとのレギュラーパーティーや、まだ知名度の低いローカルバンドのライブでは事前にチケットを発売しないので、クラブに行く感覚でIDだけ忘れずに行けば大丈夫！ 日本ではライブイベントでのIDチェックがないところが多いけれど、アメリカでは未成年の飲酒を禁止するために、IDを見せて21歳以上でないと入場できない場所がほとんど。未成年が入れるライブハウスでも、オールエイジエリアと、21歳以上だけが入れるバー併設エリアに分かれていることを把握しておこう。

Tender Loving Empire

インディーミュージックシーンを
知りたいなら

　Jared Mees & The Grown Childrenのフロントマン Jaredと、その妻Brianneがオーナーを務めるTender Loving Empireは、TyphoonやRadiation City、Brainstormなどポートランド外でもブレイクしているバンドを数多く抱える、地元を代表するインディーレーベル。彼らはローカルアーティストのクラフト作品やアクセサリーなどの雑貨を扱う店舗も経営していて、Ace HotelやPowell's近くにあるダウンタウンの店舗とプラスして、2014年にはSEのHawthorneにも新店舗をオープンさせたばかり。その店舗でも購入可能で、今までに7枚リリースされているローカルバンドを集めた2枚組のコンピレーションアルバム『Friends and Friends of Friends』は、Tender Loving Empire所属以外のバンドの楽曲も収録されているので、これからポートランドのバンドや、インディーズ・ミュージックを聴きはじめたい、という人にもおすすめだ。

Information
テンダー・ラビング・エンパイア

3541 SE Hawthorne Blvd.
(503) 548-2927
月〜日 10:00〜19:00
www.tenderlovingempire.com
MAP p296-96

新しくオープンしたホーソン店はダウンタウン店よりも広い。ローカルのアーティストのアクセサリーや、ポートランドをテーマにしたアート作品など、お手頃な価格のおみやげにもぴったりのものがたくさん。

TRUE PORTLAND | Annual 2015

LISTEN

LABELS TO CHECK OUT

Kill Rock Stars
www.killrockstars.com

Elliott Smithや、TVシリーズ「Portlandia」に出演するCarrie Brownsteinが所属するSleater-Kinneyを輩出した事で知られる、ポートランドとワシントン州オリンピアの両方に拠点をおく優良インディーロックレーベル。

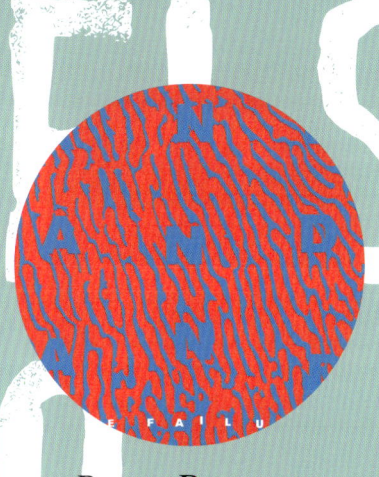

Party Damage
partydamagerecords.com

地元のフリーペーパーで音楽エディターを務めて、ローカルの音楽シーンを知り尽くすCaseyとBenが、好きなバンドがレコードをリリースするのを助けたい！との思いからスタートしたレーベル。Wild OnesやAND ANDなどが所属。

Dropping Gems
www.droppinggems.com

Natasha Kmetoや、Devonwhoなどの西海岸の実力派トラックメーカーを多く抱えるベース／ビート系レーベル。インディーロックやエクスペリメンタルばかりだった印象のポートランドの音楽シーンの幅を広げたのは彼らの貢献が大きいだろう。

Fresh Selects
freshselects.com

2013年にスタートしたビート／ヒップホップ系を中心にリリースするレーベル。レーベルスタート直後にKnxwledgeやMndsgnのリリースをしていたことで、ポートランド以外からも注目が集まっている。最近の注目は女性トラックメーカーでシンガーのLow Leaf。

BANDS TO WATCH

Lilacs & Champagne
pamlicosoundmailorder.org

インストバンドGrailsとしても活動するEmil Amosと Alex Hallによるエクスペリメンタル・サイケデュオ。Madlibが辺境音楽とホラー映画のサントラをサンプリングしたようなサウンドで、2枚のアルバムをMexican Summerからリリースしている。

Psychomagic
psychomagic.bandcamp.com

近年盛り上がりを見せるポートランドのサイケデリックロックシーンでも特に人気を集める5ピースバンド。サイケとサーフパンクをミックスしたサウンドで、2014年末にはLAのレーベル、Lolipop Recordsからアルバムをリリースした。

Genders
genderspdx.bandcamp.com

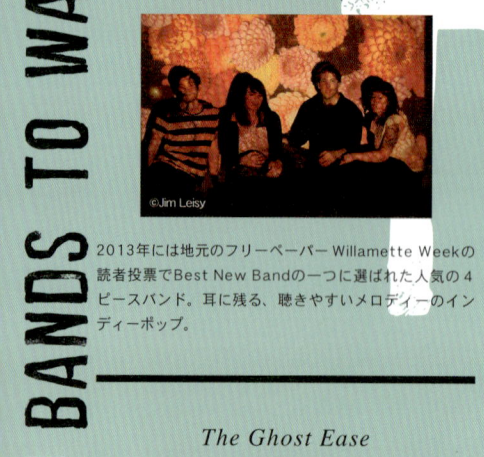

2013年には地元のフリーペーパー Willamette Week の読者投票でBest New Bandの一つに選ばれた人気の4ピースバンド。耳に残る、聴きやすいメロディーのインディーポップ。

Sama Dams
samadams.bandcamp.com

3人組のエクスペリメンタルアヴァンギャルドバンド。前市長のSam Adamsと同姓同名のボーカルが、混同されないようにこの名前にしたとか。オンラインマガジンの、the Deli上で行われた投票でも、地元の注目すべき新人バンドの2位に選ばれ、活躍が期待される。

The Ghost Ease
theghostease.com

2013年にセルフリリースでアルバムを発表して以来、ローカルシーンで注目される女子3人組のドリームポップ／グランジバンド。2015年は待望の2枚目のアルバムのリリースが予定されている。Cat Powerファンにおすすめ！

Satsuma
satsumasatsuma.bandcamp.com

2014年に結成された男女混合3人組バンド。4ADに強く影響を受けたメンバーたちが生み出すサウンドは、ダークウェーブ。まだ4曲入りのカセットを一つリリースしているだけだが、すでにTOPSと共演を果たしているので、その周辺のサウンドが好きな人は要チェック。

TRUE PORTLAND | Annual 2015

LISTEN

Crossroads Music

同じ店舗内で40の売り手が委託販売をしているレコードストア。ジャンルではなく、売り手ごとに商品が並ぶ。

クロスローズ・ミュージック
3130 SE Hawthorne Blvd. / (503) 232-1767 / 月〜木 11:00〜18:00、金土 11:00〜19:00、日 12:00〜18:00 / www.xro.com / MAP p296-62

Music Millennium

インディペンデントストアとしては国内最大の規模、アメリカ北西部で最も古くからある歴史あるレコードストア。

ミュージック・ミレニアム
3158 E Burnside St. / (503) 231-8926
月〜土 10:00〜22:00、日 11:00〜21:00
www.musicmillennium.com
MAP p296-15

Rontoms

毎週土曜日の夜にはフリーショーが開催され、お酒を飲みながらローカルバンドを見ることができるバー。

ロントムズ
600 E Burnside St. / (503) 236-4536
月〜日 15:00〜翌2:00
www.rontoms.net
MAP p296-3

Everyday Music

その名の通り朝9時から夜の12時まで年中無休でオープン。左側はレコード専門、右はCD専門と分かれている。

エヴリデイ・ミュージック
1313 W Burnside St. / (503) 274-0961
月〜日 9:00〜24:00
www.everydaymusic.com
MAP p290-58

Valentines

VooDooドーナツと同じ通りにある小さな2階建てバー。ほぼ毎晩、無料でライブやDJを楽しむことができる。

バレンタインズ
232 SW Ankeny St. / (503) 248-1600
月〜日 17:00〜翌2:30
www.valentinespdx.com
MAP p288-21

Arlene Schnitzer Concert Hall

オレゴン交響楽団の本拠。"PORTLAND"の看板はランドマークの一つ。バンドのコンサートも行われる。

アーリン・シュニッツァー・コンサート・ホール
1037 SW Broadway / (503) 248-4335
コンサートにより異なる
www.portland5.com/arlene-schnitzer-concert-hall / MAP p288-60

Jackpot Records

王冠マークが目印のレコードストア。新品は赤のスリーブ、中古は青のスリーブに入っているのがわかりやすい。

ジャックポット・レコーズ
3574 SE Hawthorne Blvd. / (503) 239-7561
月〜木 10:00〜19:00、金土 10:00〜18:00、日 11:00〜18:00 / www.jackpotrecords.com / MAP p296-64

Roseland Theater

チャイナタウンにある、エレクトロやヒップホップに強いライブハウス。

ローズランド・シアター
8 NW 6th Ave. / (971) 230-0033
ライブにより異なる
www.roselandpdx.com
MAP p290-47

Attention!!

お酒が出される場所がほとんどなので、ライブハウスに行く時にはID所持を忘れずに。持っていないと入場すらできないので要注意！

COLUMN/LISTEN

Music in Portland Brings Authentic Experience even in Digital Age

Profile

ジェイ・コウガミ

音楽ブロガー。音楽ブログ「All Digital Music」編集長。ギズモード・ジャパン副編集長。ブロガーとして音楽サービスや音楽テクノロジーなど、日本のメディアでは紹介されない音楽の最新トレンドを幅広く分析し紹介する活動を行う。オンライン、雑誌に寄稿するほか、講演やテレビ、ラジオなどで活動。オレゴン州ポートランド育ち。趣味はアナログレコード集め。
jaykogami.com

デジタル時代に手探りで体験できる音楽シーン

　ネットやスマートフォンの普及で、世界中の音楽がどこでも聴ける時代になった。そんなデジタル時代にも関わらず、ポートランドの音楽シーンを知る人は少ない。

　ポートランドは根強いインディーズ・シーンで知られ、長年若手を育ててきた。Kill Rock Stars、Hush、Dropping Gemsなどの小レーベルが、エリオット・スミス、Sleater-Kinney、エスペランザ・スポルディングなど、ジャンルを問わずクリエイターたちの作品を世に送り出す中心的役割を担っている。レコード屋は店舗ライブなどでアーティストと交流するハブになっている。

　また至るところに存在するライブハウスが様々な音楽を奏でている。Crystal Ballroom、Mississippi Studios、Roseland Theaterに足を運べば、ファンの熱気と、アーティストらが繰り広げる等身大のライブが楽しめる。10年以上に渡って開催されてきた音楽フェス「MusicFestNW」は、全国区の知名度を獲得しているが、未だに多くのポートランドと縁のあるアーティストが参加する。コミュニティ性の強いポートランドの中に、アーティスト、レーベル、ライブハウス、そしてファンが共存している。

　ポートランドの音楽をさらに面白くしているのが、独特の距離感だと思う。例えば、シアトルがジミ・ヘンドリックス、ニルヴァーナ、マックルモア&ライアン・ルイスなどを生んだ「セレブ」な音楽都市だとすれば、ポートランドは無名なクリエイターでも認める土壌がある。ただの流行りモノ好きが集まる街と思われがちだが、リアルな音楽との距離が短く、ある種「現実的」な音楽都市だと感じる。

　音楽好きな僕にとって、この距離感が生む手探りの宝探し的な感覚に惹かれてきた。昔、オレゴン大学のラジオ局「KWVA」でDJをしていたことがある。その時に出会った、トークをする間も惜しんでオレゴン出身アーティストの音楽ばかりプレイしていたDJたちが今でも強く印象に残っている。カオティックな街で、誰も知らない音楽を探す生の感覚と言える。

　ネット時代の今、華やかなスポットライトが照らす音楽は見つけやすい。しかしそんな決められた演出から見つけた音楽よりも、ポートランドの人はそれぞれが自由に音楽を見つけ、好きになっていく。そんな細やかな楽しみがポートランドの音楽らしさだと思う。

TRUE PORTLAND / Annual 2015

RUN

都市と自然の距離感が育むスポーツカルチャー

ポートランドの人々の多くがスポーツを愛していること、スポーツ、アウトドアブランドが育ち、集まることの大きな要因として、自然の存在が街からそう遠くない場所にあるということがある。平日はランニングやヨガをしたり、ジムに通ったりして、週末は山、川、海に出かける。それは自然と都市の両方を行き来し、環境に振れ幅を持たせることで、心地よく生きていくためのチューニングをしていると言えるのかもしれない。自転車に乗ることもそうだ。そして様々なスポーツを楽しむためのショップも充実している。でも難しいことを考える前に、まずは自分も体を動かしてみよう！

←近づく空とそびえるマウントフッド。この景色がポートランドの中心部から車で1時間半の場所にある。

PACIFIC CREST TRAIL

RUN

それぞれの歩幅で踏みしめるオレゴンの大自然

アメリカ西海岸を貫く一本のトレイル。それがPacific Crest Trail（PCT、パシフィック・クレスト・トレイル）。総距離は約4,200kmにも及ぶ、アメリカ3大トレイルの一つ。ポートランドがあるオレゴン州にもPCTが通るマウントフッドなどの素晴らしいトレイルがあり、市内中心部から車であれば、そう時間をかけずに行くことができる。PCT以外にも街の中心部や海岸線などにも自然の美しさを思い切り享受できるトレイルがある。そう、ポートランドの周辺には、自分の歩幅で楽しめるトレイルがたくさんある。ガイドを読んだ後は、きっと自分で見て、歩きたくなるはず。

PCT
パシフィック・クレスト・トレイル（PCT）は、メキシコ国境からカナダ国境までアメリカ西部の3州、カリフォルニア、オレゴン、ワシントンを貫くナショナル・シーニック・トレイルのひとつである。ナショナル・シーニック・トレイルとは、アメリカ合衆国の条例によって最も豊かな自然の景観を楽しめる部分をつなげたトレイルで、PCTも Pacific Crest National Scenic Trail（PCNST）というのが実名だが、PCTとして世界中から集まる数多くのハイカーに愛されている。

PCT in OREGON
他の地域と比べ、起伏の少ない歩きやすい地形。そのため、1シーズンでメキシコからカナダまでハイクする、多くのPCTスルーハイカーは、日々20マイル（約32km）以上歩く。全体に火山と湖が散らばっており、これらがなす分水嶺に沿うようにPCTは北上している。そして、中部を境に背の高い火山が増え、北に進むほど高くなり、スリーシスターズのノースシスター（約3,000m）、マウント・ジェファーソン（約3,200m）、マウント・フッド（約3,400m）と上ると、今度はオレゴン＝ワシントン州境のコロンビア・リバー（約550m）でPCTの最も低い地点まで下りる。

TRAIL SPOTS OF ORGON

TRUE PORTLAND / Annual 201

150

RUN

Forest Park

自然を求める人々を寛容に受け入れる都市公園

　原生生物を保護した都市公園としてはアメリカ合衆国最大の公園。面積は20km²を超えるというからそのスケールは大体東京の港区と同じくらいで代々木公園39個分。ここでは112種以上の鳥や62種もの哺乳類を見ることができ、森林の中を全長113kmのトレイルが張り巡らされている。このトレイルはちょうど日本の高速道路網のように全て繋がった大小様々なコースの集合体なので、ハイキング、サイクリング、ランニングなどペースにあったコースを思い思いのスタイルで楽しめる。メインのトレイルであるWildwood Trailは全長30マイル（約48km）で、ワシントン・パークから続いている。スケッチ、写真撮影、バードウオッチングはもちろん、広大な敷地の中から自分のベストスポットを見つけて読書するのも面白い。こんな大自然にもかかわらず、ダウンタウンからバスや徒歩でもアクセスできる。

トレイルではランナーはもちろん、夫婦で散歩している人たちや犬を連れて散歩している人など、様々な人にすれ違う。お互いに挨拶を交わす光景は、いかに自然が生活に身近なものかを物語っている。

Information

フォレスト・パーク
NW 29th Ave. & Upshur Street to Newberry Rd.
(503)223-5449
www.portlandoregon.gov/parks

Angel's Rest Trail

山頂からの絶景は
道のりの疲れを癒す

　Angel's Restはコロンビア川渓谷の西端にある断崖絶壁。長く、岩だらけの尾根が続くが、山頂からは絶景が広がっている。高さは2,000フィート（約609m）。そこまでの道のりがAngel's Rest Trailだ。片道2.4マイル（約3,862m）の比較的短い、緩やかな傾斜のコースであるが、山頂からの絶景を望むことができるため、ハイカーたちに人気。トレイルの途中には二つの滝がある。ポートランドのダウンタウンから車で約30分ということもあり、夏のシーズンには特に多くハイカーが訪れる。長距離バックパックハイカーたちにとっても、特に人気の立ち寄りスポットである。

Information

エンジェルズ・レスト・トレイル

トレイルヘッドまでは
ポートランドから車でハイウェイI-84を
東に向かい所要時間約30分。

山頂から広がる大パノラマのコロンビア川と周辺の景色は、訪れるハイカーに感動を与える。

RUN

Cascade Locks

神々の橋がつなぐ
自然豊かな州境

　Cascade Locksはポートランドの東に約64.4km、そしてフッドリバー郡にあるコロンビア川渓谷国定景勝地区の真ん中に位置している。Pacific Crest Trailが通る町であり、神秘的な伝説が残る橋「Bridge of the Gods（ブリッジ・オブ・ゴッズ）」が、それをワシントン州とオレゴン州の間で結んでいる。コロンビア川やカスケード山脈によってかたちづくられる自然の美しさは、自転車やハイキングピクニック、キャンプなど様々なアウトドア体験を楽しめる。Cascade Locksを出港し、コロンビア川をクルーズできる船、Sternwheeler Columbia Gorgeも人気。船上ではブランチやディナーも楽しめる。

Information

カスケード・ロックス

ポートランドから車でハイウェイ I-68 を東に向かい所要時間約1時間。
cascadelocks.net

ワシントン州とオレゴン州の州境に架かるBridge of the Gods。「神々の橋」という意味の名前の由来は、神が、息子二人のためにつくったという先住民の言い伝え。歩いて渡ることができ、ハイカーにとって新たな州へと進むポイントとなっている。

RUN

北米有数の大河が生んだ
圧倒的な景観

Columbia River Gorge

コロンビア川渓谷は全米でも稀な国定景勝レクリエーションエリアに指定されているそのエリアはポートランドから22ｋｍの距離にあり、コロンビア川沿いに130㎞にわたって絶壁が続く雄大な風景が広がる。カスケード山脈を通る山合いは、西側の端の緑豊かな熱帯雨林から、東側の乾燥した草原へと続き、ハイカーたちには人気のコース。大小の滝が点在し、その中でもマルトノマ滝はオレゴン最大の滝で落差189ｍを誇る。

Information

コロンビア川渓谷

車で行く場合は、ハイウェイI-84のExit17から続く、the Historic Columbia River Highwayがおすすめ。美しい渓谷の景観を望むことができる。

Oregon Coast Trail

コロンビア川の河口にある街アストリアからカリフォルニア州境のブルッキングスまで、太平洋の海外線オレゴンコーストに沿って583ｋｍにわたるロングトレイル。オレゴンコーストにはどこまでも続く砂浜や切り立つ岸壁、原生林を含む針葉樹林帯や沿岸砂丘など手つかずの自然が残されている。ポートランドからアクセスしやすく、詩情ある灯台や州立公園も多くあり、美しい自然を存分に楽しむことができる。

多種多様な大自然が残された
美しい景観が続く海岸線

Information

オレゴン・コースト・トレイル

ポートランドからオレゴン・コーストの最北端の町アストリアへは、車でハイウェイ30号を西に向かい2時間ほど。

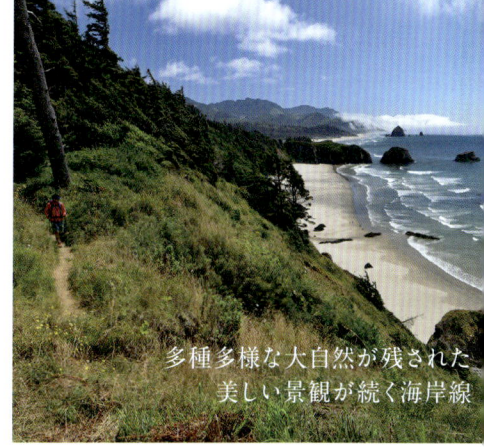

TRUE PORTLAND | Annual 2015

Mt. Hood

人々をアウトドアに駆り立てるオレゴンを代表する山

ポートランドから車で1時間半ほどで行くことができるMt. Hoodは標高3,424mで、オレゴン州の最高峰であり、カスケード山脈では4番目の高さを誇る休火山。山頂には万年雪、裾野には針葉樹林が広がるこの山は、日本の富士山（3,776m）と標高が近く、かたちも似ていて、さらに雪をかぶった美しい姿から「オレゴン富士」とも呼ばれている。1937年に完成し、国の歴史的建造物に指定されている「Timberline Lodge」併設のスキー場は年間を通して滑走が可能。他にも北米最大のナイタースキー場のMount Hood Skibowlなど合わせて五つのスキー場がある。スキーとスノーボードだけではなく、春から秋にかけては観光やキャンプ、パシフィック・クレスト・トレイルでのハイキングを始め、アウトドアアクティビティには最適のロケーションとなっている。

Information

マウント・フッド

ポートランドから車で約1時間30分。

ーティンバーライン・ロッジ
27500 E Timberline Road Timberline Lodge
www.timberlinelodge.com

ーマウント・フッド・スキーボウル
87000 U.S. 26 Government Camp
www.skibowl.com

歩いていくとパシフィック・クレスト・トレイルを示す木でできたサインを発見。

山頂の万年雪を背景にキャンプを楽しむことができる。

ふもとの森の中にある静かな湖、ロスト・レイク。美しい湖の向こうにマウント・フッドを望み、晴れていればマウント・フッドが水面に映る神秘的な光景が見れることも。

中腹にあるティンバーライン・ロッジは、アメリカの大恐慌時代にルーズベルト大統領の指示で、集められた職人たちにより建てられた。美術館のような佇まい。

TRAVEL OREGON

Hood River

オレゴンを探検しよう

オレゴンのアウトドアを探検するうえでの難点は、それを一生かかっても探検しきれないことです。オレゴン・コーストやマウント・フッド国立森林公園でハイキングをしましょう。スティーンズ山付近の砂漠でキャンプをしたり、リトル・スイスとも言われる、雪をかぶったワロワ山地で探検に出かけましょう。Cruise Americaでキャンピングカーを借りて、マウント・フッドの火山性丘陵地帯や、アンプクア国立森林公園の原生林、またはデシューツ国立森林公園内の森に囲まれた湖で過ごしましょう。オレゴン州立公園の数々には、美しいピクニックスポットの他、ユルト（円形のテント）やティピー（円錐形のテント）、木造の小屋やキャンピングカーを借りて泊まれるようなスポットもたくさんあります。事前に確かめて、夏季は早めに予約するようにしましょう。

コロンビア川渓谷とカスケード山脈が圧巻の景色で交差するフッド・リバーの渓谷には、15,000エーカーに及ぶ果樹園があり、アメリカで冬に獲れる洋梨のうち約45％を占める収穫量を誇っています。地元のレストランのメニューには、オレゴンの名産品を使った料理が並んでいます。アドレナリンジャンキー（Hood Riverは、世界的なウィンドサーフィンの聖地と呼ばれています）や食通、ワイン愛好家、トレッカー、歴史家などあらゆる人が素晴らしい休暇を過ごせる場所です。ポートランドから少しの時間ドライブするだけで行けます。

Travel Oregon
traveloregon.com

トラベル・オレゴンとして事業を行っているOregon Tourism Commissionは、2003年にオレゴン州議会により設立された半官半民の機関です。同州の96億ドル規模の観光産業がもたらす経済効果を強化することにより、オレゴンに住む人々の生活水準を向上させることを目的としています。トラベル・オレゴンのスタッフは、2年単位でマーケティング戦略プランを展開・実施しています。その中には、広告やマーケティング、出版物の展開、共同プロモーション、購買需要の充足、広報活動、国際マーケティング、観光商品開発、オレゴン州ウェルカムセンター、研究、産業との連携などが含まれます。トラベル・オレゴンは、戦略プランの実施にあたって、地域のコミュニティや企業団体、政府機関、民間企業などと広範囲にわたり協力関係を結んでいます。州知事により任命された9名の委員会が運営するOregon Tourism Commissionは、トラベル・オレゴンのスタッフやプログラムを監督しています。トラベル・オレゴンには、州全体の短期滞在者住居税のうち1％が資金としてあてられています。トラベル・オレゴンとそのプログラムに関する詳細な情報については、以下のサイトでご確認ください。
Industry.TravelOregon.com

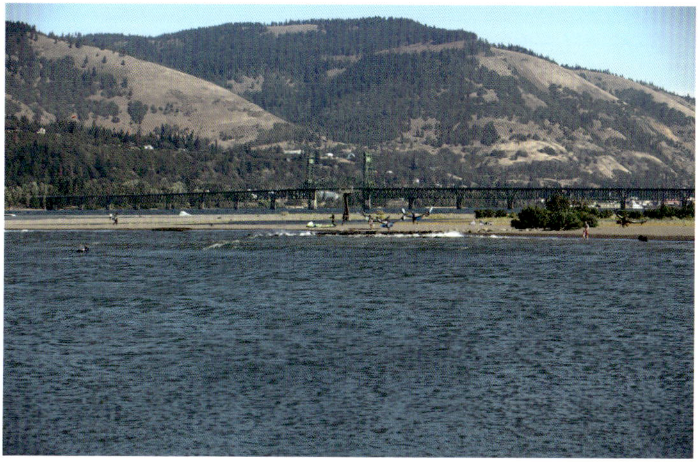

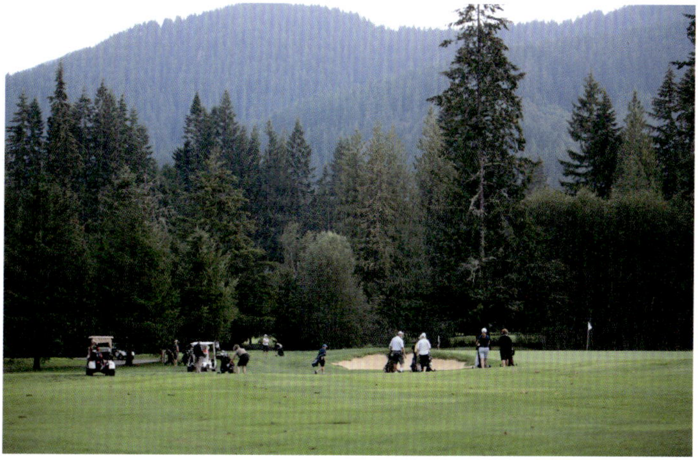

「BAGAIN BASEMENT」とサインが掲げられたコーナーは、アウトドア関係のヴィンテージや中古ギアが販売されている。思いもよらない掘り出し物が見つかるかもしれない。

Next Adventure

アウトドア好きの二人が作った
アウトドア好きのための専門店

Information

ネクスト・アドベンチャー

426 SE Grand Ave. / (503) 233-0706
月〜金 10:00〜19:00、土 10:00〜18:00、
日 11:00〜17:00
nextadventure.net
MAP p296-23

　　1997年に、アウトドア好きな長年の友人であるDeekとBryanがスタート。カヤックプレーヤー、登山家、スノーボーダー、ハイキング愛好者、キャンパー、スキーヤー、ピクニックなどをする人たちに、ぴったりのギアを適正な価格で提供し、アウトドアをより身近で手頃なものにすることを目的にしている。品揃えはポートランドでも1、2を争い、アウトドアギアのレンタルも行っているので、必要なものはほぼ揃うのではないだろうか。カスタマーサービスを一番に考え、カヤックやハイキングなどのアウトドアスクールも開催。品揃えは常に変わるので、まずは足を運んでみるのがいいだろう。

RUN

アウトドアブランドの代表格は
自然豊かなポートランド生まれ

Columbia Sportswear Flagship Store

Columbia Sportswearは1938年にポートランドで創業。フラッグシップショップはダウンタウンにある歴史的なUnited Carriage Building内にあり、1996年にオープンした後、2008年に改装が行われた。エントランスの佇まいはランドマーク的な存在。広い店内にはフィッシングや登山、スノーボードなどのウェアやフットウェア、バッグ、周辺アクセサリーなどが揃う。

Information

コロンビア・スポーツウェア・フラッグシップ・ストア

911 SW Broadway
(503) 226-6800
月～土 9:30～19:00、日 11:00～18:00
www.columbia.com
MAP p288-57

Keen Garage

"サンダルはつま先を守ることができるのだろうか?"というシンプルな疑問から生まれた創業モデル"Newport"。2003年の設立以来、仕事、娯楽、そして社会に還元することに時間を使っていく多彩な生活をハイブリッドライフと呼び、スローガンとしながら、アウトドアを楽しむためのフットウェアをつくり続けている。Keen Garageは、ユニークで遊び心いっぱいの空間。

ハイブリッドライフを追求する
フットウェアブランド

Information

キーン・ガレージ

505 NW 13th Ave.
(971) 200-4040
月～土 10:00～19:00、日 11:00～17:00
keenfootwear.com
MAP p290-15

Dan Cronin

The Poler Flagship Store

Information

ザ・ポーラー・フラッグシップ・ストア

413 SW 10th Ave. / (503) 432-8120
月〜土 11:00〜19:00、日 11:00〜18:00
www.polerstuff.com/products/the-poler-flagship-store
MAP p288-30

ポートランドらしいセンス溢れる
新感覚のアウトドアブランド

2011年にフォトグラファーのBenji Wagnerと映像クリエーターのKhama Vellaの二人によって立ち上げられたアウトドアブランド。2014年に移転オープンしたフラッグシップストアは、以前の店舗の数倍の広さになり、テントやバッグを試したり、リラックスして買い物を楽しめる空間になっている。店舗奥のギャラリースペースでは、定期的にイベントが開催される。

Icebreaker Portland

最高品質のメリノ・ウールが生んだ
アウトドアウェアの新カテゴリー

ニュージーランド産の最高品質のメリノ・ウールが持つ利点を活かしたアンダーウェアのブランド。1994年に設立され、当時の化学繊維ばかりだったアウトドア衣料に新しいカテゴリーを生み出した。ヘッドオフィスはニュージーランドだが、ポートランドをアウトドアの重要拠点と考え、2007年にデザインオフィスを開設した。

Information

アイスブレーカー・ポートランド

1109 W Burnside St.
(503) 241-8300
月〜土 10:00〜19:00、日 11:00〜18:00
www.icebreaker.com
MAP p290-43

Snow Peak

日本で創業されたアウトドアブランドの
北米フラッグシップストア

　日本の新潟県三条市に本社を置く1958年創業のアウトドアブランド。創業者である山井幸雄が当時の登山用品に満足できず、自分でつくり始めたのが創業のきっかけ。アメリカ初の店舗をポートランドにオープン。クオリティーやデザインに対するSnow Peakのコンセプトに共感するNau、Aether、Diemme、Zeal Opticsといったブランドのアパレルやアクセサリーとともに、Snow Peak全ラインを展開。

Information

スノー・ピーク
410 NW 14th Ave.
(503) 697-3330
月～土 11:00～19:00、日 11:00～18:00
snowpeak.com/portland
$$ / MAP p290-19

　1938年創業のRecreational Equipment, Inc.(REI)。ポートランドへの出店は1976年。パールディストリクトの店舗はリテイルストアとしては初めてアメリカグリーンビルディングからLEEDの金賞を獲得した、地球環境に配慮したビル。登山やサイクリング、キャンプ、ハイキング、スキーなどのアウトドアに精通したスタッフが対応してくれる。

REI Portland

Information

アール・イー・アイ・ポートランド
1405 NW Johnson St.
(503) 221-1938
月～土 10:00～21:00、日 10:00～19:00
www.rei.com/stores/portland.html
MAP p290-11

リテイルストアとしてはじめて
LEED 金賞を獲得

Portland Outdoor Store

その歴史は1世紀近く
アウトドア老舗中の老舗

　1919年創業、家族経営のアウトドア・ストア。緑色の看板と、見るからに年季の入った3階建て建物が象徴的なランドマークになっている。メンズ、ウィメンズのウェスタン・ウェアやアウトドア・ファッション、カウボーイブーツやカウボーイハット、キッズなど品揃えが豊富。知識豊富なスタッフによるフレンドリーなサービスも魅力。

Information

ポートランド・アウトドア・ストア

304 SW 3rd Ave.
(503) 222-1051
月〜土 9:30〜17:30
MAP p288-50

U.S. Outdoor Store

Information

ユー・エス・アウトドア・ストア

219 SW Broadway / (503) 223-5937
月〜金 9:00〜20:00、
土 10:00〜18:00、日 11:00〜17:00
www.usoutdoor.com
MAP p288-18

　自然に囲まれたポートランドの地で、スポーツに熱狂する人たちのアクティブなライフスタイルを1957年の設立から50年以上サポート。メンズ、ウィメンズともにスポーツウェアやグッズ、アウトドアウェア、サーフスーツ、スノーボード、スキー、スケートウェアなどに力を入れている。また、旅行グッズも豊富で、バックパックやキャリーケースなどの幅広いセレクションの他、ネックピローやアダプタなども揃えている。

Nike Portland

ファンにとっては聖地のような場所。最先端のデザインとクールなノスタルジアの融合に、訪れた人々はあっと驚く。シューズやアパレル、スポーツ用品がギャラリーのようにディスプレイされ、中でも、Bowerman Wallと呼ばれるNikeのヒストリーをモザイク表現した巨大なビデオスクリーンは見逃せない。ダウンタウンのKress Building内にあり、最高峰のLEEDプラチナム認証。誰でも参加できるランクラブも毎週月曜と水曜の夜に開催しているので、参加してみてはいかがだろう。

スポーツカルチャーを牽引する世界的ブランドの本拠

Information
ナイキ・ポートランド
638 SW 5th Ave. / (503)221-6453
月〜土 10:00〜20:00、日 11:00〜18:00
www.nike.com
MAP p288-55

Adidas Timbers Team Store

ドイツ生まれのスポーツブランドであるadidasのアメリカ本社がポートランドにある。古い病院をリノベーションしてつくられたというオフィスは「ヴィレッジ」と呼ばれ、それぞれのビルに「アテネ」「ローマ」など歴代のオリンピック開催地の名前が冠されている。MLSに所属する地元の人気サッカーチームPortland Timbersをサポートしており、ホームスタジアムであるProvidence Parkにはチームショップが併設されている。

Information
アディダス・ティンバーズ・チーム・ストア
1844 SW Morrison St.
(503) 553-5519
火〜土 11:00〜18:00
timbers.com/adidas-timbers-team-store
MAP p288-1

アメリカ本社を置き
地元チームもサポート

チームカラーである緑がスタジアム周辺まで埋め尽くす

Portland Timbers

ポートランドを本拠地とするサッカーチーム。2011年からはアメリカ・メジャーリーグ・サッカー（MLS）に参加。シーズンは3月から11月まで。「ティンバーズ・アーミー」と呼ばれる熱狂的な地元ファンがチームを支えている。約2万人収容のホームスタジアムProvidence Parkでのゲーム時はチケットが売り切れる。シュートが決まると電動ノコギリで丸太を切るパフォーマンスがお決まり。日本人選手も過去に在籍していた。

Information
ポートランド・ティンバーズ
www.portlandtimbers.com

Portland Trail Blazers

アメリカ・プロバスケットボールリーグNBAのウエスタン・カンファレンス、ノースウエスト・ディビジョン所属。本拠地はModa Center。「開拓者」という意味のチーム名は、ブレイザーズと略して呼ばれることもある。1977年NBAファイナルで優勝して以来、成績は芳しくないが、シーズン中はチケットが完売することもしょっちゅう。2014年は久々にプレイオフまで進出した。ダンスで盛り上げてくれるブレイザーダンサーにも注目！

Information
ポートランド・トレイル・ブレイザーズ
www.nba.com/blazers

「開拓者」の挑戦はポートランドを熱狂させる

伝統も設備も申し分なし
街のスポーツ文化を支える存在

MAC
(Multnomah Athletic Club)

1891年、ポートランドのフットボールとクリケットのチームメンバーがアスレチッククラブに興味を持つ人たちを招集したことをきっかけに設立された、非営利の会員制スポーツクラブ。会員は現在22,000人以上。一流の運動設備はもちろん、レストランやラウンジなどの施設も充実。8階にあるメインクラブハウスからはProvidence Parkを一望することができる。非会員の人は、会員と一緒じゃないと入れないので、ポートランダーと仲良くなったら聞いてみて！

Information
マルトノマ・アスレチック・クラブ
1849 SW Salmon St.
(503) 223-6251
月〜金 5:00〜23:00、土日 6:00〜23:00
www.themac.com
MAP p288-3

The Circuit

ウォールに集うコミュニティ

2005年創業のボルダリング・ジム。ジムというよりは、北西部のボルダリング・ファンが集まるコミュニティスペースの意味合いが強い。大小様々なウォールが用意されていて、ルートの数は3店舗あわせて300にも。一日利用は大人14ドル、子ども12ドル。毎週土曜日の夜には、初心者のためにレンタルグッズ付きで開放されていて、格安で楽しむことができる。子どもも思い切り遊べる環境で、バースデーパーティーやキャンプなどのイベントも充実。

Information
ザ・サーキット
410 NE 17th Ave. / (503) 719-7041
月・水・金 9:00〜23:00、火・木 7:00〜23:00
土日 8:00〜23:00
thecircuitgym.com
MAP p294-34

Velo Cult

自転車とビールを囲んで語ろう
ライブ演奏やイベントも開催

　自転車とパーツの販売、修理だけでなく、その周辺のカルチャーまで楽しめるショップ。バーエリアでは週ごとに入れ替わる10種類以上のクラフトビールやワインが飲め、紅茶や地元ロースターのコーヒーも提供している。夜は毎晩のように1階のフロアでライブ演奏などのイベントが行われ、地下のシアタールームでは自転車関連をはじめとした映像の上映やコメディーショーなどを開催。自転車が日常生活に深く根付いているポートランドらしく、若者から家族連れ、シニアまで幅広い層の人たちが自転車とビールを囲んで集う場となっている。また、店の裏手の外壁にはファミコン世代ならにんまりするようなアートが描かれている。

Information
ヴェロ・カルト
1969 NE 42nd Ave.
(503)922-2012
月〜日 10:00〜22:00
velocult.com
MAP p294-30

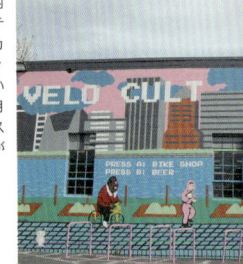

正面のドアから入ると広い店内の向かって右側が修理やメンテナンスのエリアで、左側にバーカウンターが。天井や壁面にはヴィンテージの自転車が飾られている。店内中央では2015年3月に、自転車パーツが美しくディスプレーされたガラステーブルが新調された。

Chris King

全てのパーツを環境に配慮したポートランドの工場で製造。世界最高の精度と耐久性を誇るヘッドセットはクラフトマンシップの賜物。食事にもとことんこだわるライドイベント"グルメセンチュリー"を日本でも2015年6月に初開催。

Information

クリス・キング

chrisking.com

River City Bicycles

ポートランド最大級の広さを持つ自転車ショップで、ハイエンドからシティバイクまで品揃えは幅広く、ウェアを含めレディースも充実。無料のメンテナンス講座やグループライドも毎週開催。近くにアウトレットの店舗もある。

Information

リバー・シティ・バイシクルズ

706 SE Martin Luther King Jr. Blvd
(503) 233-5973
月〜金 10:00〜19:00、土 10:00〜17:00、日 12:00〜17:00
rivercitybicycles.com
MAP p296-36

Communiy Cycling Center

自転車の販売・修理をはじめ地域のためのサービスを提供する非営利団体。メンテナンスのツールを無料で借りることもできる。中古の自転車やパーツもお手頃価格で販売。収益は自転車教育プログラムに使われる。

Information

コミュニティ・サイクリング・センター

1700 NE Alberta St.
(503) 287-8786
月〜日 10:00〜19:00
www.communitycyclingcenter.org
MAP p294-13

Fat Tire Farm

29インチからファットバイク、DH、XCまで最高のセレクションのマウンテンバイクとパーツが並ぶ専門店。オレゴンの大自然でマウンテンバイクに乗りたいなら、頼りになるエキスパートのスタッフが集まっているショップだ。

Information

ファット・タイヤ・ファーム

2714 NW Thurman St.
(503) 222-3276
月〜金 11:00〜19:00、土 10:00〜18:00、日 12:00〜17:00
www.fattirefarm.com
MAP p290-2

Portland Design Works

機能美とシンプルさを兼ね備えた自転車用品をつくるメーカー。鳥の形をしたボトルホルダーや、レザーのエイジングを楽しめる"ウイスキー・グリップ"など、デザインやネーミングからは、質の高さだけではない遊び心も感じられる。

Information

ポートランド・デザイン・ワークス

www.ridepdw.com

Sugar Wheel Works

女性オーナーJudeの手組み自転車ホイール専門店。お客さん一人ひとりに最適なセッティングを見つけるためにオープンな対話を大事にし、店内はカフェのような明るい雰囲気だ。手組みホイールの基礎を学べるクラスも開催。

Information

シュガー・ホイール・ワークス

3808 N Williams Ave. Suite 134
(503) 236-8511
火〜金 10:00〜18:30、土 11:00〜17:00
www.sugarwheelworks.com
MAP p292-25

Abraham Fixes Bikes

タイヤの取り付けから一台まるごとのチューンナップまで、自転車の修理と整備を専門に行うショップ。お客さんに存分にライドを楽しんでもらうために、自転車への愛情とメンテナンスの知識・技術を惜しまずに注ぎ込む。

Information

エイブラハム・フィクシーズ・バイクス

3508 N Williams Ave.
(503) 893-2485
月〜金 11:00〜18:30、土 10:00〜17:00
abrahamfixesbikes.com
MAP p292-27

Everybody's Bike Rental

ロードバイクは30ドル/日、街乗り用は25ドル/日から借りられる。70台以上の自転車を取り揃え、新品ではなく全てヴィンテージなのもこだわり。2015年5月からはポートランドのイーストサイドをめぐる自転車ツアーもスタート。

Information

エブリバディズ・バイク・レンタル

305 NE Wygant St.
(503) 358-0152
月〜日 10:00〜15:00
www.pdxbikerentals.com
MAP p294-24

North St. Bags

雨が多いポートランドらしく、ウォータープルーフで耐久性の高い自転車用バッグ。デザインから製造まで Southeast にある工房兼ショールームで行っており、素材のほとんどはアメリカ製のもの。デザインのカスタムにも対応。

Information

ノース・ストリート・バッグス

2716 SE 23rd Ave.
(503) 419-6230
水〜土 13:00〜18:00
northstbags.com
MAP p296-84

The Athletic

地元の人たちが特別な愛着を持っているポートランド空港のカーペット柄のソックスからスタートしたブランド。ランニングや自転車用としてはもちろん、ポップでカラフルなデザインはスニーカーと合わせた普段履きにもGood。

Information

ジ・アスレティック

925 NW 19th Ave. Suite A
電話番号なし
月〜金 12:00〜18:00、土日 12:00〜17:00
www.theathleticcommunity.com
MAP p290-9

Fit Right NW

店内にシューズ試着用のミニ陸上トラックがあり、最適なフィッティングのためのプロセスには定評あり。4月〜9月の第一木曜日に開催しているファンラン"Urban Adventure Run"への参加はウェブサイトで受け付けている。

Information

フィット・ライト・ノースウェスト

2258 NW Raleigh St. / (503) 525-2122
月〜金 10:00〜19:00
土 10:00〜18:00、日 12:00〜17:00
www.fleetfeetpdx.com
MAP p290-6

Stay Wild Magazine

2014年春に創刊し、旅やアクションスポーツ、アウトドア・ライフスタイルを通じて、現代におけるアドベンチャーを発信する季刊のフリーマガジン。ウェブサイト上でも読める。2016年にはアドベンチャー・フェスを開催予定だ。

Information

ステイ・ワイルド・マガジン

www.staywildmagazine.com

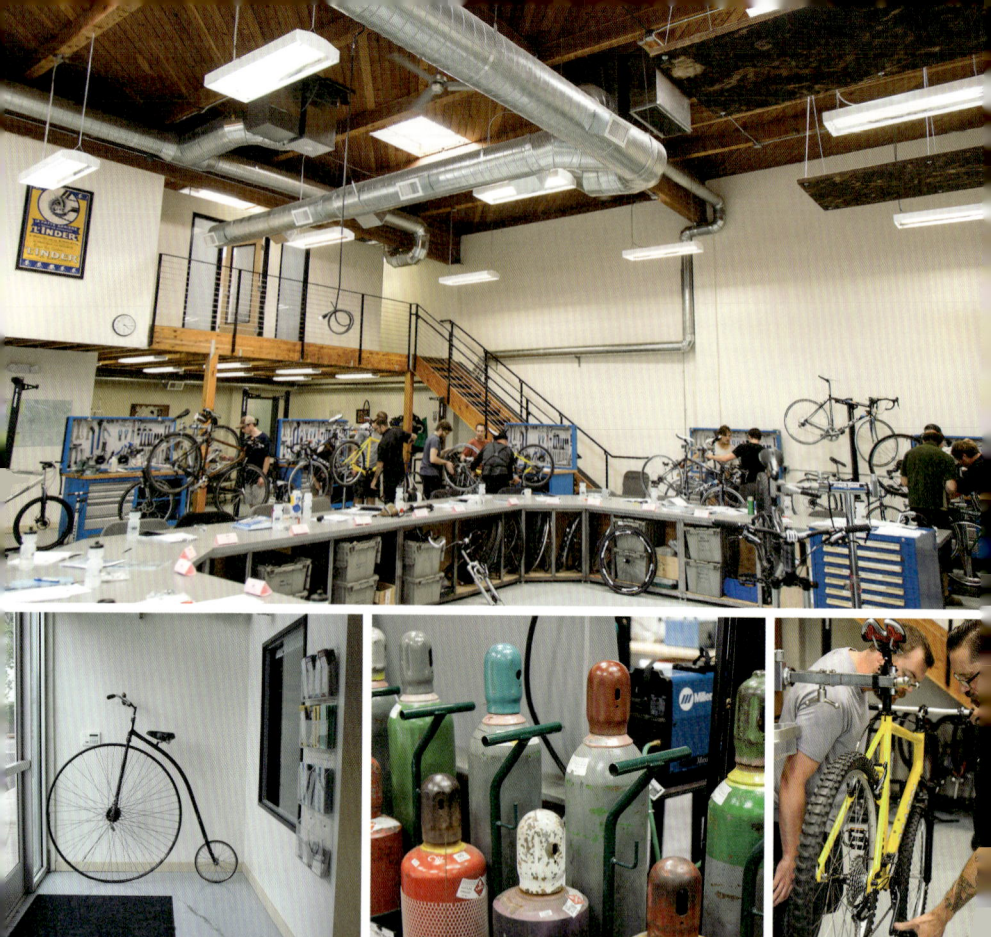

上の写真は専用工具を使いマウンテンバイクの整備をする授業風景。自転車メーカーでメカニック経験のある講師が指導を行う。

United Bicycle Institute Portland

自分だけのフレームに
ポートランドで出会う。

Information
ユナイテッド・バイシクル・インスティテュート・ポートランド

3961 N Williams Ave.
(541) 488-1121
www.bikeschool.com
MAP p292-24

　日本で素人がフレームを手づくりするハードルは高い。道具や場所、そして誰が教えてくれるのか？ そんな自転車乗りたちのDIY精神に応える学校がこのUBIだ。生徒の多くは自転車に乗っているうちに自分でもつくりたくなった人たち。年齢、性別、職業の多様な自転車乗りが、アメリカだけでなく世界中から訪れ、2週間で自分のフレームをつくり上げる。フレームビルディングクラスの受講料は3,000ドル前後。そのほかに登録料150ドルがかかる。海外から来る生徒向けには宿泊所も用意。(2週間のクラスは観光ビザではなく、学生ビザが必要)。世界で1つだけのフレームとスキルも手に入れることができる場所だ。

Ascari Bicycles

自転車への情熱と
徹底した細部へのこだわり
ハンドメイドで生み出す芸術的な一台

　デザイナーの Helio Ascari とフレームビルダーの Gary Mathis によるクラシカルなカスタム自転車。惚れ惚れするようなディティールの美しさと機能性を融合した"走る芸術作品"を、伝統的な製法と最高の素材を使って一台ずつ手作業でつくり上げている。Helio は10代の頃に家具や製鉄の工場でハンドクラフトの経験を積んだ後、国際的なファッションモデルとして自らのスタイルを築いた。Gary は大人になってからのほとんどの時間、自転車のメカニックやビルダーとして豊富な経験を積んできた。二人は今、少年時代から愛してやまない自転車への情熱を注ぎ、ヴィンテージアイテムのような時代を超えた美しさを持つ一台へと昇華させている。

Information
アスカリ・バイシクルズ
2925 NE Glisan St.
(347) 799-2297
ascaribicycles.com
MAP p294-38

Helio（右）がUBIで学んでいた時に先生だった Gary（左）と出会った。シェア工房兼ショールーム The Mill の中に工房がある。ラルフローレンや日本の OLD JOE などともコラボレートしている。

Running In Portland

Profile

Gregory Gourdet

5つ星ホテル「Nines」の最上階にある「Departure」のシェフ。特にアジアンテイストのフレーバーや伝統文化に魅せられており、アジアンフュージョン料理を提供している。世界一の料理大学とも称されるニューヨークのThe Culinary Institute Of America卒業後、インターン先であったレストランにて副料理長、料理長として6年間キャリアを重ねる。熱心なトレイルランナーでもある。departureportland.com

シェフが教える
ポートランドのランニングスポット

Forest Park：Wildwood Trail

Forest Parkはアメリカ最大のアーバン・フォレスト。ポートランドのダウンタウンからすぐのところに、20k㎡を超える森が広がる。青々とした葉が繁り、トレイルは通年走行が可能。ここではWildwood Trailが特におすすめ。壮大なダグラスファー（ベイマツ）などの針葉樹や野生の花々の中に延びる30マイル（約48km）。Wildwood Trailはいくつか軽い登りがあるものの比較的フラットなので、速く走れて脚のいい運動になる。曲がりくねったトレイルにはPittock MansionやLower Macleay Parkなど、数ヶ所の入口および眺望ポイントがある。

Columbia River Gorge：
Eagle CreekからWahtum Lakeへ

The Gorgeには素晴らしいトレイルがいくつもあるが、この26マイル（約42km）のループもそのうちの一つ。滝に険しい崖、雨林や隠れた秘密の湖等が楽しめるこのEagle CreekからWahtum Lakeへのトレイルは、非常にアメリカ北西部らしい、ここならではのランといえる。1500mほどの標高差があるこのトレイルからの景色は圧巻。ハイライトはPunchbowl Falls、Vertigo Mile、Tunnel Falls、そして穏やかな湖Wahtum Lake。ちょっと冒険するなら、あと少し行ってMt. Chinidereのてっぺんまで登れば息を飲みようなGorgeの眺めが。湖が見下ろせ、向こうには雪を被ったMt. Hoodがほぼ目の高さに。

Biking In Portland

Profile
Chris Tang

生まれも育ちもポートランド。38歳。ベトナム系アメリカ人。家族と友だちが大好き。自転車とアウトドアが大好き。オレゴン州ポートランドが大好き。マウンテンバイクに乗って25年。乗れるときは必ず乗るようにしている。パシフィックノースウェストに住んでいると、アメリカでも最も恵まれたマウンテンバイク環境に恵まれる。自転車はあなたの人生を必ずいい方に変えてくれる。JeffreyAllenGallery.com / Apothecanna.com / WeRugged.com

マウンテンバイクのビギナーも上級者も満足する、ポートランド近郊のライド

TimberlineからTown Trailへ：
ポートランドから1時間半

　いろんなものをちょっとずつ楽しめるライド。テクニカルだけどスムーズで、最初から最後まで素晴らしい景色が楽しめる。Mt. Hood山頂の近く、Government CampのTimberline Lodgeからスタート。山をずっと降りて行って、オレゴン州ロドデンドロンの街に抜ける。全体で15マイル（約24km）ほど。

　Timberline Lodgeの駐車場からTimberlineでスタートし、Magic Mileチェアリフト横のTown Trailに沿ってCrosstown Trail（トレイル#755）まで降りる。Crosstown TrailからPioneer Bridle Trail（トレイル#795）に合流してフィニッシュ。

Sandy Ridge Trail System：
ポートランドから55分

　Sandy Ridgeはアメリカでもマウンテンバイカーに最も人気のトレイルの一つ。このトレイルがユニークなのは、バイカーのボランティアによってつくられているところ。だから設計もメンテナンスも素晴らしいんだ。Sandy Ridge Trail Systemは全てのトレイルを合わせると全長15マイル（約24km）ほど。走っていてすごく楽しいトレイルだよ。

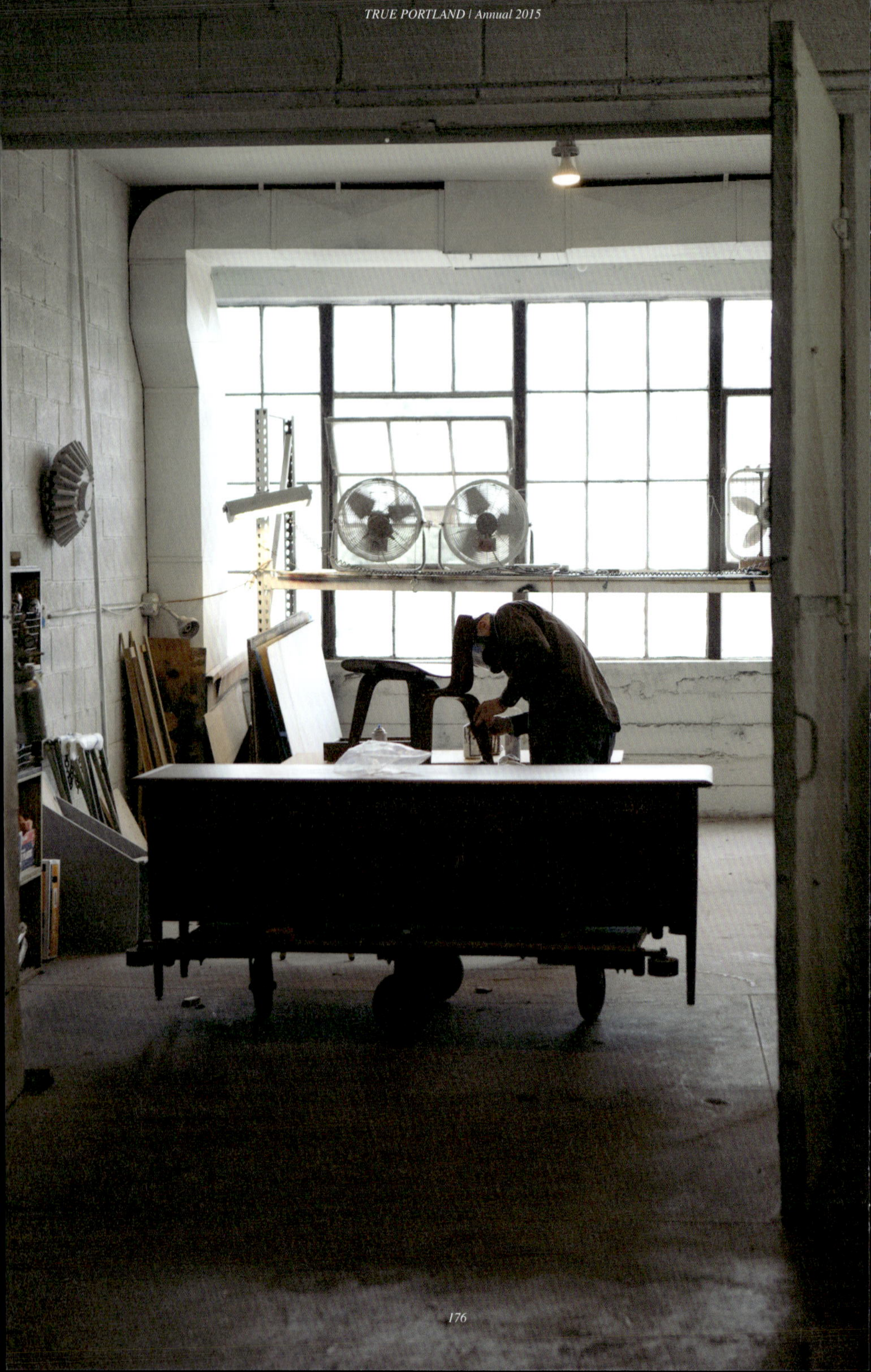

MAKE

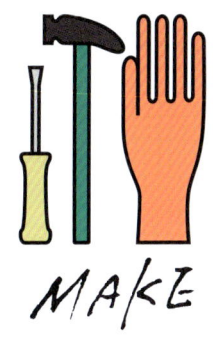

つくり手の街 ポートランドの手触り

この街では、食べものでもそうだけれど、どんな人がつくったのかがはっきりとわかるものが多い。丁寧につくられたものを、大切に使う。当たり前のように思えることも、実践すること、そして続けることはなかなか難しい。ポートランドでは生活者自らも何かのつくり手であることが多く、それをサポートするコミュニティや施設があり、互いに支え合う文化がある。一人、もしくは少ない人数で、自分たちがほしいと思うものがなければ、自分たちでつくってしまおうというところから始まり、そのまま仕事になってしまうことも。ポートランドの手触りを確かめてみよう。

←「The Good Mod」での一コマ。ショップスペースのすぐ近くで、こうした風景を見ることができる。まさしく、ものづくりの現場でもあるのだ。

The Good Mod

何時間でもいたくなる
ここは家具好きの天国

店の入口とは思えないような扉を恐る恐る開けてみる。廊下のサインに従って進んで行くと、奥には古びたエレベーターが。辿り着いた4階は、全くの別世界。時間の流れを価値に昇華し、それを身に纏った多くの家具が優雅に並ぶスペース。家具好きにとっては天国のような場所だ。ヨーロッパやアメリカから買い付けられた家具だけでなく、「これはなんだろう?」と首をかしげてしまうような風変わりなものまで。ワークスペースもあり、ポートランドの店やオフィスを中心に家具の受注制作も行っている。デザインオークションが行われたり、オリジナルの製品もつくり出したり、彼らが仕掛けるプロジェクトにもぜひ注目してほしい。

Information

ザ・グッド・モッド

1313 W Burnside St. 4th Floor.
(503) 206-6919
月〜日 11:00〜18:00
thegoodmod.com
MAP p290-41

TRUE PORTLAND | Annual 2015

MAKE

定期的にディスプレイを変えているショップスペース。そこはまるで、家具のミュージアムよろしく幅広いセレクションの椅子、ソファ、テーブルからランプやアートなどなんでも揃う。オリジナル家具の製作もやっているそう。

Portland Button Works

まさに「ポートランド！」な
不思議なバッジ屋さん

　不思議な空気感をまとった古い建物の扉を開けると、室内の一面の壁にはzineが所狭しと並び、テーブルの上には何やら見たことの無いような機械が鎮座。それを使って黙々と作業している男性。一瞬、映画の世界にでも入り込んだような感覚に陥る。それはバッジをつくるための機械で、ここでは自分のオリジナルのバッジをつくることができるのだ。バッジのベースに自分の好きな表面となる紙を機械でガッチャンとプレスしていくのみ。なんてシンプル。ポートランドに来た証に、もしくは友人たちへの手みやげにあなたオリジナルのバッジをつくってみては？

なぜzineとバッジ？ なんて思うなかれ。ここはポートランド。なんでも起こりうるのだ。zineを購入して、バッジをつくればあなたも立派なポートランダー。

Information
ポートランド・ボタン・ワークス
1322 N Killingsworth St.
(503)-922-2684
月火・金 10:00〜18:00、土日10:00〜17:00
www.portlandbuttonworks.com
MAP p292-5

Beam & Anchor

ポートランドらしい
クラフトマンシップとの

　倉庫のような建物に入ると1階はショップとなっており、オーナーがセレクトしたものやポートランドでつくられた商品が並び、2階は工房となっている。木を切る音やレザーの匂い、そして手仕事の誇りに溢れた工房でつくられているものも1階のショップで取り扱われている。その距離感がものやつくることに対する愛情を感じさせる。

Information

ビーム・アンド・アンカー

2710 N Interstate Ave.
(503) 367-3230
月〜土 11:00〜18:00、日 12:00〜17:00
beamandanchor.com
MAP p292-28

Maak Lab

　2011年にスタートした100％ナチュラルのハンドメイド・ソープブランド。数年前にポートランドに移住してきたAnoria GilbertとTaylor Ahlmark。二人が別の仕事をしながら、最初は趣味でつくっていたことが始まり。ポートランドを始めとした太平洋西海岸の植物を中心に素材として使用し、香りを開発している。添加物などは一切含まれず、全て手作業のため生産量は少なく、貴重な商品の数々。ショップで一つ一つ香りを確かめながら選ぶのは、きっと楽しいはず！

Information

マーク・ラボ

916 W Burnside St.
(503) 893-9933
火〜日 11:00〜18:00
maaklab.com
MAP p288-13

使い続ける価値があるということ

Tanner Goods

　良質な革製品の面白さは、時間を重ねるごとに新たな価値が生まれることだ。「一度うちでベルトを買ったら、それを一生使い続けてもらえるのが理想」と語るのは Tanner GoodsのMichael。伝統を重んじながらも、デザインによる新しい解釈で生み出した財布やバッグ、ベルトなどの全ラインナップが、フラッグシップストアである店内に並ぶ。ほぼ全ての工程がハンドメイドであるからこそつくり出せる質の高い革製品。時とともにプロダクトが自分のパートナーになっていく喜びを味わいたい。

Information

タナー・グッズ
1308 W Burnside St.
(503) 222-2774
月〜土 11:00〜19:00、日 11:00〜18:00
tannergoods.com
MAP p288-6

Danner Boots

Information

ダナー・ブーツ
1022 W Burnside St.
(503) 262-0331
月〜土 11:00〜19:00、日 11:00〜18:00
www.danner.com
MAP p288-10

　1932年の創業時からクラフトマンシップに支えられた技術で、丈夫で良質なブーツが手作業でつくられている。ウィスコンシン州で創業されたが、1936年にポートランドへと拠点を移した。1952年、アメリカで初めてビブラムソールを用い、1979年には世界初のゴアテックスを使用したシューズを開発し、地位を確立した。フラッグシップストアではオーセンティックなブーツやアパレル、ケア用品などが購入できる。

足元に宿るクラフトマンシップ

日本の生地やパターンを使い
ポートランドでハンドメイド

Kiriko

Information

キリコ

107 NW 5th Ave.
(503) 796-3863
オープンスタジオ 月〜金 12:00〜17:00
kirikomade.com
MAP p290-40

絞り染め、かすりなど日本の伝統的な生地やパターンに、ポートランド発のモダンな解釈を加えスカーフやポケットスクエア、シャツやデニムをつくっているブランド。様々なコラボレーションも行っており、2014年からはJクルーからも商品をリリース。オールドタウンにショールームを兼ねたスタジオを持ち、Beam & Anchor(⇒P181)などローカルのセレクトショップでも扱われている。共同ファウンダーのDawn Yanagiharaさんはハワイ出身の日系4世。

Portland Apothecary

豊かな自然を駆使し、
植物からハンドクラフトするハーバリスト

　自分たちのガーデンで得たインスピレーションを基に、予防に重点を置いたヘルスケアをサポートするポートランドの"薬剤師"。アロマオイル、ボディケア用品、ハーブティー、ソープをはじめ全ての製品は植物を調合してハンドクラフトでつくられており、体に優しく、かつ効果的だ。例えば、Ritual Misterの霧を数回吹きかければ、ブレンドされたアロマオイルの香りが、その空間と気持ちを穏やかに落ち着かせてくれる。

Information

ポートランド・アポテカリー

www.portlandapothecary.com

Wood & Faulk

Matt Pierce が個人のDIYプロジェクトを投稿するブログから始まった彼らのブランド、その製品には、ハンドクラフトへの好奇心と情熱が詰まっている。撥水キャンバスと上質なレザーを組み合わせた写真のThe Northwesterner は旅の友としたい逸品。

Information

ウッド・アンド・フォーク

522 N Thompson St. #1
(971) 295-1105
woodandfaulk.com
MAP p292-36

Revive Upholstery & Design

2011年の創設以来、Leland Duck は様々なカスタムプロジェクトを手がけてきた。リデザインの過程の中でそれぞれの家具が持つ歴史とお客さんとの対話を大事にしながら、ヴィンテージ家具を一点ものとして再生させる。

Information

リバイブ・アップホルスタリー・アンド・デザイン

2030 N Willis Blvd.
(971) 678-8593
月〜金 9:00〜16:00　土日は要アポイント
revivepdx.com
MAP p292-1

Shwood Eyewear

サステナビリティに配慮して採られた最高級の木材を使ったウッドフレームのサングラスが代表作。デザインから製造、検品まで工房で行い、一つ一つ細部にまでこだわって最高のサングラスをつくり出す。ペンドルトンともコラボレート。

Information

シュウッド・アイウェア

(503) 893-4277
www.shwoodshop.com

Grovemade

メープルやウォルナットを使ったApple製品用ケースなど、機能性とデザインに優れた製品をハンドクラフトで生み出す。デザイナー、クラフトマン、サポートスタッフが三位一体となり、常によりよいクオリティを追求している。

Information

グローヴメイド

grovemade.com

MAKE

Bee Thinking

バックヤードで養蜂を始める人にも使いやすい、上からふたが開くベイスギ製のハチの巣箱が人気。養蜂に必要なグッズが何でも揃い、ハチミツの他、ハチミツが素材のキャンドルやワックスなども販売している。養蜂の講座も開催。

Information

ビー・シンキング

1551 SE Poplar Ave.
(877) 325-2221
月〜土 10:00〜18:00、日 12:00〜17:00
www.beethinking.com
MAP p296-61

Red Clouds Collective

日々の愛用品として、標準的なクオリティを超えた逸品を求める人たちのために。レザーのウォレットやバッグ、ポケットが便利なエプロンなどは、長く使い込むほどにその実用的なデザインと素材の良さが感じられる。

Information

レッド・クラウズ・コレクティブ

redcloudscollective.com

Orox Leather

祖父母の代からのハンドクラフトの伝統を受け継ぐ家族経営のブランド。耐久性の高いレザーと環境に配慮したリサイクル素材を融合。ストアの半分は工房になっており、実際にデザインや製造を行う様子を見ることができる。

Information

オロックス・レザー

450 NW Couch St.
(503) 954-2593
火〜土 10:00〜17:00
www.oroxleather.com
MAP p290-48

The Tiny Spoon

Perry Pfisterがネオンサインをつくる際に大事にしているのは「言葉で詳しく説明することなく、グラフィックが人々の気持ちを呼び起こす」こと。彼のネオンは CORD や Sweedeedee (⇒P38) をはじめ街のあちこちで暖かい彩りを加えている。

Information

ザ・タイニー・スプーン

5660 N Greeley Ave., Bay E
(504) 344-2357
※スタジオ訪問は要アポイント
thetinyspoon.com
MAP p292-39

Stumptown Printers

音楽への愛と
活版印刷へのこだわり

　パンクロック好きだったオーナー兄弟がポートランドにあるミュージックコミュニティに魅力を感じてオハイオ州から移住し、友人と1999年に立ち上げた。活版印刷にこだわり、主にLPやCD、そしてカセットテープ等のジャケットを印刷している。CDのジャケットなどもプラスチックのものはつくらず、全てが紙でパッケージングできるものがほとんどだそう。音楽関係以外にも本のカバーや地元ポートランドの飲食店、ショップからオーダーされたカードなどを手掛けている。工房の入口付近には小さなショップも併設していて、ここで刷られたポストカードやポスターなどが並ぶ。タイミングが合えば工房を覗けるかも。

Information
スタンプタウン・プリンターズ
2293 N Interstate Ave.
(503) 233-7478
火〜金 9:00〜18:00
stumptownprinters.com
MAP p292-34

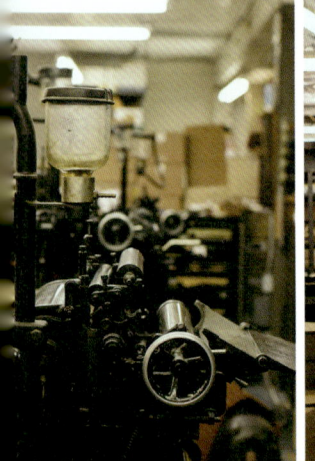

ポストカードやポスターなどを扱うショップの奥のスペースに広がるインクのにおいが漂う工房には、所狭しと様々な印刷機械が並ぶ。ガチャン、ガチャンと響く印刷機の音が妙に心地よい。

ポートランドのアーティストを支える
リトルプレスの小さなスタジオ

Publication Studio

Information
パブリケーション・スタジオ

717 SW Ankeny St.
(503) 360-4702
月〜金 11:00〜17:00
www.publicationstudio.biz
MAP p288-17

シンプルで小さなスタジオ、棚に並べられたカラフルな本の数々。これらは全部、PatriciaとAntoniaの二人が経営するリトルプレスが、自ら印刷から製本までしたものだ。彼女たちはこうして未出版の小説や作品を世に送り出す。さらにはアーティストからの要望でオンデマンド出版も行っている。時には製本だけでは終わらず、販売先の相談にまで乗ることも。店に行ったら、彼女たちがつくる文字だらけのポートランドガイドをゲットするのもおすすめ。

Scout Books

コラボレーションベースのノートブランド。オリジナルのノートブックをつくることができるサービスを提供している。プロダクトは全てポートランド南東部で、100%再生紙とベニバナやコーン、大豆など植物由来のインクを用いてハンドメイド。印刷や装丁・製本、梱包設備は全て再生可能なエネルギーで稼動している。アーティストたちがデザインしたグッズのラインも揃えている。訪問の際は、事前のアポイントで(hello@scoutbooks.com)。

Information
スカウト・ブックス

2130 SE 10th Ave.
(503) 238-4514
月〜金 9:00〜17:00
www.scoutbooks.com
MAP p296-70

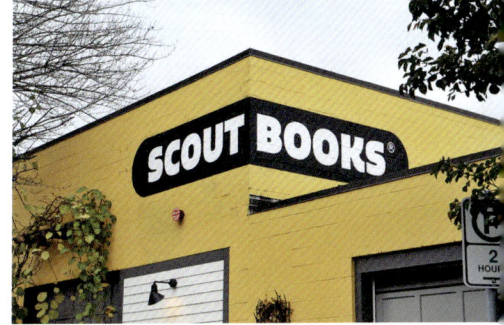

良質な素材を使用した
オリジナルノートをつくろう

Oblation Papers & Press

オリジナルプロダクトは紙からつくる

リサイクルコットンを原料とした伝統的な製法の紙工場と年代物の活版印刷機を使ったプリントショップが併設されており、活版印刷機での作業風景も見ることができる。店のオリジナルカードには、現在ではなかなか見られないレタープレスならではの美しさが細部にまで感じられる。特注デザインの名刺や結婚式・パーティーの招待状等の製作も受け付けているので、相談してみるのもおすすめ。ギフトやおみやげを探すのも楽しい。

Information

オブレーション・ペーパーズ・アンド・プレス

516 NW 12th Ave.
(503) 223-1093
月～土 10:00～18:00、日 12:00～17:00
www.oblationpapers.com
MAP p290-16

Fortress Letterpress

Bruce Collin Paulsonが主宰する自宅ガレージ活版印刷工房。PNCA(⇒P212)で版画を学んでいたというBruceが独学で始めたにもかかわらず、ポートランドのショップなどから受注を増やしている。使用する活版印刷機は100年以上前のものだそう。オリジナルの名刺やポストカードも制作し、ほとんどの作品は自然界に見られる幾何学模様からインスピレーションを得たデザインを取り入れている。訪問は事前予約のみ。

Information

フォートレス・レタープレス

2842 NE Hoyt St.
www.fortressletterpress.com
MAP p294-37

独学でも、ガレージでも、一人でもセンスが光れば問題なんて何もない

MAKE

ADX

ジムのように工房をシェアして使う「つくりたい」を満たしてくれる場所

　2011年にオープンしたシェア工房兼スクール。木材用から金属用、最近導入されたという3Dプリンターから、一見すると何なのかわからないものまで、機械が所狭しと並んでいる。金属加工のためのMETAL SHOP、木工のためのWOOD SHOPといったスペースがあり、プロジェクトや企業ごとに専用スペースを借りることも可能。メンバーシップは利用可能な範囲別に4種類のレベルとなっている。メンバーになるとADX内のツールへのアクセスだけでなく、各種のクラスにもディスカウント価格で参加できる。そのクラスも機械の安全な使い方から、小さい家をつくるクラスまで多岐にわたる。「つくりたい」という欲求を満たす、ポートランドらしさ漂うDIY工房だ。

自分で「つくる」ことができるという、いかにもポートランドらしいスペース。小さなオブジェから大きなボートまで。あなたのクリエイティビティをここでは何でもかたちにできる。

Information

エーディーエックス

417 SE 11th Ave.
(503) 915-4342
月～金 9:00～22:00、土日9:00～21:00
adxportland.com
MAP p296-26

Oregon College of Art and Craft

緑に囲まれた静かなキャンパスで集中してアートとクラフトを学ぶ

ダウンタウンからバスで約20分。緑に囲まれた静かなキャンパスは、陶芸やドローイング、金属工芸などのアートとクラフトを集中して学ぶにはこの上ない環境だ。フルタイムの学生は180人ほどでクラスは少人数制のため教員と学生の距離が近い。七つあるスタジオで実際に手を動かし、密にコミュニケーションを取りながら学んでいく。また、若者と大人向けのプログラムには年間約2,500人が参加。日程が数日のワークショップもあるので、参加してみるのも面白いだろう。キャンパス内にはギャラリーやショップ、East Burnside にあるレストラン Noble Rot と同じオーナー、シェフによるカフェ nobleoni もあるので、ランチを兼ねて訪ねてみるのもおすすめ。

Information

オレゴン・カレッジ・オブ・アート・アンド・クラフト

8245 SW Barnes Road
(503) 297-5544
ocac.edu

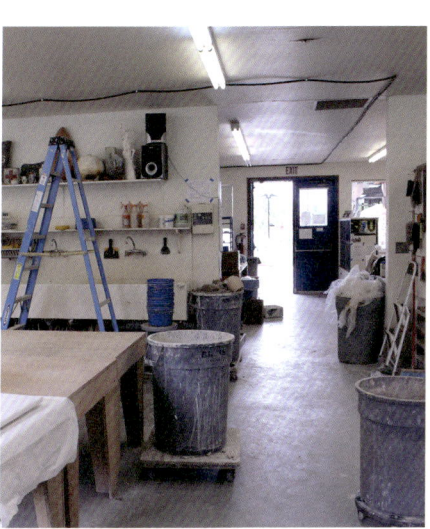

フルタイムの学生のプログラムにはブック・アーツ、陶芸、ドローイング＆ペインティング、金属工芸、写真、木工などがある。街の中心部からアクセスの良い場所でも、豊かな自然の中でリラックスしつつ、意識を研ぎすませてアートとクラフトを学べるのはポートランドならではだ。

Radius Community Art Studios

充実の設備とワークショップ
クリエイティビティを刺激する
コミュニティスペース

Information

ラディウス・コミュニティ・アート・スタジオス

322 SE Morrison St.
営業時間は週ごとに変わるので要確認
www.radiusstudio.org
MAP p296-35

アートに携わる全ての人に向け、協力的でクリエイティブな環境を用意するコミュニティスペース。アート教育者でもあるKim McKennaとMark Brandauの二人によって2002年に創業。初めは小さなアパートの一室で、夜間のデッサン・ワークショップとしてスタートした。初心者から熟練のアーティストまで、プロフェッショナルな設備を使い、専門的なアートを学ぶことができる。セラミックススタジオでは、窯を利用した制作もでき、他にもペインティングや手芸、印刷、セラミックなどのワークショップも開催。現在は、制作スペースを20名以上のメンバーが利用している。見学も可能なので、その現場をのぞいてみてはどうだろうか。

アーティストとして活動をする人やこれからのアーティストのための行き届いた設備や協力的なサポートがあるクリエイティブな環境。

The ReBuilding Center

家屋の取り壊しや改装等で出た廃材を販売。様々な種類の家にまつわるパーツが、それぞれのコーナーごとに分けられ、所狭しと広い建物内に並んでいる。Our United Villagesという非営利団体が運営を行っている。

Information

ザ・リビルディング・センター

3625 N Mississippi Ave.
(503) 331-1877
月〜金 10:00〜18:00、土 9:00〜17:00、日10:00〜17:00
rebuildingcenter.org
MAP p292-20

Pendleton Home Store

140年以上の歴史があり、ウールにこだわり抜いた高品質なアイテムをつくり続けている。ネイティブ・アメリカンの伝統的な柄が特徴。HOME STOREは、その旗艦店。ブランケット、寝具や家庭用品、アパレルなどが揃う。

Information

ペンドルトン・ホーム・ストア

210 NW Broadway
(503) 535-5444
月〜土 10:00〜17:30
pendleton-usa.com
MAP p290-29

Egg Press

オリジナルの活版印刷のプロダクトを製作。個人やビジネス向けにコミュニケーションプロジェクトやカスタムプリントなども行っている。製造過程ではなるべく廃棄物の出ないように工夫をし、地元の資源を活用している。

Information

エッグ・プレス

2181 NW Nicolai St.
(503) 234-4153
月〜金 9:00〜17:00
eggpress.com
MAP p290-54

Little Otsu

2002年サンフランシスコで創業した独立系出版社。2007年からポートランドで活動をはじめた。イラストの本の出版やカレンダーやジャーナル、カードなどを販売している。店の名前の「Otsu」は日本語の「乙」に由来。

Information

リトル・オツ

3225 SE Division St.
(503) 236.8673
日月・水木 11:00〜19:00、金土 11:00〜20:00
www.littleotsu.com
MAP p296-76

COLUMN/MAKE

きれいに並べられたツール類がかかっている壁。どんな作業でもできそうな大きなテーブル。年代物のミシン。それを包み込む白い空間。この場所に来るだけでインスピレーションが生まれそう。(※現在は移転しました)

The Good Flock

Information

ザ・グッド・フロック

1801 NW Upshur St. Suite 120
www.thegoodflock.com
MAP p290-1

小さな問題の解決が
ものをつくる実感を生む

The Good Flockの始まり

その名前を直訳すれば、「良い集団」もしくは「良い信者たち」といったところか。8年間NIKEで働いていたMarco Murilloが立ち上げたブランドの名称だ。きっかけは彼がNIKEのアムステルダムオフィスにいる時に抱いたとある思い。「非常に大きな規模のビジネス、マスプロダクションに携わり続けていると、そのダイナミックさは味わうことはできるけれども、段々とものをつくり出す実感を失っていくのではないか」というもの。彼は続ける、「商品があって物欲を刺激するものをつくるのではなく、サステナブルな素材をもとに、ローカルのクラフトマン、クラフトウーマンたちによって少ない生産数でも、人々のニーズや日々のちょっとした問題を解決できるような他とは違うプロダクトをつくりたいと思いはじめたんだ」と。

日々の小さな問題の解決、という姿勢

旅をしていると、いろいろな問題に遭遇する。例えば、お気に入りの化粧ポーチ。デザインも色も耐久性も全て気に入っているのに、長さが足りず、歯ブラシが入らない……。Marco氏も同じ体験を何度もした。「前職では世界中に出張に行って、どんどん旅の仕方も効率的になっていった。でも、家で愛用している電動歯ブラシが化粧ポーチに入らない、という問題を解決することはできなかった。これこそ、解決すべき日々の小さな問題。そこからThe Good FlockのDOPP KITというものが生まれた。このポーチには長い電動歯ブラシももちろん入るよ」。

シーンを選ばず、出自が明らかで、自然に還る

「Work、Play、Live、どのシーンでも使えるプロダクトで、かつ、Who、How、Whatがわかるもの」。それはつまり、どんなシチュエーションでも使え、誰が、どのようにしてどの素材を用いて製作したのかわかるものということ。彼は続ける。「さらに僕らのプロダクトは、もし土に埋めても土に還る素材を使っている。自然を害することはないんだ」。

プロダクトからサービスへ

「最近の時代の流れとして、ものづくりの過程をしっかり感じたいということがあると思う。そのニーズを満たすために、僕らのスタジオではワークショップの提供もしている。10人以上のグループで事前に予約してくれれば、実際にものづくりを体験できるんだ」。ものを提供するだけではなく、ものづくりの体験を通して学びも提供するTHE GOOD FLOCK。生活の中のニーズを満たし、人々の生活の質を向上させていく模索はこれからも続く。

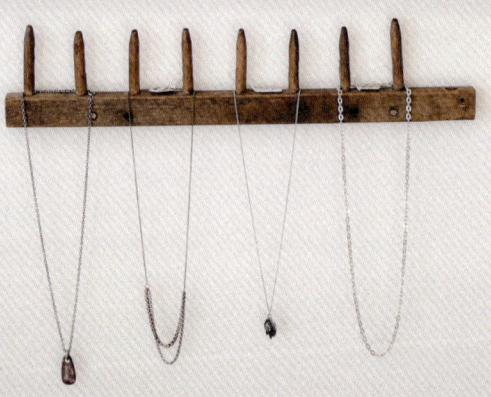

TRUE PORTLAND | Annual 2015

DIG

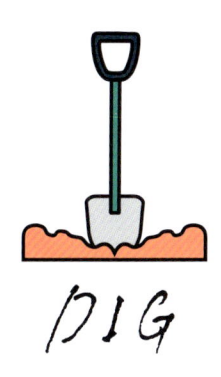

好奇心をアップデートする

ヴィンテージ、アンティークから世界中のブランドをピックアップしたセレクトショップ、不思議な専門店まで、インディペンデントな精神で個性際立つショップの数々。そうしたの価値観に触れ、自分に合ったものを探すことは、自分の世界を広げ、好奇心をアップデートする行為なのかもしれない。

←「Lowell」で見つけたディスプレイ。こうしたところからも、ものに対する愛情と、それを表現するセンスを感じることができる。

Lowell

独創的な
ローカルアーティストの雑貨が並ぶ

Information

ローウェル

819 N Russell St.
(503)753-3608
水〜日 12:00〜19:00
lowellportland.com

MAP p292-30

　工業地帯の近くに突如現れる赤い扉の小さなショップ。中に入ると、オーナーのMayaとDinoが笑顔で迎えてくれた。店の棚に並ぶのは、ヴィンテージから現代作品に至るまでの、様々なハンドメイド雑貨。独創的な作品ばかりだが、どれもが空間に調和していて、二人のセンスが感じられる。特にローカルアーティストによる作品が充実し、彼らの友人らがつくった作品や、他のショップでは手に入らない作品も多くある。二人と話をしていると、「新しいコーヒーマシンを買ったんだよ！」と興奮気味にコーヒーを出してくれた。こうして生まれる気持ちの良い時間には、Mayaの祖父の名に因んだ「Lowell」の優しい空気が漂っていて、それが地元の人々に愛される要因なのだろう。

MadeHere PDX

おみやげ探しには最適
ポートランドのものづくりが
一堂に介する場所

　地元ポートランドを拠点に活動する才能あるデザイナーやアーティスト、つくり手たちの作品を取り扱うショップ。2014年11月にオープンした。デザイナーだけではなく、ロースター、ベイカーや醸造家など様々なフィールドでクリエイティビティーを発揮し、世界にも誇れる質の高いものをつくる人々が集まるポートランド。それらの魅力を一堂に集めたのが、このMade Here PDX。ここに来ればポートランドのものづくりの多様性と奥深さを感じることができるだろう。せっかくポートランドに来たのだから、その土地でつくられたものをおみやげにと考える人には、もはや行かない理由が見つからないスポットだ。

Information

メイドヒア・ピーディーエックス

40 NW 10th Ave.
(503) 224-0122
月〜水・金・日 11:00〜18:00、木・土 11:00〜19:00
www.madeherepdx.com
MAP p290-45

West End Select Shop

ニュージーランドやブダペスト、東京など世界中の新鋭デザイナーによるブランドを取り扱っているウィメンズウェアのショップ。オーナーはポートランド出身のAndi Bakos。店名の"Select Shop"は日本では定着している言葉だが、アメリカではまだ一般的ではない。東京に在住経験があり、トレンドスカウトとして働いている間に、日本の小売りやハイレベルなカスタマー・ケアにインスパイアされ、帰国後にこのショップをオープンさせた。

Information

ウエスト・エンド・セレクト・ショップ
927 SW Oak St.
(503) 477-6221
月・水〜土 10:00〜18:00、日12:00〜17:00
westendselectshop.com
MAP p288-11

このセレクトショップは日本で得たインスピレーションから生まれた

Una

Information

ウナ
922 SE Ankeny St.
(503) 235-2326
月〜土 11:00〜18:00、日12:00〜18:00
una-myheartisfull.com
MAP p296-17

サウスイーストにある小さなブティック。オーナーのGiovanna Parolariによって世界中のデザイナーがつくった洋服、ジュエリー、家庭用品や雑貨などが、丁寧にキュレーションされている。少し風変わりなファッションが面白い。一見ガラクタと思えるようなものでも、オーナーの実用的なセンスによって平凡な日常に変化を加えられる。ヴィンテージの陶器なども取り扱っている。

ちょっと違った一品を見つけに行こう

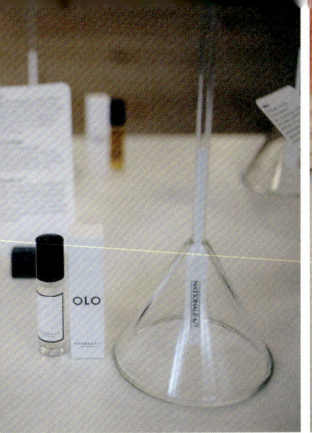

ポートランドにインスパイアされた
人気フレグランスが揃う

Milk Milk Lemonade

Information

ミルク・ミルク・レモネード

1407 SE Belmont St.
(503)970-1173
木〜土 11:00〜18:00、日 11:00〜16:00
milkmilklemonade.virb.com
MAP p296-48

Milk Milk Lemonadeは、2014年7月にオープンしたOLO Fragranceのショー・ルーム&ワーク・スタジオ。店内はミニマルにもかかわらず、居心地の良い空間。OLOのフルラインに加え、ホーム・アクセサリーやパーソナル・ケアなど小さなセレクト・アイテムも取り揃えている。オーナーのHeather Sielaffは、アロマセラピーをバックグラウンドとして持つ、独学のパフューミスト。彼女がつくるハンドメイドの香水はアルコールを控え、オイルベースのココナッツからできている。

North of West

明るい光が差す温かみのあるスペースに、家庭雑貨からジュエリーまで40以上のブランドが揃う。家庭雑貨のブランドNell & Mary、アパレルブランドMake It Good、陶器ブランドのPigeon Toeが共同で運営。将来的には取り扱いブランド同士のコラボレーションも予定されているそうだ。ユニークなハンドメイドプロダクトが一カ所に集まるというだけではなく、ポートランドのダイナミックなクラフトカルチャーが垣間見られる場所を目指している。

集めるだけではなく
カルチャーを見せる

Information

ノース・オブ・ウエスト

203 SW 9th Ave.
(503)208-3080
月〜土 11:00〜19:00、日 12:00〜18:00
www.shopnorthofwest.com
MAP p288-15

旅で思いがけず出会った
生活に取り入れたいものの数々

Alder & Co.

Information
アルダー・アンド・コー

616 SW 12th Ave.
(503) 224-1647
月〜土 10:00〜18:00、日 12:00〜17:00
alderandcoshop.com
MAP p288-37

　商品のセレクト基準は、自分たちの生活にほしいものかどうか。アメリカ国内の小さな町をはじめとして、世界各地を旅して出会ったものが並ぶ。広い空間に日用雑貨や服、ジュエリー、アートなどが幅広く置かれており、生活を楽しくするものが丁寧にセレクトされていることに気づく。さらに生花も購入でき、店内を彩っている。「美しさと機能の両方を満たす、時間の流れに負けないもの」に出会えるセレクトショップである。

ヴィンテージからモダンなレーベルまで
ワード・ローブのキュレーションストア

Palace

　オーナーのCharlotte Reichは、2010年にPalaceをオープン。カラーごとに分かれたとても可愛いらしいラックには、20年代のヴィンテージドレスや50年代のイタリアン・ウール・トレーナー、南米のテキスタイルやカナダ先住民・ナバホのアクセサリーなどが並ぶ。その隣には、Fog Linen、Hansel from Basel、Made on the MoonやFjällrävenなど、新しくてモダンなレーベルも。

Information
パレス

2205 E Burnside St.
(503)517-0123
月〜日 11:00〜19:00
palacestore.com
MAP p294-43

202

Brick & Mortar

ハンドクラフトのジュエリー・ラインとしてスタートしたbetsy＆iyaがオープンさせたフレグランスや衣服、ギフトなどを扱うライフスタイル・ブティック。場所は1912年から1953年まで映画館として使われていた古いビルの中。同じ場所にあるスタジオでデザイン・製作されているbetsy＆iyaの繊細で幾何学なデザインとヴィンテージの金属をミックスしたジュエリーが特徴のラインとともに、インディペンデントなアーティストやデザイナーの作品もショップに並ぶ。

Information
ブリック・アンド・モルタル
2403 NW Thurman St.
(503)227-5482
月〜日 10:00〜18:00
betsyandiya.com/brick-and-mortar/
MAP p290-3

ジュエリーブランドが始めたライフスタイル・ブティック

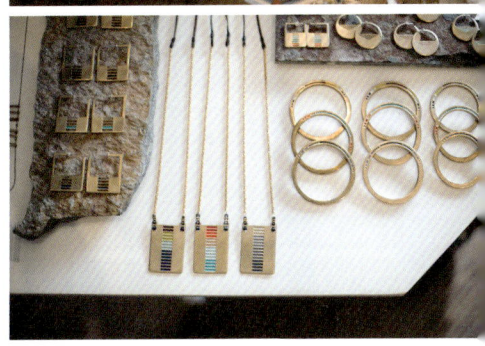

1階はスニーカーやストリート系のアパレルを扱うセレクトショップ、2階はギャラリースペースになっている。2階にはStussy、UNDEFEATEDのショップインショップがオープンした。人気のバッグブランドHerschel Supply Co.は、エクスクルーシブラインやカラーバリエーションを含めて品揃えはオレゴン随一。運良く日本人オーナーのKatsuさんに会うことができたら、ポートランドのおすすめスポットを教えてくれるかもしれない。

Compound Gallery

Information
コンパウンド・ギャラリー
107 NW 5th Ave.
(503)796-2733
月〜土 11:00〜18:00、日 12:00〜18:00
www.compoundgallery.com
MAP p290-39

ストリートファッションだけではなくアートも楽しむことができる

Hoodoo Antiques & Design

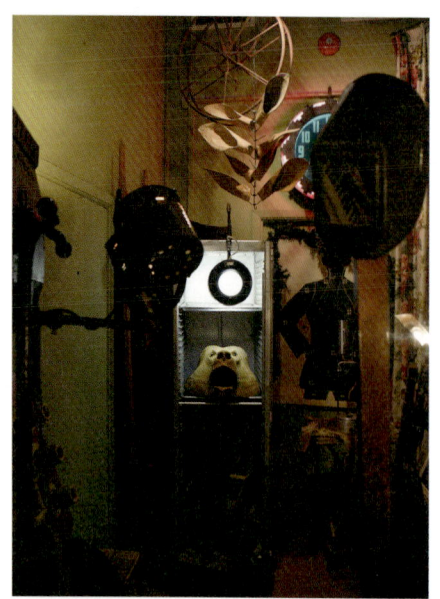

自分にとっての宝物を
探しに行こう

　1994年にポートランドの地で創業。Voodoo Doughnut（⇒p66）とThe Portland Saturday Marketの間に店がある。世界中から集めたヴィンテージやアンティークのアート、家具などのインテリア・デコレーションや家庭用品を販売している。若干風変わりなグッズに囲まれて、独特な空間を味わうことができる。この小さなオールドタウンのアンティークショップで、とっておきの宝物を見つけることができるかも。

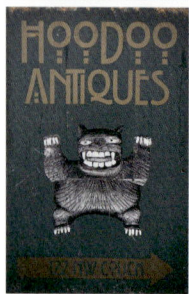

Information
フードゥー・アンティークス・アンド・デザイン
122 NW Couch St.
(503)360-3409
木〜日　11:00〜18:00
www.hoodooantiques.com
MAP p290-52

Pistils Nursery

緑と生きるポートランダーを
支える園芸店

　植物と暮らすことが当たり前のポートランダー。この土地のガーデニング文化を感じたければ、まずここを訪れた方がいい。ミシシッピ・アヴェニューが注目される以前からある、この園芸店。入るとまず大きなチョークアートが目に入り、ここが何の店なのか、一瞬戸惑ってしまう。店内を見渡すと、ローカルの農園から仕入れた植物やガーデングッズなどが所狭しと並ぶ。どれも個性豊かで、生活に取り入れるのがワクワクしてしまうものばかり。店の裏では鶏が放し飼いにされていて、なんとヒヨコを買うこともできる。ガーデニングをさらに一歩進めて、アーバンファーミングで都市生活に田舎の良さを取り入れようとするポートランドらしさに溢れている。

Information

ピスティルズ・ナーサリー

3811 N Mississippi Ave.
(503) 288-4889
月〜金 11:00〜19:00、土日 10:00〜19:00
pistilsnursery.com
MAP p292-18

Portland Knife House

料理の腕が上がる
運命の包丁に巡り会う

　赤い棚にずらりと並べられた包丁が存在感を放つ。ここでは、オレゴン州と日本の職人がつくった包丁や、シェフのユニフォームなどを販売。日本でもこれほど様々な職人たちがつくった包丁を取り扱っている店はほかに無いだろう。開店と同時に、シェフたちが調理方法に合うナイフを探したり、マイ包丁を持って相談にやって来る。包丁研ぎメニューは２種類あり、水研石（６ドル〜）を使う日本式か、機械で研ぐベルト式（３ドル〜）がある。Bridgetown Forgeというブランドは、ポートランド・メイド。西洋の鍛冶技術を身につけ、日本で12年間修行した熟練工がつくっている。他にも包丁を架け橋とした、日本からの影響を見つけることができる。

写真中段のStation Knivesは、大学で彫刻を学んでいたという職人のもの。包丁をしまうケースまで、美しくつくられている。他にも、日本製の髭剃りが並んでいた。

Information

ポートランド・ナイフ・ハウス

2637 SE Belmont St.
(503) 234-6397
火〜土 10:00〜18:00
phoenixknifehouse.com
MAP p296-49

TRUE PORTLAND | Annual 2015

Schoolhouse Electric

ヴィンテージ照明器具のリプロダクションやメイド・イン・ポートランドのオリジナル家具、生活雑貨。

スクールハウス・エレクトリック
2181 NW Nicolai St. / (503) 230-7113
月〜土 10:00〜18:00、日 11:00〜16:00
www.schoolhouseelectric.com
MAP p290-55

Hand-Eye Supply

インダストリアルデザインブログ「Core77」のファウンダー2人がオープンした、工具と作業・安全用品を販売。

ハンド・アイ・サプライ
23 NW Broadway / (503) 575-9769
月〜日 11:00〜18:00
www.handeyesupply.com
MAP p290-50

Hippo Hardware & Trading Co

1976年創業の金物店。1階はドアノブや蛇口、便座とシンクなど、2階はヴィンテージ照明器具でぎっしり。

ヒッポ・ハードウェア・アンド・トレーディング・コー
1040 E Burnside St. / (503) 231-1444
月〜木 10:00〜17:00、金土 10:00〜18:00、日 12:00〜17:00 / hippohardware.com
MAP p296-9

Lodekka

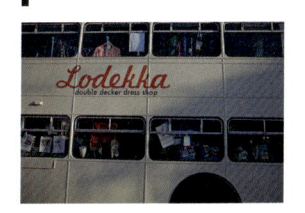

元々は1960年代にイギリスのリバプールの街を走っていたダブルデッカーバスを利用した古着屋。

ロデッカ
Tidbit Food Farm & Garden at SE 28th Place and Division St. / 水〜金 12:00〜19:00、土〜日 12:00〜20:00
www.lodekka.com / MAP p296-75

Wildfang

ボタンダウンからオーバーオールまで、トムボーイのためのボーイッシュな服が揃う。オリジナルとセレクトアイテムの両方を販売。

ワイルドファング
1230 SE Grand Ave. / (503) 208-3631
月〜水 12:00〜18:00、木〜日 11:00〜19:00
www.wildfang.com
MAP p296-50

Grand Marketplace

キュレーションされたコレクターたちが買い付けたアンティークが集められている、大きなモールのような空間。

グランド・マーケットプレイス
1005 SE Grand Ave. / (503) 208-2580
月〜日 10:00〜18:00
grandmarketplacepdx.com
MAP p296-43

Table of Contents

2012年、チャイナタウンにオープン。ハイブランドのアパレルやアクセサリー小物、そして写真集などを扱う。

テーブル・オブ・コンテンツ
33 NW 4th Ave. / (503) 206-5630
火〜土 12:00〜19:00、日 12:00〜17:00
tableofcontents.us
MAP p290-51

Artemisia

ガラス容器の中で多肉植物やエアープランツを育てる室内園芸スタイル、テラリウムの専門店。

アルテミジア
110 SE 28th Ave. / (503) 232-8224
水〜日 10:30〜18:00
collagewithnature.com
MAP p296-22

Hawthorne Vintage

ミッドセンチュリーのヴィンテージ家具、家庭用品、照明器具、オーディオなどを専門的に取り扱う。

ホーソン・ヴィンテージ
4722 SE Hawthorne Blvd. / (503) 230-2620 / 月〜日 11:00〜18:00
hawthornevintagepdx.com
MAP p296-68

Smut Vintage

レコードと古本のセレクションが豊富。"So Many Unique Treasures"の頭文字が店名になっている。

スマット・ヴィンテージ
7 SE 28th Ave. / (503) 235-7688
月〜金 12:00〜19:00、土 11:00〜19:00、日 11:00〜18:00 / pastaworks.com
MAP p296-13

Canoe

簡単に消費するのではなく、ものを大切にする暮らし方を発信。ずっと付き合える一品に出会える空間。

カヌー
1136 SW Alder St. / (503) 889-8545
月〜土 10:00〜18:00、日 11:00〜17:00
canoeonline.net
MAP p288-38

Boys Fort

ローカルアーティストやクラフトマンがつくるハンドメイドの家具、ジュエリー、レザーグッズなど幅広い品揃え。

ボーイズ・フォート
902 SW Morrison St. / (503) 567-1015
火〜土 11:00〜18:00、日 12:00〜16:00
boysfort.com
MAP p288-53

Portland Flea

毎月第3日曜日に、イベントスペースUnion/Pineの中とその前のストリートで開催されているフリーマーケット。

ポートランド・フリー
525 SE Pine St. Union/Pine内
毎月第3日曜日 11:00〜16:00
pdxflea.com
MAP p296-20

Crafty Wonderland

元々はイベントからスタートし、ショップに発展。180ものローカルアーティストによるハンドメイド作品が揃う。

クラフティ・ワンダーランド
808 SW10th Ave. / (503) 224-9097
月〜土 10:00〜18:00、日 11:00〜18:00
craftywonderland.com
MAP p288-52

House of Vintage

ヴィンテージショップが軒を連ねるホーソン通りを代表する、ポートランド最大規模のヴィンテージショップ。

ハウス・オブ・ヴィンテージ
3315 SE Hawthorne Blvd. / (503) 236-1991 / 月〜日 11:00〜19:00
www.houseofvintageportland.com
MAP p296-54

Woonwinkel

アメリカ西海岸のインディペンデントデザイナーの作品を多く扱い、目にも楽しいカラフルなものがたくさん。

ウーンウィンクル
935 SW Washington St. / (503) 334-2088 / 月〜土 11:00〜18:00、日 12:00〜17:00 / woonwinkelhome.com
MAP p288-32

Animal Traffic

メンズとレディース、古着と新品両方を取り扱い、アメリカ北西部らしいアウトドア系のものが揃う。

アニマル・トラフィック
4000 N Mississippi Ave. / (503) 249-4000 / 日〜木 11:00〜18:00、金土11:00〜19:00 / animaltrafficpdx.com
MAP p292-16

Vintalier

売られている洋服の多くはヴィンテージのもので、状態が良く古着初心者でも取り入れやすいものばかり。

ヴィンテリエ
412 NW 13th Ave. / (503) 222-0148
月〜土 11:00〜18:00、日 11:00〜17:00
www.vintalier.com
MAP p290-20

Machus

2011年11月にオープン。世界中のデザイナーによる現代的なメンズウェアを幅広く取り揃えている。

マーカス

542 E Burnside St. / (503) 206-8626 / 月・水〜金 12:00〜19:00、土 11:00〜19:00、日 12:00〜18:00/www.machusonline.com / MAP p296-2

Worn Path

アウトドア・ライフスタイルのアパレルとグッズを販売。自然に着想を得たオリジナルのアクセサリーもリリース。

ウォーン・パス

4007 N Mississippi Ave. / (503) 208-6156 (voicemail number) / 日 11:00〜18:00、月火木〜土 11:00〜19:00 / worn-path.com / MAP p292-15

Revival Drum Shop

ヴィンテージやカスタムのドラム専門店。初心者から上級者までインスピレーションを得られる場所を目指している。

リバイバル・ドラム・ショップ

2045 SE Ankeny St. Suite R / (503) 719-6533 日 12:00〜17:00、火〜土 12:00〜18:00 www.revivaldrumshop.com
MAP p296-11

Elements Vape

電子タバコ"Vapor"を取り扱うショップ。地元のVapor愛好家が集うラウンジ的なスポットにもなっている。

エレメンツ・ヴェイプ

3340 SE Hawthorne blvd. / (971) 373-8192 / 日〜木 12:00〜20:00、金〜土 12:00〜21:00 / www.elementsjoose.com
MAP p296-63

Blue Moon Camera and Machine

超小型のものから大型のものまでフィルムカメラと周辺機器を幅広く扱う。同時にタイプライターの品揃えも豊富。

ブルー・ムーン・カメラ・アンド・マシン

8417 N Lombard St. / (503) 978-0333 月〜金 9:00〜18:00、土 9:00〜17:00 www.bluemooncamera.com

Paxton Gate

剥製や化石、標本等を揃える珍しい店。店内では定期的にリスを標本にするワークショップも行われている。

パクストン・ゲート

4204 N Mississippi Ave. / (503) 719-4508 / 月〜日 11:00〜19:00 paxtongate.com
MAP p292-14

Hattie's Vintage Clothing

取り扱う品の年代は1900年代から1980年代と幅広く、ドレスや帽子、靴、ブーツなどユニークな一品に出会える。

ハッティーズ・ヴィンテージ・クロージング

729 E Burnside St. Suite 101 / (503) 238-1938 / 月〜日 12:00〜18:30 / www.facebook.com/hattiesvintageusa
MAP p294-41

Andy and Bax

1945年創業のポートランドで最も古いミリタリー・サープラス・ストア。ラフティングやキャンプ用品も揃う。

アンディ・アンド・バックス

324 SE Grand Ave. / (503) 234-7538 月〜木・土 9:00〜18:00、金 9:00〜21:00 / www.andyandbax.com
MAP p296-22

Bridge and Burn

クラシックで、実用的な北西部らしいアパレルブランド。メンズとウィメンズを両方揃えている。2009年に創業。

ブリッジ・アンド・バーン

1122 SW Morrison St. / (971) 279-4077 月〜木 11:00〜18:00、金土 11:00〜19:00、日 12:00〜17:00 / www.bridgeandburn.com
MAP p288-43

TRUE PORTLAND | Annual 2015

THINK

思考が巡る街

街が生きものだとするならば、その細胞となるのは街に暮らす人々。それらが意思を持ち、コミュニティを形成し、場をつくっていくことで、街は成長していく。しかし、細胞活動が利己的で身勝手なものであったならば、不健康になり、生き生きとした活動は失われていく。一つの成功例として取り上げられることが多いポートランドの街づくりでは、行政や民間、様々な立場がありつつも進歩の道を辿っている。自分の欲求が根本にありつつも、本質的に暮らしやすい街にするためにはということを考える。クリエイティブな思考を育む環境とは一体どんなものなのだろうか。

←「Pacific Northwest College of Art」の新キャンパス。改装のために、主に地元関係者からの寄付金約3400万ドルが投じられた。街ぐるみでポートランドにクリエイティブハブをつくろうとする本気度がうかがい知れる。

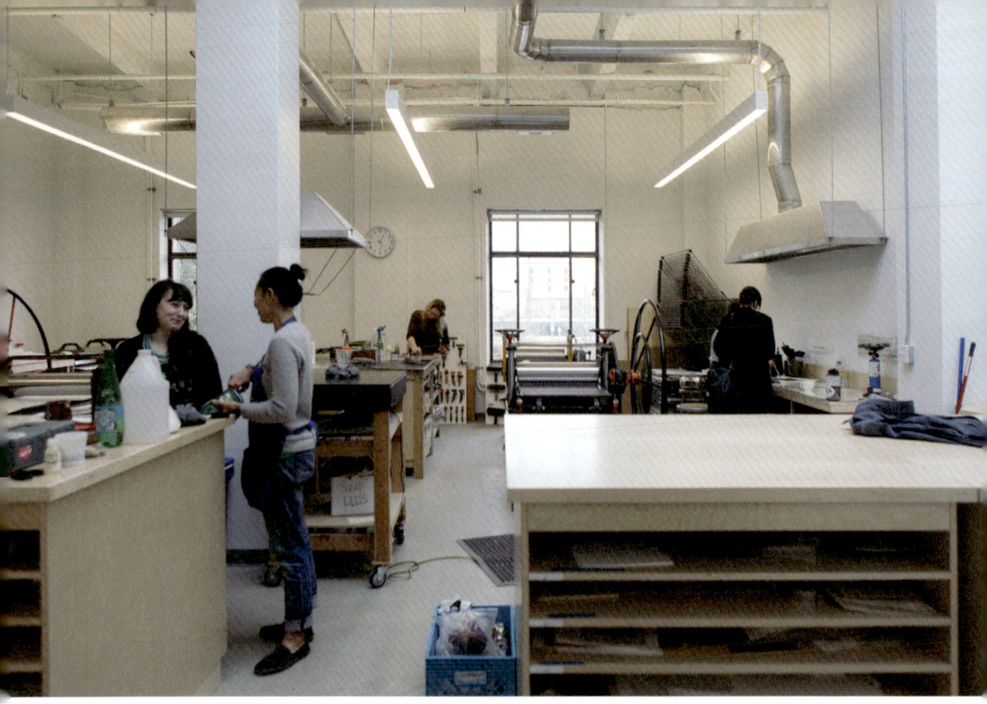

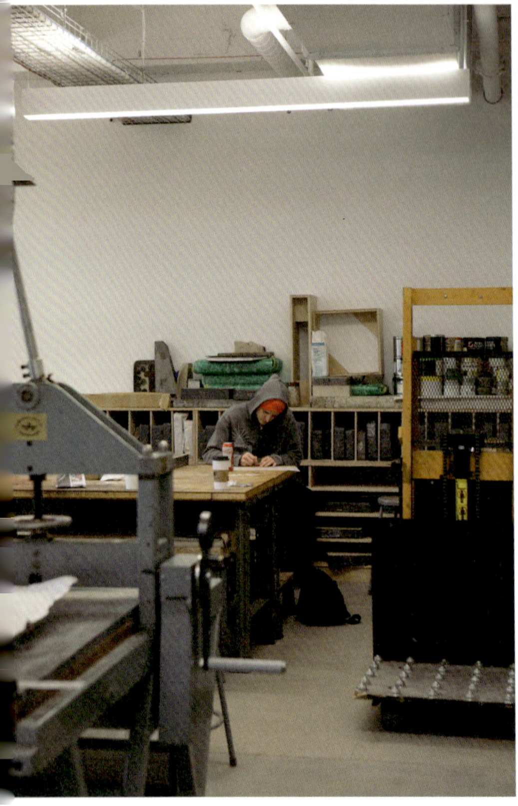

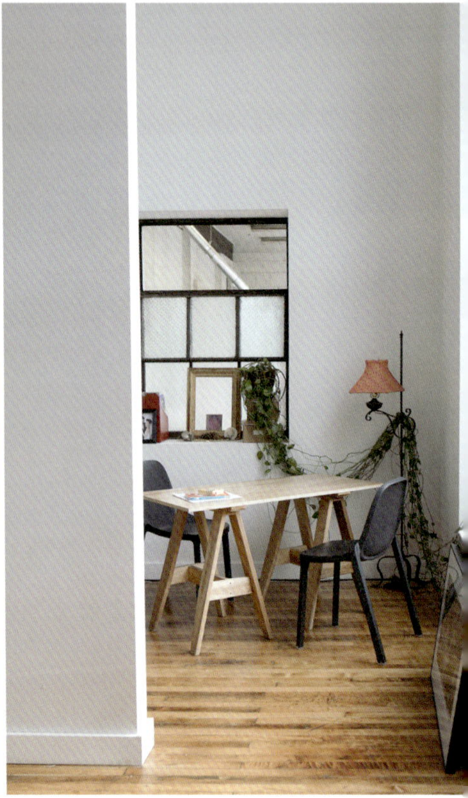

Pacific Northwest College of Art

新キャンパスオープン、
ますます街を活気づけるアートカレッジ

　1909年に美術館の併設学校として設立された、アメリカ中から才能溢れる学生が集うアートカレッジ。いち早くファインアートやデザインの分野における大学院コースを創立し、クラフト＆デザインのMFA（美術修士号）の学位が取れる点もユニーク。「現代社会のあらゆる問題の解決に、今まさにクリエイティブ思考が求められている。創造性と企業家精神をもった、影響力のあるアーティストを育てたい」と学長であるTom Manleyは語る。創立100余年を迎え、街のクリエイティブ価値のさらなる活性化をも狙うキャンパス拡大計画により、昨年は書店Powell's（⇒p218）の協力のもと学生寮ArtHouseが、そして今年North Park Blocksエリアの元連邦政府ビルにArlene and Harold Schnitzer Center for Art and Designが

オープン。設計はアート施設を多く手がけるポートランドの設計事務所、Allied Works ArchitectureのBrad Cloepfilが指揮。歴史的なディテールを活かしながら、キャンパス機能とともにホールやギャラリー等、一般市民に開かれたインターフェイス的役割も担う空間としてデザインされている。街のアートと文化の新たな発信地として、ポートランドのクリエイティブエコノミーの新たな推進力になると期待されている。

Information

パシフィック・ノースウェスト・カレッジ・オブ・アート

511 NW Broadway
(503)226-4391
pnca.edu
MAP p290-17

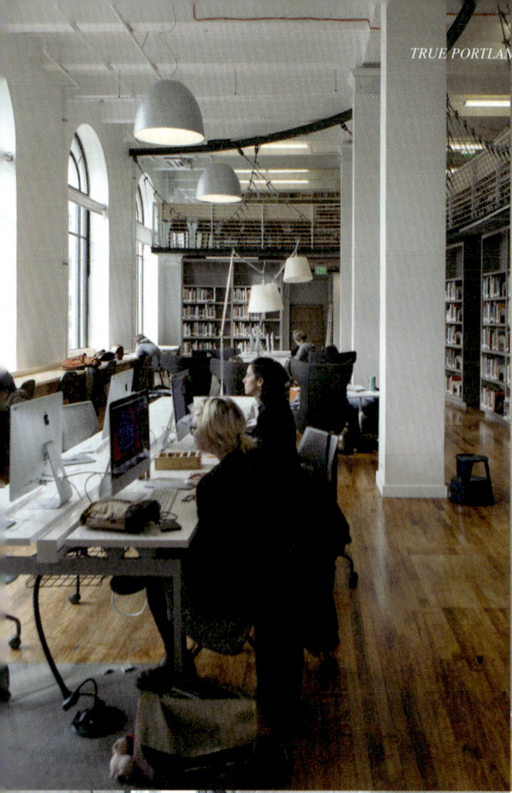

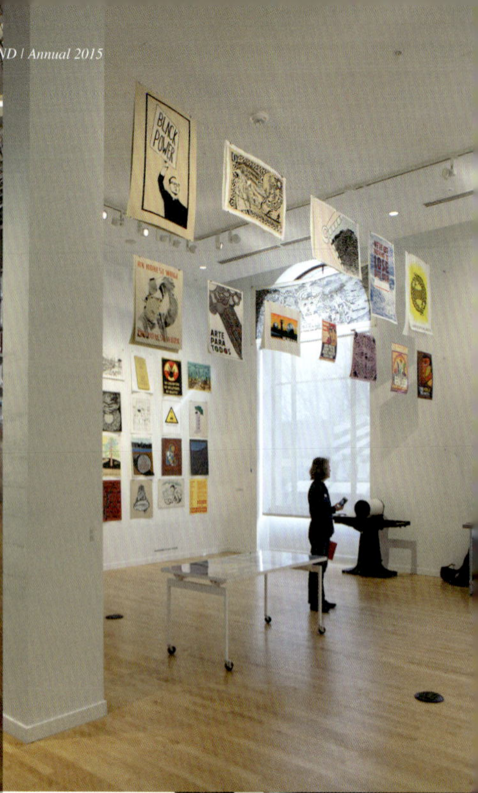
BLACK POWER
ARTE PARA TODOS

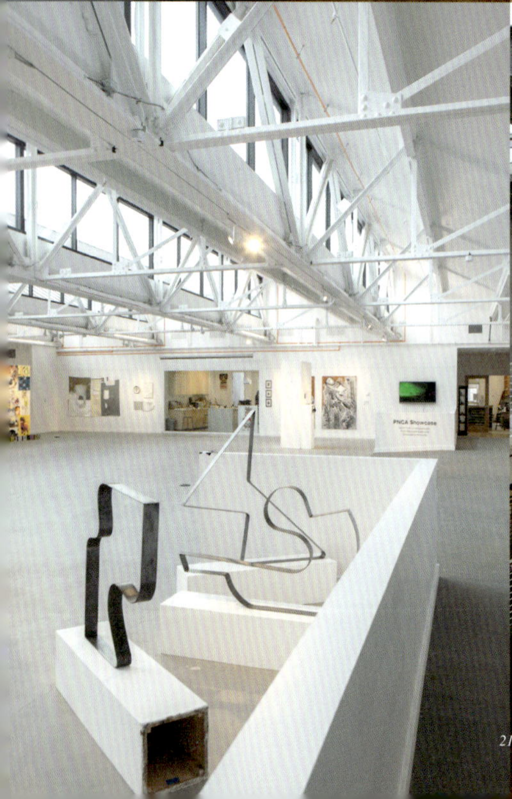
PNCA Showcase

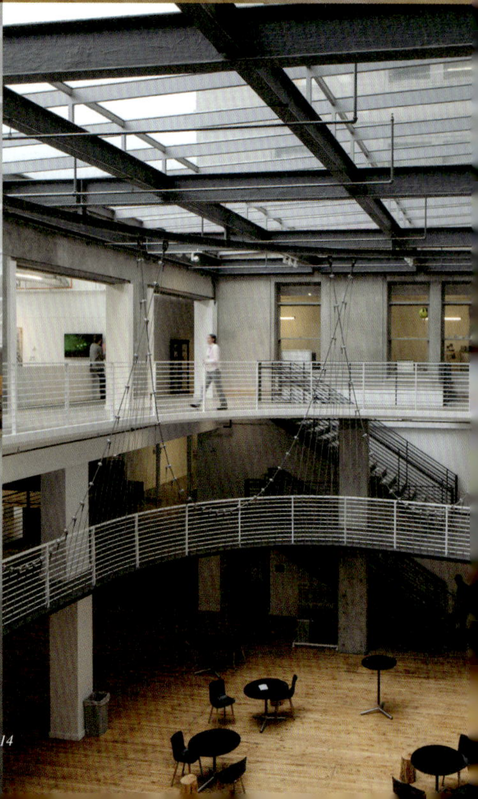

Interview with
TOM MANLEY
President (pacific northwest college of art)

THINK

PNCA is the platform of the world creativity

Profile
PNCA学長。リベラルアーツでカリフォルニア州内屈指のクレアモントカレッジで大学教育に長く携わったのち2003年7月より現職。PNCA を魅力的なアートカレッジに変貌させたことからポートランドのクリエイティブストラテジストとの異名を持つ。また、日本の研究者でもあり、文部省のリベラルアーツのカリキュラム策定に関わるなど日本との関係も強い。詩を学び、食を愛する。

最近、世界中で創造性(Creativity)の重要度が増してきている。このクリエイティビティというものは、きれいな絵を描いたり、美しい家具のデザインをしたりするだけでなく、もっと広義な意味で、ものを創造的につくり上げること全体と捉え、それを実践することの重要性を教えることが大切だ。

特に世界の現状を見ると絶望的で、本当に厳しい。ここを切り開いていくのは、このクリエイティビティが必要不可欠であると確信しているんだ。人類が文明をつくり上げてきたのも、人類の創造力だが、現状のひどくなってしまった世界を再生するのもまた創造性のなせる技。だからこそ、ポートランドを世界中の創造性の発展のプラットフォームにしていきたいんだ。

ただ美しい美術をつくるだけではなく、世界のクリエイティビティを推進していく拠点にしていきたいという志を持って、古いビルを大改装してつくり上げたこの新しいキャンパスに移って来た。今後ここから世界を変えるような人が育っていくことを期待している。「なぜポートランドにクリエイティブな情況が起きているのですか？」

これはよく聞かれることなのだが、僕はウィラメット川とコロンビア川が合流している地点がポートランドであるように、ここで違ったものが混じりあうということが起きているからだと思う。今世紀の課題は、正反対の価値観や美意識をどううまく乗り越えていくかだけでなく、そこからさらに創造的に新しいものをつくっていくこと。PNCAでもイノベイションラボをつくって、全てを好意的に考え、イノベイティブな思考を進めていく。

日本とも、自由大学と組んで、サマーキャンプを開催したり、もっと日本人学生なども増やしていきたいと考えている。ポートランドは田舎でもなく、都会でもなく、それを超えた新しい都市のモデルになり得ると考えている。

Freedom University Creative Camp in Portland

Profile

岡島悦代

デザイン事務所に勤務後、レコード会社等でWEBコンテンツの企画・製作に携わる。自分がつくったコンテンツの反応を直接見たい欲求に駆られ、地元でカフェを立ち上げる。「自由大学」の講義をいくつか受講後、クリエイティブチームに参加。このキャンプに携わり、今年で3年目を迎える。その他、複数のプロジェクトに関わり本書の編集・執筆と現地取材を担当。日本茶の海外向けブランディングも手がけている。

パラダイムシフトが起きる
ひと夏の経験

「時間」「場所」「人」の付き合い方を変えると、自分に変化が起きるそうだ。自由大学が毎年開催しているこのプログラムは、上記の3拍子が揃っている。ポートランドで現地集合した時、初めて会うメンバーがほとんど。社会的なバックグラウンドから解放されて、素になった一個人としてコミュニケーションが始まる。純粋な好奇心を持って、ポートランドを体験できる画期的なプログラムになっている。

1週間から参加できるコースは、2週間開催され42名が参加。年齢も参加エリアも様々で、ジャマイカからの参加もあった。午前中にPNCAの印刷工房で手を動かし、頭を柔らかくする。普段とは異なる脳を使うことで、眠っていた感覚を呼び起こす。そして、午後に「City Adventure Lab」「Work Lab」「Creative City Lab」「Food Lab」の4つのラボに分かれて街に繰り出した。

参加者の感想

私が出会ったポートランドの人々は、自分の「好き」を楽しみ、その楽しさを共有していたら、いつの間にか仕事になっていたという人ばかりだった。自分の「好き」と多くの時間を過ごしている彼らはとてもリラックスしていて、笑顔だった。(万行一也)
「Work Lab」で訪問した企業の経営者たちは、どの企業も共通して、徹底して自社の製品・サービスの品質にこだわり、働き方や地域・社会への貢献について独自のスタイルや意見を持っていた。(細谷慶子)

Quality of Lifeという生活を楽しみ、「心の余裕」を持つことを、ポートランドの人たちは自然と実践している。私たち日本人が必死になって日々取り組んでいる景気対策、利益、効率や数字よりも「人を思いやる心」という物事の核となる重要なことを、優しく思い出させてくれた。(秋山寛之)

街の人との出会いを通じて出た答えは、「Creative City＝ほどよいコントラストが共存する街」ということ。Creative Cityを説明するのに、端的な答えが見つからないのは「矛盾だらけ」だからかも。街全体が織りなすコントラストにハッとする瞬間が何度もあり、いろいろな視点を取り入れることができた。(佐藤由記)

最後に、PNCAの学長であるTom Manley氏は「クリエイティビティは人間の資産。"Win-Win"な社会を目指すために、その資産を活用するべきだ。」と私たちが進むべき道を示唆してくださった。利益のみを追求するのではなく、お互いの資質を高め合いながら未来をつくろうとするアイデアは、私たちへのギフトだと思う。2015年も8月2日から開催。詳細はfreedom-univ.comへ。

COLUMN/THINK

帰国後も参加者同士のコミュニティが続いており、お互いの近況報告が良い刺激になっている。
写真協力／松村要二、三浦伸太郎、吉田恒、岡崎由希子

Powell's City of Books

街のランドマーク的存在、世界最大級インディーズ書店

ポートランドの文化を長年支え、昨年はPNCAの新しい学生寮設立にも協力した、皆に愛される書店パウウェルズ。そのルーツは実はシカゴにあるのだそう。1970年、Michael Powellは大学院に通っていたシカゴで、本好きが高じて古本屋を開店。創業後、久しぶりに休暇をとろうと思った彼は、不在中の営業をすでに退職していた父Walterに依頼。このひと夏の書店運営経験がとても楽しく思えた父は地元ポートランドで自分の書店を開店、その後1979年に息子を呼び寄せ合流、今に至る。古本と新本が同じ棚で売られているのもユニークだが、「書店業界経験が無かった父ならではの発想。当時はクレイジーだと思ったが意外と関わる全ての人にメリットがあった」のだそう。広い店内にはジャンルによって色分けされたスキップフロアに100万冊を超える本、その他おみやげアイテムも豊富に揃い、会計前の本を持ち込めるカフェもある。本と街への愛が感じられる店内は楽しくてあっという間に時間が経つので、ある程度時間を確保して行こう。

Information

パウウェルズ・シティー・オブ・ブックス

1005 W Burnside St.
(503)228-4651
月〜日 9:00〜23:00
powells.com
MAP p290-44

元は自動車ディーラー跡地という広い店舗には今や100人を超える従業員が。「どんなに素晴らしい専門学位を持った人でも、本が大好きという気持ちが感じられなければ採用しません」とは現CEO、Miriam Sontzの弁。

Monograph Bookwerks

TRUE PORTLAND | Annual 2015

THINK

アートが身近になり、
そして世界につながっていく

2010年、Alberta St.にオープンしたアートブックの専門店。新書、古書を問わず、現代アート、建築、グラフィックデザイン、ファッション、フォトグラフィー、アート批評など世界中から集められた書籍から、ローカルの出版社やリトルプレスの作品まで取り扱っている。書籍だけでなく、ミッドセンチュリーの陶器やヴィンテージアート、オフィス用雑貨や厳選された美術品、絵画、アートプリントの販売も行っている。オーナーであるJohn BrodieとBlair Saxon-Hillの二人はどちらもアーティスト。ポートランドのアーティストから一般の人々まで、最高の現代アートの書籍を購入できる場を提供したいとの思いからこの店をオープンしたそうだ。ローカルのアート・デザインシーンの発展に役立ち、ポートランドと世界のアート、カルチャーをつないでいく架け橋となるような書店を目指している。店内は広くはないが、手にとってみたくなるものに溢れている雰囲気の良い空間だ。

Information
モノグラフ・ブックワークス

5005 NE 27th Ave.
(503) 284-5005
水〜日 11:00〜19:00
monographbookwerks.com
MAP p294-19

本や雑貨を見るのも楽しいが、店内に飾られるアートにも注目。

Reading Frenzy

カルチャーを支え続ける
愛すべき zine ショップ

Information

リーディング・フレンジー

3628 N Mississippi Ave.
(503) 274-1449
月〜土 11:00〜18:00
www.readingfrenzy.com
MAP p292-22

　1994年にオープンしてから20年来、ポートランドのzineカルチャー、セルフ・パブリッシャーを支えてきた書店。幅広い種類のzineの他に、アートコミックやインディーズの作品から、印刷物やカード、トートバックなどのグッズも購入することができる。ギャラリーとイベントスペースも併設しているので、紙媒体にまつわるイベント、展示も可能だ。オーナーのChloe Eudalyがスタートさせた IPRC（⇒ p219）で印刷・製本した本が持ち込まれるなど、zineカルチャーを形成する一つの流れができている。一過性の流行ではなく、しっかりと根付いた文化の強さが垣間見れる。

zineの委託販売も行っており、ラインナップの中には、ここでしか見ることができないものもある。個人的な表現の発露であるzineとの出会いを楽しもう。

自分の手でzineをつくりあげる
誰もがパブリッシャーになれる場所

Independent Publishing Resource Center

印刷工房、活版工房、製本機など、本にするためのリソースが全て揃っており、用途に合わせて年会費を払えば好きなように使用することができる。NPO団体がクリエイティブな表現を支援するという使命を持って運営。24時間でzineを仕上げたり、zineの交換イベントも行われ、印刷や出版を通じたコミュニティが形成されている。ここのライブラリのzineの所蔵数は世界一！ 自分がつくったzineを加えることも可能だ。

Information
インディペンデント・パブリッシング・リソース・センター
1001 SE Division St.
(503) 827-0249
月〜金・日 12:00〜22:00、土 12:00〜18:00
iprc.org
MAP p296-73

Ampersand Gallery & Fine Books

2008年にオープン。アートブックを新書、古書問わず扱っている。店内の壁を利用したギャラリースペースでは、月代わりのエキシビションが行われ、展示ごとに関連性のあるアート、デザインブック、写真集がフィーチャーされ、定期的に新しい刺激を得ることができる。ヴィンテージ写真や作者のわからないようなアート作品などの印刷物も多く販売。展示を見たり、本を手に取り、めくっていったりする過程で、きっとインスピレーションを得ることができるだろう。

新しい発見を探しに
何度も訪れたくなる

Information
アンパーサンド・ギャラリー・アンド・ファイン・ブックス
2916 NE Alberta St.
(503) 805-5458
火〜土 12:00〜19:00、日 12:00〜17:00
www.ampersandgallerypdx.com
MAP p294-21

コミック探しもレコード探しもできる
時間を忘れて没頭しよう

Floating World Comics

　ポートランドではコミックカルチャーも発展している。そんな街で一番ヒップなコミックストアがここ。店内の本棚は作家や出版社、ジャンルごとに整理されているので、自分の興味があるフィールドも掘り下げやすい。コミックの他にも、アートブック、雑貨など、クリエーターにとって刺激的なセレクションが楽しめる。パンクやメタル、ファンク、ソウルなどの新しくてレアなレコードを集めたレコードショップLandfill Rescue Unitも併設。

Information
フローティング・ワールド・コミックス
400 NW Couch St.
(503) 241-0227
月〜日 11:00〜19:00
www.floatingworldcomics.com
MAP p290-49

Julia Peattie

希少な本を探しに最上階へ向かう

Passages Bookshop

　ポエムやモダンアート、文学、アーティスト・ブックなど、すでに絶版になったレアな本に特化した本屋。街を見渡すことができるTowne Storage Buildingの最上階を、書店Division Leap(⇒p228)とともにギャラリー・スペースとしてシェアしている。多岐にわたる分野のエキシビションに加えて、詩の朗読会、アーティスト・トークなども開催される。本屋なのだが、ギャラリー空間の存在と合わせて、まるでアートミュージアムにいるようにも感じられる。

Information
パッセージズ・ブックショップ
17 SE Third Ave. #502
(503) 233-4562
土10:00〜16:00 (以外は要アポイント)
passagesbookshop.com
MAP p296-1

Spin Laundry Lounge

洗濯しながら一息つこう

　コインランドリーとカフェ/バー、ラウンジが一体になった独特なスペース。屋根の高い開放的な空間にずらりと並ぶのは最新鋭の洗濯機。エネルギーの消費量が少ない上に、なんと洗濯から乾燥までが45分で済んでしまうという！　洗剤も天然のものや、自然に還るものだけを使用し、徹底的に環境に配慮している（洗剤はついているので持っていく必要は無い）。

　併設されているのは地元の食材を使ったフードやドリンクを提供するカフェバー。洗濯がてらにコーヒーで一息ついたり、食事でお腹を満たすこともできる。フリーWiFiも飛んでいるので仕事をしながら待つのも◎。アクティブに待ちたい人にはゲーム機のあるラウンジも用意されている。

　長い滞在で洗濯物が溜まったら、迷わずここで身も心もリフレッシュしよう。

Information

スピン・ランドリー・ラウンジ

750 N Fremont St.
(503) 477-5382 / 8:00〜0:00
www.spinlaundrylounge.com
MAP p292-23

2014年にオープンしたばかり。Wash & Fold（日本でいうクリーニング）のサービスもあるので、待つ時間がないときも使える店だ。

Reed College

クリティカルシンカーを育む
リベラルアーツの名門校

1908年創立のリベラルアーツカレッジ。かのSteve Jobsが半年で中退してからもカリグラフィー（西洋書道）の授業のためだけに1年半通い続け（授業料も払わずに）、それが後のアップルのフォントの美しさの礎となったというエピソードでも知られる。全米で最も知的な大学と言われ、考える力を養うことをモットーとしている。公園のような敷地内にあるキャンパスにはアイビーリーグの保守性とはまた異なる、西海岸らしいヒッピー的な自由な風が感じられる。入学難易度は高いが、「数値的指標だけで判断してほしくない、我々の理念を真に理解・共感する学生に来てもらいたい」と、大学ランキング誌に対して合格者データを一切公開しないという骨太なスタンス。出願にあたっては成績優秀なだけではダメで、"Why Reed"—なぜリードでなければならないのか、というエッセイの提出も求められるそう。現在13％が留学生とのこと、リベラルなキャンパスライフを目指してチャレンジしてみてはいかがだろうか。

Information

リード・カレッジ

3203 SE Woodstock Blvd.
(503) 771-1112
reed.edu

知的であると同時に「カウンターカルチャー的」とも評されるリードの学生には自主性と自己責任も求められる。キャンパス内への出入りは自由なので、芝生やレンガ造りの建物の中を学生気分で散歩してみるのもいい。

Cameron's Books & Magazines

1938年にオープンのポートランドで最も歴史のあるブックストア。ヴィンテージ雑誌のストックも豊富。

キャメロンズ・ブックス・アンド・マガジンズ
336 SW 3rd Ave. / (503) 228-2391 / 月11:00〜18:00、火〜土 10:00〜18:00、日11:00〜16:00 / www.cameronsbooks.com / MAP p288-51

Hoyt Arboretum

七大陸の植物を集めたハイキングに最適な公園。1,100種類の樹木と19kmのトレイルがある。

ホイト樹木園
4000 SW Fairview Blvd. / (503) 865-8733
月〜日 6:00〜22:00
hoytarboretum.org

Mill Ends Park

行政が管理する世界最小の公園。オレゴン・ジャーナルの記者が街灯用の穴に花を植えたことが始まり。

ミル・エンズ・パーク
SW Naito Pkwy & Taylor St.
www.portlandoregon.gov/parks
MAP p288-64

Mt. Tabor Park

南東に位置する低山。標高192mの噴石丘の頂上からはダウンタウンとマウント・フッドが見渡せる。

マウント・テイバー・パーク
SE 60th Ave. & Salmon St.
(503) 823-2525
月〜日 5:00〜0:00

Governor Tom McCall Waterfront Park

元オレゴン州知事トム・マッコールから名付けられたウォーターフロントの公園。市民の憩いの場所となっている。

ガバナー・トム・マッコール・ウォーターフロント・パーク
1020 SW Naito Pkwy. / (503) 224-4400
月〜日 5:00〜24:00
www.portlandoregon.gov/parks
MAP p288-65

Hush Meditation

ポートランドで初めてのモダンな瞑想スタジオ。シンプルで利用しやすいクラス。

ハッシュ・メディテーション
925 NW 19th Ave. / (503) 908-4792
営業日時要確認（クラスによる）
hushmeditation.com
MAP p290-10

Mother Foucault's Bookshop

文学、哲学、文学批評、海外の書籍が揃う本好きのためのブックストア。プライベートな書斎のような空間。

マザー・フーコーズ・ブックショップ
523 SE Morrison St. / (503) 236-2665
火〜日 11:00〜18:00
thelatenow.com/mofo
MAP p296-39

Microcosm

出版書籍は全て古紙使用。インクなども動物性は使わず、ビーガンにこだわる出版社であり書店。

マイクロコズム
2752 N Williams Ave. / (503) 232-3666
月〜日 11:00〜19:00
microcosmpublishing.com
MAP p292-29

Division Leap

絶版した書籍や珍しいアート系ブック、zineに特化した書店。Passages Bookshop（→p224）との共同ギャラリー併設。

ディヴィジョン・リープ
6635 N Baltimore St. / (917) 922-0587
予約制
divisionleap.com

TOM MANLEY

Creativity works here.

クリエイティビティが都市で機能するためには、アート、デザイン、そして情報を学ぶ場所が必要だった。パールから、よりエッジな場所に移った PNCA (Pacific Northwest College of Art)。

Creative Management

アートカレッジ出身の経営者や大統領が出てほしい。経営や政治が、大学の経済や経営学部出身者だけでなくアートカレッジでアートを学びクリエイティビティを身に付けた人がやってもいいのではないか？

Design as Contemporary Craft

ポートランドには全てにクラフトという概念が溢れている。Craft Beer、Craft food、など最近は食べものにも使われる。しかし、このクラフトを考えると手の温もりが通った、手づくりの、さらに進んで人間らしい、となると最近のデザインの流れは現代のクラフトに向いている。

WHY PORTLAND?

Profile

小柴美保

インデペンデント・シンクタンクMirai Instituteを主宰。その一環として、未来の働く場としてのワークスペース「みどり荘」をオーガナイズ。イギリスや京都で学生時代を謳歌し、投資銀行での勤務経験や視点を生かしながら活動している。「自由大学」で、これからの社会はクリエイティブクラスが牽引するという仮説のもとで、クリエイティブの要因を探る「クリエイティブ都市学」のキュレーションを行っている。

自分たちの街をよくするのは他でもない自分たちという意識

COLUMN/THINK

創造都市としてポートランドが日本を始めとして海外から注目されているけれど、アメリカに60〜70万人の地方都市は他にもいくつかあるのに、なぜポートランド？ Unofficialにそのルーツを紐解きながら考察してみる。

ポートランドの街はとても心地が良い。よく考えられた都市計画だが、決して人工的な感じがなく、街行く人々はとても自然体で生活を楽しんでいるように見える。街の各所で思わず「にくい！」とつぶやかせてしまう街だ。"Keep Portland Weird"の精神が一部の人だけではなく、民間・行政の隔てなく根付いているように感じる。最近ホットなのは、元々はジャパンタウンだった場所がチャイナタウンとなり、その後やや廃れてしまったところを新しく再生させるプロジェクトだが、それを可能にしているのはパールディストリクトでの成功例だろう。鉄道操車場やそれに関連した倉庫群があった、面積にして東京ドーム16個分の土地が1997年から始まった官民共同プロジェクトによって活性化されたのだ。

日本における開発の典型パターンのように箱ものを建てるわけでもなく、複合施設をつくるだけの活性化ではない。まずトラックのターミナルビルだった歴史的建造物を環境に配慮した建物Ecotrust Buildingとして復活させ、その中にエコや建物自体の活動の思想に合うテナントを営利・非営利問わず入れることで、場に求心力を持たせた。そして、そこを中心に25カ所のアートギャラリーに50軒のカフェやレストラン、三つのアートスクール、さらにオフィスや住居を混在させ、街全体にコミュニティを形成して、人々が活き活き暮らす場所として蘇らせたのだ。

このような街づくりの動きのルーツは深い。1960年後半から1970年代のアメリカは、大量生産とモータリゼーションの最盛期であり、同時に環境への問題が続出していた。ここポートランドでも、ベトナム反戦運動やカウンターカルチャーの流れと相まって都心部の大渋滞による大気汚染や乱開発による自然破壊は深刻で、それに対する反対運動がカルフォルニアから北上して高まっ

EcotrustBuildingリノベーションの設計を担当したのは、Holst ArchitectureのJeff Stuhr。歴史的建造物のリノベーションとしては、全米初の環境・エネルギーを考慮した建築基準（LEED）ゴールドを取得した。ポートランドにおけるサステイナブル建築の第一人者である。

た。1969年、ポートランドの中心を流れるウィラメット川沿いの高速道路を撤去し、緑の公園をつくる住民運動が盛り上がり、これをきっかけに1973年には他の都市に先駆けて「成長管理政策」を導入し、自然環境保全と都市部と郊外のバランスのとれた発展を目指す行政の方針が生まれた。

ここで一役買ったのが、1972年に32歳で市長となったNeil Goldschmidtだ。彼は功績が認められ、後にNIKEのエグゼクティブ、オレゴン州知事、連邦交通省長を歴任した人物だ（本来ならばPDXの開祖のように崇められてもおかしくないのだが、後年不祥事があり栄光の歴史からは名が消えてしまった……。残念！）。彼はネイバーフッドアソシエーションを市民参加制度として位置付けることで、当時ヒッピー運動の延長で理想郷を求めてやってきた若者たちとも共存し、ポートランドには自由と民主主義があるというストーリーを生んだのだ。その後、この精神は彼の後継者たちにも脈々と受け継がれ、先のパールディストリクトもその流れの延長から生まれたとも言える。

ソーシャルキャピタル論の大家ロバート・パットナムは、なぜポートランドだけが、ヒッピー運動とともに始まった市民活動が脈々と続いたのかについて、「ポートランド：市民参加のポジティブな疫病（Portland: a Positive Epidemic of Civic Engagement）」という表現をしている。革新的な人に寛容な街の土台がニール時代にでき、さらに同じような思想を持つ人が集まり、理想通りでなかったことに対しては、自ら活動を起こさせたという点で、まさにポジティブな伝播だ。

ポートランダーは現状だけでなく、理想を持って未来を考え、街をそれぞれの立ち位置でよくしようとする。その精神こそが、今のポートランドならではであり、ポートランドを形成しているのだ。だから今いるポートランダーたちは、さらに未来を見ているはずである。

TRUE PORTLAND | Annual 2015

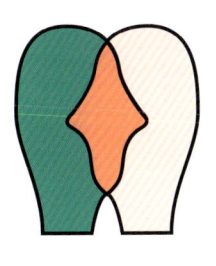

LOVE

ポートランドから愛

自分が愛する人、もの、ことを、他の人が好きだと嬉しい。そうではなくても、愛が続く限り、その愛があるだけで人は幸せだ。「あなたの愛は、わたしの愛とは違うけれど、素敵だね」。そう言い合える環境は、きっといいに違いない。

←「Icon Tattoo」の店内。一見するとタトゥーショップには思えない空間だ。ここはオーナーが女性で、スタッフも全員女性。タトゥーショップのイメージが変わる。

Tattoo

都市の多様性は
タトゥーカルチャーも
多様にする

　ポートランドでは、タトゥーをしている人を本当によく見かける。日本で見かけるとけっこう目を引くのだが、この街では人とともに街の風景になっているようだ。過去にはポートランド美術館でタトゥーの展示が行われたほど身近なものになっている。タトゥーをしている人が多いということは、タトゥーショップも多く存在する。ここIcon Tattoo Co.も、その一つ。ここはオーナーが女性で、スタッフも全員女性。陽の光が明るく差し込み心地良い空間になっていて、まるでヘアサロンのようにも思える。タトゥーショップには、強面のお兄さんたちが集うといったようなステレオタイプは、ポートランドには一切ない。1回100ドルから様々なスタイルのタトゥーを入れることができる。オーナーのMelanie Neadは自然をモチーフとしたタトゥーが得意で、自分に入っているタトゥーの中には、自分で彫ったものもあるそうだ。ポートランドではタトゥーが愛されている。

TRUE PORTLAND | Annual 2015

天井が高く、日当りがとてもいい空間。雑貨ショップのLowellも並ぶこのネイバーフッドは、次々と流行のエリアが生まれるポートランドで、次のホットエリアになるのでは？と言われているようだ。

Icon Tattoo Co.

Information

アイコン・タトゥー

813 N Russell St. / (503)477-7157
水〜日 12:00〜19:00
icontattoostudio.com
MAP p292-31

Atlas Tattoo

Information

アトラス・タトゥー

4543 N Albina Ave.
(503) 281-7499
月〜日 12:00〜19:00
www.atlastattoo.com
MAP p292-13

Historic Tattoo

Information

ヒストリック・タトゥー

2001 SE 50th Ave.
(503) 236-3440
月〜日 11:00〜19:00
www.historictattoo.com
MAP p296-72

TRUE PORTLAND | Annual 2015

Oddball Studios Tattoo

Information

オッドボール・スタジオ・タトゥー

2716 SE 21st Ave.
(503) 231-1344
月〜土 13:00〜20:00、日 13:00〜18:00
www.oddballstudios.com
MAP p296-83

Tattoo Shop List

Infinity Tattoo

インフィニティー・タトゥー

3316 N Lombard St. / (503) 231-4777
月・水木 10:00〜17:00、金土 10:00〜18:00、
日 12:00〜17:00 / www.infinitytattoo.com / MAP p292-38

Anatomy Tattoo

アナトミー・タトゥー

2820 NE Sandy Blvd. / (503) 231-1199
月〜土 12:00〜20:00、日 12:00〜18:00
www.anatomytattoo.com

Robot Piercing & Tattoo

ロボット・ピアシング・アンド・タトゥー

2330 NW Westover Rd. / (503) 224-9916
月〜木 11:00〜18:00、金土 11:00〜19:00、
日 12:00〜17:00 / www.mega-robot.com
MAP p290-56

Scapegoat Tattoo

スケープゴート・タトゥー

1223 SE Stark St. / (503) 232-4628
月〜日 12:00〜20:00
www.scapegoattattoo.com
MAP p296-91

Adorn Tattoos Piercing & Jewelry

アドーン・タトゥー・ピアシング・アンド・ジュエリー

2535 SE Belmont St. / (503) 232-6222
日〜水 12:00〜18:00、木〜土 12:00〜20:00
www.adornbodyart.com
MAP p296-94

Skeleton Key Tattoo

スケルトン・キー・タトゥー

1729 SE Hawthorne Blvd. / (503) 233-4292
火水・土 11:00〜20:00、木金 11:00〜22:00、
日 12:00〜20:00 / www.skeletonkeytattooportland.com / MAP p296-95

ThoughtCrime Tattoo

ソウトクライム・タトゥー

420 SW Washington St. / (503) 265-8157
火〜土 14:00〜20:00
thoughtcrimetattoo.com
MAP p288-31

Imperial Tattoo

インペリアル・タトゥー

5504 E Burnside St. / (503) 223-1181
月〜日 12:00〜20:00
imperialtattoopdx.com

Sea Tramp Tattoo Co.

シー・トランプ・タトゥー

523 SE Stark St.
月〜日 12:00〜0:00
MAP p296-90

Beard

The Modern Man
Barber Shop

ローカルのウイスキーと
一流のグルーミングを楽しむ

Information

ザ・モダン・マン・バーバー・ショップ

4538 SE Hawthorne Blvd.
(503) 832-0988
月 11:00〜19:00、火〜日 10:00〜20:00
themodernmanpdx.com
MAP p296-56

　1920年代がテーマのクラシックな店構えで知られるバーバーショップ The Modern Manは、2011年にアルバータ地区にオープンして以来、ポートランド中の男性から支持され、現在では4店舗を構える人気店。全店舗にバーカウンターがあり、来店ごとにEastside Distillingのウイスキーや、Widmer Brothersのビール、Stumptown(⇒p108)のコーヒーなど、ローカルブランドを中心にした数多くのセレクションからドリンクを一杯サービスしてもらえる。さらには葉巻も無料で楽しめる。外観だけではなく、サービスも腕も一流なのに、カットは27ドル、ヒゲのトリムだけなら8ドル、といって良心的な料金設定。カットとほぼ変わらない料金のシェービングは蒸しタオルと泡立てた石けんを使った本格的なものなので、リピーターが多いという。ヒゲにこだわるポートランダーにとっては、今やなくてはならない存在となっている。

Skate Culture

誰もがスケートボードを楽しめるように

　ウェアハウスを改装してつくられたインドアスケートパーク。スケートパークの建設を専門に行う地元の会社 Evergreen Skateparks によって建てられた。一般開放されている屋内パークは他にもあるが、コンクリートのものはここだけ。スケートギア以外にも、スニーカーとアパレルも扱うショップが併設されている。土曜午前はキッズオンリー、日曜の午前は女子オンリーの時間も設けていて、年齢性別を問わず、どんなレベルの人も楽しめる場所を提供している。マンツーマンレッスン（要予約）を受けることも可能なので、スケートカルチャーが盛んなポートランドへの旅行を機に初心者の人もチャレンジしてみては？　利用料金は2時間で7ドル、全日利用は10ドル。

TRUE PORTLAND | Annual 2015

LOVE

Commonwealth
Skateboarding

Information

コモンウェルス・スケートボーディング

1425 SE 20th Ave.
(503) 208-2080
月〜金 14:00〜20:00、土日 12:00〜20:00
www.commonwealthskateboarding.com
MAP p296-53

241

Burnside Skate Park

街も味方にした
DIY スケート・パーク

Information

バーンサイド・スケート・パーク
SE 2nd Ave.
MAP p296-34

　1980年代、冬の間は雨がよく降るポートランドのスケーターたちが雨天でもスケートをできるようにと、バーンサイド・ブリッジの下に自分たちでコンクリートを流してランプを作り始め、完成したのがBurnside Skatepark。近隣の住人に認められるために彼らは周辺の清掃をするようになり、それがきっかけで市とスケーターの間では話し合いが行われ、街づくりにも声が反映されるまでに良い関係が築き上げられていった。こうしてポートランドは、スケートレーンがあったり、市公認のスケートパークが19もあるようなスケーターに優しい街になり、この元祖DIYスケートパークは世界中のスケーターたちの聖地となったのだ。

地元スケーターたちにとっての"薬局"

LOVE

Cal's Pharmacy

Information

カルズ・ファーマシー

1400 East Burnside St. / (503) 233-1237
月〜金 11:00〜18:00、
土 11:00〜19:00、日 11:00〜17:00
www.calspharmacy.com
MAP p296-10

元はPharmacy（薬局）として80年代にバーンサイドに開業、オーナーの息子がスケートにハマったのがきっかけで店の一角でデッキを売り始め、後にスケート専門店になったという。しばらくの休業を経て、2013年1月にリニューアルオープンした。薬局時代から地元の人に愛され、ポートランドで最もフレンドリーなスケートショップと呼ばれるカルズ。スタッフに話しかければ、他のおすすめスポットも教えてもらえるはず！

Skate Spot & Shop List

Ed Benedict Skatepark
エド・ベネディクト・スケートパーク
SE 100th Ave. and Powell Blvd.

Pier Park
ピア・パーク
10325 N Lombard St.

Gabriel Park
ガブリエル・パーク
6820 SW 45th Ave.

Glenhaven Park
グレンヘイヴン・パーク
NE 82nd Ave. and NE Siskiyou St.

Shrunken Head Skateboards
シュランケン・ヘッド・スケートボーズ
531 SE Morrison St.
(503) 232-4323
www.shrunkenheadskateboards.com
MAP p296-92

Rip City Skate
リップ・シティ・スケート
3123 NE Sandy Blvd.
www.ripcityboardshop.com
MAP p294-16

Cal Skate Skateboards
カル・スケート・スケートボーズ
210 NW 6th Ave.
(503) 248-0495
www.calsk8.com
MAP p291-59

Exit Real World
エグジット・リアル・ワールド
206 NW 23rd Ave.
(503) 2 26-3948
www.exitrealworld.com
MAP p290-57

Daddies Board Shop
ダディーズ・ボード・ショップ
5909 NE 80th Ave.
(503) 281-5123
www.daddiesboardshop.com

LGBT

ついに同性婚が認可!

　2014年5月、全米で18番目の同性同士の結婚が可能な州となったオレゴン。街を歩けばレインボーフラッグを掲げた店を目にするし、以前からLGBTQフレンドリーな街として知られていたが、同性婚が認められたことで、どんなセクシュアリティの人でもより暮らしやすい街になった。同性婚での永住権の申請も可能になったので、ポートランドに運命の人を探しに行くのもいいかもしれない!

Spot List

CC Slaughters
毎週土曜日にはドラッグクイーンショーも行われるチャイナタウンで人気のゲイクラブ。

シーシー・スロウターズ
219 NW Davis St. / (503) 248-9135
月~日 15:00~翌2:00
ccslaughterspdx.com
MAP p290-32

Silverado
ストリップクラブの多いポートランドの中でも、男性ダンサーのみの店はここだけ!

シルバラード
318 SW 3rd Ave. / (503) 224-4493
月~日 9:00~翌2:30
www.silveradopdx.com
MAP p288-49

Crush
ダンスパーティーやバーレスクショーもある、ストレートでも入りやすいバー兼レストラン。

クラッシュ
1400 SE Morrison St. / (503) 235-8150
月~土 12:00~翌2:00, 日 12:00~翌1:00
www.crushbar.com
MAP p296-47

The Embers Avenue
水曜日から土曜日はドラッグショー、日曜日はカラオケができる43年続く老舗のクラブ。

ザ・エンバーズ・アヴェニュー
110 NW Broadway St. / (503) 222-3082
11:00~翌2:00
www.facebook.com/EmbersAvenue
MAP p290-38

Scandals
かつてはピンクトライアングル地区と呼ばれたスタークストリートで閉店せずに1979年からあるゲイクラブ。

スキャンダルズ
1125 SW Stark St. / (503) 227-5887
月~日 12:00~翌2:00
scandalspdx.com
MAP p288-8

Eagle Portland
ワイルドなパーティーからファンドレイズイベントまで行うレザーバー。たまにレズビアンナイトも行う。

イーグル・ポートランド
835 N Lombard St. / (503) 283-9734
月~日 14:00~翌2:30
www.facebook.com/theeagleportland
MAP p292-3

Darcelle XV
ポートランドで最も有名なドラッグクイーン、2014年で84歳になるダーセルの店。

ダーセル・エックスブイ
208 NW 3rd Ave. / (503) 222-5338
水・木 18:00~23:00, 金・土 18:00~翌2:00 / www.darcellexv.com
MAP p290-31

Starky's
月火は5ドルのバーガーが人気、日曜日にはブランチ営業もするフードメニューでも有名なゲイスポット。

スターキーズ
2913 SE Stark St. / (503) 230-7980
月~土 11:00~翌2:30, 日 9:00~翌2:30
www.starkys.com
MAP p296-28

The Escape
ポートランド唯一の21歳以下でも入れるLGBTQクラブ。真夜中にはドラッグショーも。

ジ・エスケープ
333 SW Park Ave. / (503) 227-0830
金 23:00~翌2:00, 土 23:30~翌4:00
www.facebook.com/escapehightclub
MAP p288-33

STRIP

1ドル札の雨を降らせて

すっかりお洒落なイメージがついているポートランド。でも住んでる人が毎日オーガニックフードを食べて、エコなスローライフを送っているわけではない。そんな人たちも夜はストリップクラブに繰り出しているかもしれない。なぜならここは対人口比で最もストリップクラブの店舗数が多い街だから！ それでもポートランドらしいのは、ストリップにもヴィーガンの選択肢があるところ。男女関係なく遊びに行けるので、一度はストリップクラブ天国の洗礼を受けてみては？

Spot List

Casa Diablo

世界初のヴィーガンストリップクラブ。

カーサ・ディアブロ
3532 NW Saint Helens Rd. / (503) 222-6600 / 月〜日 11:00〜翌2:30
www.casadiablo.com

Hawthorne Strip

ストリップというよりは裸の女の子もハングアウトしてるバー？

ホーソン・ストリップ
1008 SE Hawthorne Blvd. / (503) 232-9516 / 月〜日 14:30〜翌2:30
hawthornestrip.com
MAP p296-59

Union Jacks Club

ストリッパー専門のブッキングエージェントが存在しているらしい。

ユニオン・ジャックス・クラブ
938 E Burnside St. / (503)236-1125
月〜日 14:30〜翌2:30
www.unionjacksclub.com
MAP p296-7

Mary's Club

ポートランドで一番古いストリップクラブ。

メアリーズ・クラブ
129 SW Broadway Dr.
月〜土 11:00〜翌2:30、日 11:30〜翌2:30
marysclub.com

Devils Point

毎週日曜日はストリップを見ながらカラオケを歌えるStripparaokeが人気！

デビルズ・ポイント
5305 SE Foster Rd. / (503) 774-4513
月〜日 11:00〜翌2:30
www.devilspoint.net

Lucky Devil Lounge

クラシックな内装はPlayboy Clubへのオマージュ。

ラッキー・デビル・ラウンジ
633 SE Powell Blvd. / (503) 206-7350 / 月〜日 11:00〜翌2:30
www.luckydevillounge.com
MAP p296-85

Sassy's Bar & Grill

ライブハウスHoloceneの向かいにあるヒップスターに人気のスポット。

サッシーズ・バー・アンド・グリル
927 SE Morrison St. / (503) 231-1606 / 月〜日 10:30〜翌2:30
www.sassysbar.com
MAP p296-41

Acropolis

ビールの品揃えとステーキで有名。サーロインステーキはたったの6ドル。

アクロポリス
8325 SE McLoughlin Blvd. / (503) 231-9611 / 月〜土 7:00〜翌2:00、日 11:00〜翌2:00 / www.acropolispdx.com

Magic Garden

ビリヤードをしながらも裸のお姉さんを楽しめるダイブバースタイル。

マジック・ガーデン
217 NW 4th Ave. / (503) 224-8472
月〜土 12:00〜2:30、日 18:00〜2:30
www.magicgardenpdx.com
MAP p290-30

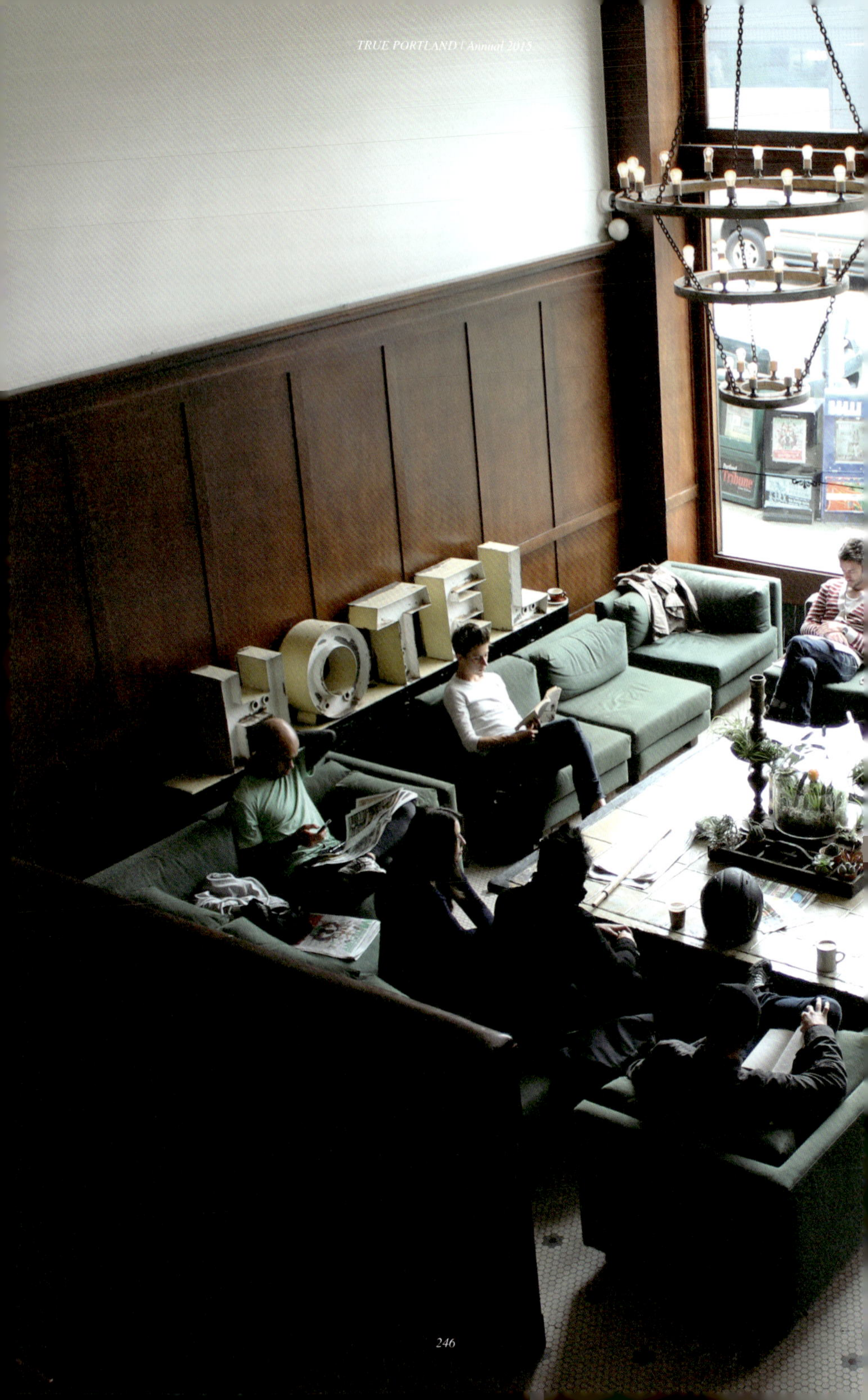
HOTEL
Tribune

SLEEP

眠るだけじゃもったいない

宿泊空間は旅の中で唯一、自分、もしくは自分たちだけの空間となる場所。その日を振り返り、次の日の計画を楽しみにしながら、眠りにつく。だからこそ、どんな部屋であるかは大切だ。けれど、それだけではない。そんなに広くはない街だから中心部に泊まれば移動には困らないけど、どんな場所にあって、まわりにはどんなスポットがあり、どんなコミュニティに近いのか、それぞれ特色あるネイバーフッドの中からピンポイントで選ぶのもありかもしれない。伝統あるホテル、新しいコンセプトのホテルや住民の生活を身近に感じるAirbnbなど。自分のしたい旅の価値観がここに表れる。

←今ではポートランドでおなじみの風景となったAce Hotelのロビー。待ち合わせをする人、コーヒーを飲む人、本を読む人、仕事をする人、会話をする人。この場所は皆に開かれている。

部屋はすっきりしたインテリア。改築前の時代の装飾や工場からの家具の廃品、軍の放出品などリサイクル品なども上手く取り入れられている。バスルームが共用か自室備え付けかの2タイプある。

Ace Hotel

ホテルのあり方を変えた
ポートランドらしさを体現したホテル

Information

エース・ホテル

1022 SW Stark St.
(503) 228-2277
acehotel.com/portland
$$ / MAP p288-26

　2014年、ロンドンのショーディッチにもホテルをオープンさせ、より世界的に名前を知られることになったAce Hotel。ショーディッチのロビーでも、ポートランドのダウンタウンにある誰もが利用できるロビーと同じく、仕事をする人や本を読む人、コーヒーを飲む人など、それぞれが思い思いの時間を過ごし、一つのコミュニティが形成されている。国内外展開しているが、やはりルーツはポートランド。ロビーの考え方をはじめ、ヴィンテージ品を上手く取り入れた内装デザイン、地元のアーティストたちとのコラボレーションなど、新しいホテルのかたちを示した功績は大きい。人気が高まり、宿泊費が高くなってきているが、一度は泊まってみて損はない。

248

Jupiter Hotel

人気レストランやショップが近くに点在するロウワー・バーンサイドにある、50年代のモーテルをモダンに改装したブティックホテル。バー＆ダイニングスペース、そして地下にはライブハウスがあるDoug Fir Loungeを併設。部屋の壁面にはグラフィックが施され、部屋ごとに異なったものになっている。ミニマリズムと持続可能な環境への配慮を心掛けており、アメニティはもちろん、従業員への無料バス定期券の提供まで行っている。

環境にも配慮した現代的な空間にはライブハウスも併設

Information
ジュピター・ホテル
800 E Burnside St.
(503) 230-9200
jupiterhotel.com
$$ / MAP p296-5

The Mark Spencer Hotel

リーズナブルな値段と全室キッチンつきということもあり、長期滞在者におすすめのホテル。キッチンには、もちろん調理器具や冷蔵庫もあるので、ファーマーズ・マーケットなどで仕入れた食材を調理して、部屋で食事なんてことも可能だ。時間帯によっては日本人スタッフもいるそうなので、何かと心強い。ちなみにオーナーも日本語が堪能だそう。Powell's City of Books(⇒p218)も近く、パールディストリクトもすぐそばにあるダウンタウンの好立地。

このキッチンで何をつくろうかホテルで腕をふるってみよう

Information
ザ・マーク・スペンサー・ホテル
409 SW 11th Ave.
(503) 224-3293
markspencer.com
$$ / MAP p288-24

モダンで落ち着いた雰囲気は
いつまでもいたくなる心地よさ

Hotel Modera

Information

ホテル・モデラ
515 SW Clay St.
(877) 484-1084
hotelmodera.com
$$ / MAP p288-66

モダンなインテリアの4つ星ホテル。広く開放的なロビーがあり、特徴的な中庭には屋外用の暖炉もある。モノトーンを基調にした落ち着いた雰囲気の部屋には、ローカルアーティストの作品が飾られている。大きな窓が備え付けられており、ポートランド市内の景色が見渡せる部屋もある。フランス南東部とイタリア北部の料理からインスピレーションを得た料理を提供する館内のレストランNel Centroも評判。公共交通のアクセスも良い。

100年以上の歴史と
ヨーロピアンスタイルの美しさ

Sentinel

1909年に建てられたThe Seward Hotelまで、その歴史は遡る。1997年に改装。昨年まではThe Governor Hotelだった建物は国定史跡に指定されている。外観は堂々としたクラシックな佇まい。淡い色合いで統一され、落ち着いた雰囲気の客室。心配りが行き届き、且つフレンドリーな接客も評判が良い。一階にあるレストランJake's Grillとバーラウンジ Jackknifeもおすすめ。

Information

センチネル
614 SW 11th Ave.
(888) 246-5631
www.sentinelhotel.com
$$$ / MAP p288-44

Hotel DeLuxe

　ハリウッドの黄金時代に敬意を表するとともに、アールデコと現代的なスタイルをミックスし、時代にとらわれない洗練された快適性を追求した 4つ星ホテル。ホテル内のレストランGracie'sとバーDriftwood Roomも評判が高い。ダウンタウンにあるので、人気のレストランやショッピング・スポットが集まるパールディストリクトやノブヒルへのアクセスも良い。

ハリウッドにインスパイアされた デザイナーズホテル

Information

ホテル・デラックス
729 SW 15th Ave.
(503) 219-2094
hoteldeluxeportland.com
$$ / MAP p288-2

The Nines

　元々はデパートだった場所を改装。パイオニア・コートハウス・スクエアに隣接し、様々な場所に徒歩で行けるうえ、同じビルには百貨店Macy'sが入っているという便の良さ。クラシックとモダンがバランス良く融合しており、吹き抜けのロビー階は天井から差し込む光が気持ち良い。最上階には人気のアジアン・フュージョン料理レストランDeparture Restaurant + Loungeがある。

Information

ザ・ナインズ
525 SW Morrison St.
(877) 229-9995
thenines.com
$$$ / MAP p288-54

5つ星を持つ最高級ホテルでも バランスの良い心地良さ

Caravan
The Tiny House Hotel

**小さな家でシンプルに暮らす
タイニーハウスを体験できるホテル**

　タイニーハウスは、持ち物を本当に必要なものだけに減らして生活をダウンサイジングし、住居関連のコストや環境的な負荷を抑えることができる小さな家で、シンプルに暮らしたいと考える人たちを中心にアメリカでムーブメントとなっている。NEのアルバータ・ストリートにある Caravan はそれぞれ内外装やサイズが異なる6つのタイニーハウスが集まったホテル。1〜2人用のものから、4人が寝泊まりできる大きさのものまであり、トイレとシャワー、キッチンや冷蔵庫も付いていて、ロフトにベッドがあるタイプも。タイニーハウスでの体験は、今後の暮らし方や持ち物を考えるきっかけにもなりそうだ。月に数回、日曜日に見学ツアーも行われている。

Information
キャラバン・ザ・タイニーハウス・ホテル
5009 NE 11th Ave.
(503) 288-5225
tinyhousehotel.com
$$ | MAP p294-10

Caravan のタイニーハウスはタイヤの付いたトレーラーの上に建てられている。広さはおよそ9.3㎡〜18.6㎡ほど。ユニークな6つのタイニーハウスはそれぞれつくりや雰囲気は異なるが、どれもカスタムメイドと木の暖かみを感じられる空間になっている。

SLEEP

The Colony St. Johns

セント・ジョンズにある
泊まれる多目的スペース

　ダウンタウンから少し離れたセント・ジョンズエリアにある9,500平方フィートの建物は、元々は1950年代に建てられた葬儀場を改装したもの。それが宿泊施設やフレキシブルなイベントスペースやクリエイティブオフィス、会議・プレゼンテーションルーム、キッチンなどもあるThe Colonyだ。スタイリッシュに装飾されたアパートメントと1970年代後期のトレイラー・ハウスで、インスピレーション溢れる滞在ができる。部屋は「BONES & ARROWS」「THE LANDING PAD」「HIDE AWAY」の3タイプ。予約はAirbnb（→p258）からすることが可能。セント・ジョンズエリアを探索の拠点にするには打って　つけだ。ダウンタウンに飽きたら、こちらにどうぞ。

Information

ザ・コロニー・セント・ジョンズ

7525 N Richmond Ave.
(503)206-7051
www.thecolonystjohns.com
$$

McMenamins Kennedy School

廃校が、ポートランドで最もユニークなホテルに。オリジナルビールやコーヒー、ワインなども楽しめる。

マクメナミンズ・ケネディ・スクール
5736 NE 33rd Ave.
(503)249-3983
www.mcmenamins.com/KennedySchool
$$ / MAP p294-4

Hotel Lucia

4つ星のホテルで、テイストはモダンでクリーン。客室にはピューリッツァー賞受賞の写真家の作品が飾られている。

ホテル・ルシア
400 SW Broadway
(503) 225-1717
www.hotellucia.com
$$$ / MAP p288-40

Benson Hotel

1912年に開業。アメリカ合衆国大統領がポートランド滞在の際には宿泊することでも知られている。

ベンソン・ホテル
309 SW Broadway
(503)228-2000
www.bensonhotel.com
$$$$ / MAP p288-34

Hotel Eastlund

Red Lion Hotel が改装されて2015年5月オープン予定。ルーフトップレストランつき。

ホテル・イーストルンド
1021 NE Grand Ave.
(503) 235-2100
hoteleastlund.com
$$$ / MAP p294-14

The Heathman Hotel

パールディストリクトから数ブロックのところにある、落ち着いた大人のためのジェントルな4つ星ホテル。

ザ・ヒースマン・ホテル
1001 SW Broadway
(503) 241-4100
portland.heathmanhotel.com
$$$ / MAP p288-59

Hotel Monaco

ダウンタウンの中心に位置する、1912年の建物を改装した、市内で最も歴史のある豪華なブティックホテルの一つ。

ホテル・モナコ
506 SW Washington St.
(503) 222-0001
www.monaco-portland.com
$$$$ / MAP p288-48

Inn@Northrup Station

ノブヒルにある、カラフルでポップな家具が特徴のオールスイートタイプのブティックホテル。キッチン付き。

イン・アット・ノースラップ・ステーション
2025 NE Northrup St.
(503) 224-0543
www.northrupstation.com
$$$ / MAP p290-8

Courtyard by Marriott Portland City Center

2009年に既存の建物を全面改装し、環境にも配慮したスタイリッシュなブティックホテル。

コートヤード・バイ・マリオット・ポートランド・シティセンター
Courtyard Portland City Center
550 SW Oak St. / (503)505-5000
www.marriott.com
$$$ / MAP p288-41

McMenamins Crystal Hotel

パールディストリクトの便利な場所にあり、楽しく、とてもファンキーで独創的なホテル。

マクメナミンズ・クリスタル・ホテル
303 SW 12th Ave.
(503) 972-2670
www.mcmenamins.com/CrystalHotel
$$ / MAP p288-7

SLEEP

The Paramount Hotel

ダウンタウンの中心でありながら静かな環境に恵まれ、カジュアルで、寛げるホテル。

ザ・パラマウント・ホテル
808 SW Taylor St.
(503) 223-9900
www.portlandparamount.com
$$$ / MAP p288-56

River's Edge Hotel & Spa

緑豊かなスタイリッシュホテル。部屋からウィラメット川を眺め、スパでリフレッシュ。

リバーズ・エッジ・ホテル・アンド・スパ
0455 SW Hamilton Ct
(503) 802-5800
www.riversedgehotel.com
$$

Traveler's House Hostel

2014年オープンの独立系ホステル。大きなシェアキッチンがあり、長期滞在にも向いている。

トラベラーズ・ハウス・ホステル
710 N. Alberta St.
(503) 954-2304
www.travelershouse.org
$ / MAP p292-10

The Westin Portland

ホテル隣りにはデパートがあり、買い物をするには好立地なホテル。バスルームが広く充実した客室設備が魅力。

ザ・ウェスティン・ポートランド
750 SW Alder St.
(503) 294-9000
westin.com/portland
$$$$ / MAP p288-46

RiverPlace Hotel

夜景やウィラメット川の景色を楽しめるホテル。館内は木の温もりがあり、落ち着いた雰囲気。

リバープレイス・ホテル
1510 SW Harbor Way
(503) 228-3233
www.riverplacehotel.com
$$$$ / MAP p288-67

Hotel Vintage

ブティックのようなホテル。セレクトされたワインやオーク材を使用したベッドなど、くつろげる環境が整っている。

ホテル・ヴィンテージ
422 SW Broadway
(503) 228-1212
www.hotelvintage-portland.com
$$$

TRUE PORTLAND | Annual 2015

Airbnb

ホテルではなく、現地の人に家やアパートを借りることで、暮らすように旅することを可能にするAirbnb。ポートランドにも魅力的なホストが多く、昨年には新しいオフィスも誕生。人々の暮らし方そのものが注目されるポートランドとAirbnbの関係性とは。

Photo: Jeremy Bittermann

Interview with
REBECCA ROSENFELT
Growth Product Manager, Airbnb, San Francisco

—ポートランドオフィスが担っている役割を教えてください。

　Airbnbの本部はサンフランシスコにあり、ポートランドオフィスは北アメリカのカスタマー・サービス・オペレーションのハブになります。サンフランシスコから飛行機ですぐなので、チームがこんなに近くにいるのはコラボレーションしやすくて素晴らしいです。

—新しくできたオフィスのコンセプト、特徴は何ですか？

　私自身かつて見たことがないようなオフィスですね。様々なかたちのワークスペースのイノベーティブなミックスです。（立って仕事をする）スタンド・アップ・ブースやコミュニティ・テーブル、内側にこもって作業できる小屋のようなスペースとか。でも実は私が一番すごいと思うのは音響のエンジニアリング。ここはカスタマーサービスオフィスなのでスタッフは大体お客様と電話中であることが多いのに、オフィス内は驚くほど静か。ビジュアル面だけでなく音の要素も上手く考えられていると思います。

—あなたが考えるポートランドの魅力は何でしょうか。

　私の個人的な視点で言えば、ポートランドの魅力は、その圧倒的な暮らしやすさにあると思います。本当に居心地が良いところなんです。都市計画の点では非常に先進的な街なので、公共交通も充実しているし、自転車も乗りやすい、そしてアメリカの他の大都市と比べて全体的に物価がずっと安い。その上、ここの素晴らしい生活の質に魅せられた人々が移住してきてレストランやカクテルバー、コーヒーショップをオープンしたので飲食も世界レベル。それに世界的に有名な書店であるPowell's（⇒p218）があって、訪れたお客さんが本を物色するだけで丸一日過ごせるほど。ニューヨークや東京みたいな喧騒はないけれど、私は大都市の魅力と暮らしやすい街の利点が、ポートランドでは同時に味わえるところが魅力だと思います。

—ポートランドのAirbnbで、他の都市の違っている部分、特徴などはありますか。

　これも私の個人的な経験で気づいた点だけれど、ポートランドのAirbnbが違うところは、ポートランドのホストはゲストが地元で最高のものを経験できるように情熱を注ぐところですね。おそらく食や生活の質を求めるカルチャーが関係しているのかと。ホストはゲストに喜んでいろいろなアドバイスや情報を提供します。市民がホスティングできるように市もすごく協力してくれたんですよ。すばらしいことです。

TRUE PORTLAND | Annual 2015

Airbnb

インタビューに答えてくれたRebeccaさんがオススメするポートランドのAirbnb 5件を紹介。それぞれにコメント付き。それぞれホストの個性が出ていて、見ているだけでも面白い！さらなる詳細はウェブサイトから。

Atomic Ranch in Mt Tabor : Kng Beds!

テイバー山の麓にある広々としたフラット。1,400平方フィートの敷地とプライベート・パティオなども利用できる。ダウンタウンへは、1ブロック先の停留所からバスで15分。寝心地最高のキングサイズベッドで寝そべる贅沢な時間を。

Information
アトミック・ランチ・イン・マウント・テイバー：キング・ベッズ！
SE Thorburn St.
部屋のタイプ：一軒家・まるまる貸切
www.airbnb.jp/rooms/2552957

> Rebecca's Comment
> 内装がとても素敵で、ハイキングにもすぐ行ける。大人数に良いチョイス。

Carriage House on Urban Farm

1エーカーのアーバン・ファームにあり、1,000平方フィートの広さを誇る明るいアパート。アーバンな生活と静かでプライバシーのあるリラクゼーション・タイムを同時に求めるならここ。公共機関へのアクセスも徒歩圏内。

Information
キャリアージ・ハウス・オン・アーバン・ファーム
NE Going St.
部屋のタイプ：アパート・まるまる貸切
www.airbnb.jp/rooms/981753

> Rebecca's Comment
> ポートランドではアーバン・ファーミングがとてもポピュラーだけれど、ここなら間近で経験できる！

SLEEP

Handcrafted Japanese Carpentry Too

ヒップなミシシッピ・アーツ・ディストリクトにある、手づくりのユニークな建物。昔ながらの世界観とナチュラルな施工を組み合わせており、木材のディテールやモダンな家具など、アーティスティックな内装が面白い。町歩きに最高の立地。

Information

ハンドクラフティド・ジャパニーズ・カーペントリー・トゥー
N Michigan Ave.
部屋のタイプ：一軒家・まるまる貸切
www.airbnb.jp/rooms/4546296

Rebecca's Comment
ホストが日本的な工法を追求していて、美しい。彼らの情熱についてもっと知りたいです。

In NY Mag Hip and Eco near Alberta

スタイリッシュでモダン、エコフレンドリーなゲストハウス。美食やショッピングを楽しめるダウンタウンエリア、ヒストリック・ミシシッピやアルバータ・アーツ、ウィリアムス・ディストリクトへも徒歩5分で行くことができる。

Information

イン・ニューヨーク・マグ：
ヒップ・アンド・エコ・ニア・アルバータ
NE Rodney Ave.
部屋のタイプ：一軒家・まるまる貸切
www.airbnb.jp/rooms/31696

Rebecca's Comment
ここは本当に可愛くて素敵。小さな家や、裏庭のコテージを改装するのはよく見られます。アルバータのエリアはごく盛り上がっていて、店やレストランもたくさん。

Pearl on the Park in Portland

賑わうパールの近く、歩くと公園がある静かなロケーション。ビジネスや長期ステイの受け入れも。一般的な部屋とは一線を画す壮大なレイアウト。ハイエンドな装飾と配慮の行き届いた設備がラグジュアリーな空間を生んでいる。

Information

パール・オン・ザ・パーク・イン・ポートランド
NW Park Ave.
部屋のタイプ：アパート・まるまる貸切
www.airbnb.jp/rooms/2429195

Rebecca's Comment
まさにダウンタウンのすばらしい立地！

St. Johns

Profile

Christine Dong

オレゴン大学でジャーナリズムを専攻。ポートランドのフリーペーパー Willamette Week にも写真を提供する、若手フォトグラファー。本誌では取材にも同行し、多くの写真を撮りおろしている。
christinedong.com

COLUMN

古きポートランドの面影を残す

　セント・ジョンズは、ノースポートランドにあるウィラメット川と、コロンビア川の合流点にある半島に位置するネイバーフッド。ポートランドで一番高くてキレイな吊り橋でその名がよく知られている。私はまだポートランドに引っ越して来て3年も経っていないから知らないエリアもたくさんあって、このTRUE PORTLANDのために写真を撮り始めてから、いろいろなエリアや店を知ることができた。最近は、時間がある時にまだ行ったことのない場所にカメラを持って行ってみるんだけど、今回行ってみたのがセント・ジョンズ。前から車で、St. Jones Bridgeを通るのは好きだったんけど、今回車を降りてみたら、橋の下にあるカセドラル・パークがよかった。遊歩道もピクニックベンチもあるし、川に架かる甲板もあって、天気が良くなったら気持ちいいだろうなぁ。夏にはジャズフェスティバルがあるみたい。

　セント・ジョンズのダウンタウンは、ハッキリ言っちゃうと日本人の皆が求めてそうなヒップな感じはないんだけど、多分私がポートランドに越してくるもっと前、この街がここまで注目される前のポートランドの面影を残す数少ないエリアなんだろうなって思った。今回行ってみての収穫は、Tienda Santa Cruz ってメキシカンストアを発見できたこと。カラフルなピニャータなどに囲まれて、まるでメキシコのスーパーに来たみたいで面白いし、なんと言っても、奥にあるレストランスペースにあるタコスはポートランドで一番美味しいんじゃないかな。あの店こそ地元の人がガイドブックには載せたくないような隠れた宝石って感じね。

Tienda Santa Cruz
8630 N Lombard St.
(503)286-7302

ITINERARY

48 HOURS in PORTLAND

ポートランダーが提案する48時間の過ごし方

その土地のことが知りたければ、地元の人に聞くのがいい。それはよく言われることだけど、誰に聞くかが重要ですよね。今回、48時間という限られた時間でのポートランドの過ごし方を提案してくれる9組は、それぞれ独自のセンスをもった人たちで、様々なカルチャーに精通しています。すると、どんどん出てくる、まだ見ぬ魅力的なスポット！本編とは違った面白さがあるポートランダーが提案するITINERARY(旅程)。でも、あくまで参考に、自分の興味と照らし合せて、余白を残しながら。そして旅の最後に振り返り、充実感に溢れた、あなたのITINERARYが完成しますように。

Fashion - only the good stuff
ファッション―本当にいいものだけを

ローカルな視点から見た、買い物するのにベストな店を皆さんにお教えします。

ANDI BAKOS
West End Select Shop

ポートランド出身。フィンランド人とスロバキア人の両親の元に育つ。成人した頃、ファッション業界でのキャリアを希望してthe Portland Art Instituteへ。2002年より、ビバリーヒルズのBarney's NY。その後ブランド向けのプロダクト製作に転向。ここ数年は、数々のクライアント向けにファッション・トレンドの調査を行い、夫のJarrettとともに東京に滞在していた際にも続けていた。2014年にWest End Select Shopをオープン。夫とベンガル猫のDizzeeとGodfreとともにポートランドに暮らしている。

DAY 1

08:30　Tasty n Alder ①
Ace Hotelを出発し、角を曲がってすぐのところにある、Tasty n Alderのブランチを目指して歩いていきます。もし9時過ぎに到着したとしたら、行列ができてしまいます。私たちに待つ時間はありません。

10:00　Shopping
ブランチのあとは、歩いてパンパンになったお腹を消化しましょう。Alder & Co.(⇒p302)やCanoe(⇒p208)などの近くにある店もチェックしてみてください。日本で待っている友人たちへのプレゼントを見つけるのにピッタリの場所。

10:30　Nicholas Ungar Furs ②
Yamhillへ向かって12th St.を歩いていくと、白いボックスのようなビルが見えてきます。この建物は、Nicholas Ungar Fursという、ポートランドに残る最後の毛皮業者がある場所です。ゲートまで上がってベルを鳴らすと、Kaiという名の男性が出迎えてくれます。彼の父、Horstさんは80歳のドイツ人で、ヨーロッパの毛皮産業に深いルーツがあります。彼は最高にかっこよくて、白衣を身に纏っているので、まるで映画に出てくるキャラクターのよう。 彼らはそんなにたくさんのお客を迎え入れるわけではないので、気難しく見えるかもしれませんが、素晴らしいファーコートを見るのはとても楽しく、店全体がまるで時が止まったような空間です。

10:45　Shopping
先ほど通ってきた12th St.を戻って、Tasty n Alderを通り過ぎ、Odessa ③ に立ち寄ってみましょう。小さい

けれど、Isabel MarantやMargielaなどの大物デザイナーの洋服が多く置いている素敵な店です。そこからSW 10th Ave.とワシントン公園のほうへ向かって歩くと、大きくて広いFrances May ④ の店が見えます。ここでは、有名なデザイナーたちによる素敵な洋服で溢れているのです！そのあとは道路を飛び越えて、愛らしくて愉快な雰囲気のWoonwinkel(⇒p208)へ。思わず全て日本へ持ち帰りたくなるような、モダンなギフトや生活用品を取り揃えている店です。

12:00　Magpie ⑤
そこから、次はSW 9th St.にあるMagpieへと向かいます。私が高校生の時に通っていたヴィンテージの店です。年月を経てもまだ、彼らのビジネスはベストだと言えます。特に、品質表示のタグに書いてある説明書きには注目。創業当時から、全て手書きで書かれているのです。そこへ行けばいつでも何かに出会え、最近では魔女が着そうなアンティークの黒ケープを購入しました。今度参加するジプシー・ウェディングに着ていく予定です。やったね！

12:30　Food Carts
そろそろ少しお腹が減ってきた頃でしょう。Magpieの前にあるフード・カートの内の一つで何か食べものを買って食べてみるのはいかがですか？ 個人的には、The Boba Tea Cartのタピオカ・ティーとThe Mediterranean cartのライス付のラム料理という最高の組み合わせがおすすめです。

13:15　Shopping
Target ⑥ へは行ったことがありますか？ とてもオシャレというわけではありませんが、行ってみるといいかもしれません！ なんといっても、道を渡ったすぐのところにあるのです！ あえて例えるならば、日本のLOFTのような店で、食べもの、家庭用品、お菓子や家電まで何でも揃っ

ています。買い物を終えて、メインの入り口から出ると、11thとMorrisonの道を渡ったところにRay's Ragtime ⑦ が見えるはずです。私も高校生の頃はここで買い物をしていました！ さっきから何度も同じことを言っていますが、最高のヴィンテージアイテムを取り揃えているのです。最後に私が買ったのは、プラスチックでできた巨大なローマの円柱です。それは私と同じくらいの大きさで、写真撮影用に使っていました。

14:00　**Stand Up Comedy** ⑧

少し脇道にそれてしまったので戻りましょう。Magpieのほうへ向かって戻って行き、SW Broadway St.にあるStand-Up Comedyを見つけてください。ここはへんてこで素敵な洋服がある面白い店です。きっとあなたも大好きになると思います。

14:30　**The Fresh Pot** ⑨

さて、そろそろコーヒーの時間にしましょうか？ Stand Up ComedyがあるMorgan's Alleyへ入って、The Fresh Potを見つけてください。コーヒーを一杯と塩味の効いたチョコチップクッキーを味わって。美味しい〜！！！

15:00　**Milk Milk Lemonade** (⇒ p201)

タクシーを捕まえて、さぁ出発進行です！次の行き先は、SE 14th Ave.とBelmont St.にあるMilk Milk Lemonadeです。OLOという最高に素晴らしいフレグランスをつくる、友人のHeatherがやっている素敵な小物やジュエリーの店です。全ての香りを試すことができるので、自分だけのお気に入りを見つけることができます。私の香水は、"Lightening Paw"というもので、今までで一番褒められた香りです。店内は広くて、触れたり、香りを感じたりするのにピッタリのもので溢れています。パフュームをつくるスタジオが裏にあるので、こっそり覗いて全てのマジックがどこで起こっているのかチェックしてみてください！

15:30　**House of Vintage** (⇒ p208)

タクシーに戻って、SE Hawthorneへ向かいます。これから、この辺りのヴィンテージものを探しに出かけますが、準備はできていますか？ まず向かうのは、House of Vintageです。巨大な倉庫のスペースに、何百人ものヴィンテージ・ディーラーが集い、洋服や家庭用品、アクセサリーなどを売っています。私はいつもヘッドフォンを付けて音楽を聴きながら、全てのブースを回ります。どこもかしこも宝物づくしです！ そこを出る時にはいつも洋服の山を抱えています。

16:20　**The Perfume House** ⑩

道を渡ると、古いパフューム・ハウスがあります。その名もThe Perfume House。今までにつくられたあらゆる香水がほとんど全て揃っています。パフュームのエキスパートであり、1985年に創業されました。ぜひ香りを嗅いでみてください！

16:50　**The Red Light** ⑪

引き続きHawthorneまで歩いて、The Red Lightに立ち寄ってみてください。ここもまた、長く続く大きなヴィンテージ・ショップです。ここでしばらく迷子になってみて。クレイジーな洋服を着て、セルフィーを撮るのもいいかもしれません！

17:20　**Shopping**

さて、現実に戻って、このエリアを出る前に、もう一か所行くべきヴィンテージ・ショップがあります。疲れ始めていますか？ 少し歩いたところにあるHarlow (⇒p42)でヘルシーなジュースを飲みましょう。中にジンジャーが入っているものがおすすめです。少しは気分がよくなりましたか？ そうしたら、次はBuffalo Exchangeを見つけてください。ここが本日最後のスポットなので、古い新しいは関係なく、掘り出し物が並ぶ棚を楽しんでください。

18:00　**Drop off your bags and fix your make-up**

ここまで頑張ったあなたにはぜひご褒美を！一旦ホテルに戻って、荷物を置き、お化粧を直しましょう。あんまり長くは座りすぎないでね、寝てしまうかもしれないから！ 時差ボケなんかに負けないで、動き続けて！

19:30　**Kask** ⑫

次は、Kaskへカクテルかワインを飲みに行きましょう。今日はそれぐらいの価値がある一日でした！お疲れさまです！ グラスの中に煙が漂うカクテルを試してみて。火を点けた木が、グラスの中に閉じ込められているんです。少し臭いがするのと同時に、とても美味しいと感じます。そこにいる間、隣にあるGrünerのテーブルを押さえておきましょう。このあとディナーに行く店です。

21:00　Grüner ⑬

Grünerで美味しいご飯をお腹いっぱい食べましょう。デビルド・エッグや何か肉料理がいいかもしれません。

22:30　Ruby Jewel ⑭

ホテルへ帰る道すがら、Ruby Jewelへ立ち寄って、ソルト・バニラ・アイス・クリームをひとすくい食べましょう。もしくは、アイスクリーム・サンドイッチを持ち帰って、ホテルのベッドで食べるのもおすすめです。とても素敵！

DAY2

09:00　Blue Star Donuts (⇒ p66)

昨日は本当に長い一日だったから、今日は少し遅くまで眠ってください。用意ができたら、Blue Star Donutsまで歩いて、ドーナッツをどれか一つ選んだら、たっぷりのコーヒーを飲んで。

09:30　Powell's City of Books (⇒ p218)

砂糖とカフェインの摂りすぎで高まっているから、Powell's City of Booksでゆっくり時間を過ごしましょう。最高にオシャレな90年代のファッション・ブックを見つけて。(店内の"Pearl"セクションで見つけられるはず)

11:00　Shopping

私の店、West End Select Shop (⇒p200)まで1ブロック歩きましょう。頑張ってあなたと日本語で会話してみるので、もし下手でも辛抱強くいてください。近くにあるMaak Lab (⇒p181)、Billy Galaxy Vintage Toys ⑮、North of West (⇒p201)、Courier Coffee (⇒p92)も訪れてみてください。もしあなたが男性なら、North of Westの隣にあるThe Modern Man ⑯で、カミソリでひげを剃ってもらうのはどうですか。

12:00　Mâurice (⇒ p34)

Mâuriceで素敵なランチを食べましょう。キッシュやレモンタルト、美味しい紅茶がおすすめです。フードがとても美しいので、たくさん写真を撮ることになると思います。

※この時点で、もしかしたらショッピング・バッグを置きに、ホテルまで走って帰りたくなるかもしれません。私ならそうします！

13:00　Table of Contents (⇒ p207)

Table of Contentsという素敵な店までもうすぐです。もしかするとすでに読んだかもしれませんが、飛び切りハイコンセプトな店です。

13:30　Shopping

タクシーを捕まえて、811 East Burnside St.へ行きましょう。今年オープンしたばかりのSeven Sisters ⑰など、探検したい店の宝庫です。買い物を終えたら、ヴィンテージを巡りたいムードのはず。Bombshell Vintage ⑱をチェックしたら、1ブロック先にHattie's Vintage Clothing (⇒ 209)もあります。道路を渡ると……気を付けて！車がたくさん通っています。Machusへ向かい、近未来のメンズ・ファッションを手に入れましょう。店のペット、"Moose"という名前の小さな犬に会って、一緒に写真を撮るのも忘れないように。この近くにはもう一つ訪れたい店があります。Machusから2、3ブロック先へ行ったところに、友だちのGiovannaの店、Una (⇒ 200)があるので、可愛い掘り出し物を見つけてください。彼女の店はとても素敵なので、間違いなく好きになることでしょう。

15:30　Nong's Khao Man Gai (⇒ p75)

お腹がすいてきましたか？軽くおやつでも食べましょうか。Machusのほうへ行って、Nong's Khao Man Gaiを見つけて、チキンとライスを友だちとシェアしましょう。きっとディナーのためにスペースを空けておきたいですよね。

16:30　Palace (⇒ p202)

Burnsideを22nd St.まで上がると(長時間の散歩かショート・ドライブ)、Palaceが見つかります。ヴィンテージものが置いてあって、地元デザイナーの新作や美容品なども揃っています。店内の製品は全て自然なタッチで、とてもいい匂いがします。

17:00　Heart Roasters (⇒ p105)

そろそろコーヒータイムにしましょうか？Palaceのすぐそばにある Heart Roastersへ行って、ラテかアメリカーノをオーダーしましょう。もしまだお腹にスペースがあれば、クッキーも試してみてください。

18:00　Smut Vintage (⇒ p208)

8ブロック歩くことができますか？もし歩けるなら、SE 28th Ave.とBurnsideの角まで向かって、おかしなヴィンテージショップに行ってみてください。Smut Vintageと、もう一つは名前を忘れてしまいました……。

19:00　Angel Face (⇒ p107)

美しい人たちが、素晴らしい手描きの壁紙をバックに素敵なカクテルを嗜む、Angel Faceへ向かいましょう。壁紙を背景に写真を撮るのを忘れないで。

20:00　Navarre ⑲

かなり、お腹がすいているに違いありません(もしNong'sで食べ過ぎていなかったら)。さぁ、ディナータイムです。隣にあるNavarreへ向かって、ワインに酔いながら素敵なディ

ナーをゆっくり楽しんでください。プレート一つひとつは小さいので、いろいろなものを頼んで他の人たちとシェアできます。ここは居心地のいい、和やかな雰囲気のレストランなので、私の友だちも皆、気に入っています。

22:30 Pix Patisserie ⑳

どんな気分ですか？就寝前に最後の一杯を飲んでから帰りますか？Palaceがあるところまで戻り、Pix Patisserieへ行って、デザートワインと、マカロンか美味しいジェリーキャンディを頼みましょう。

24:00 Hotel

さぁ、ベッドタイムです。明日にはもう帰ってしまうのですね。すでにさみしく感じます。
Andiより愛をこめて。

Shop Information

① テイスティ・アンド・アルダー
580 SW 12th Ave. / (503) 621-9251 / 月〜木・日 9:00 〜 22:00、金土 9:00 〜 23:00 / www.tastynalder.com

② ニコラス・アンガー・ファーズ
1137 SW Yamhill St. / (503) 241-8024 / 営業日時要確認

③ オデッサ
410 SW 13th Ave. / (503) 223-1998 / 月 〜 土 11:00 〜 19:00 / www.odessaportland.com

④ フランシス・メイ
1003 SW Washington St. / (503) 227-3402 / 月 〜 土 11:00 〜 19:00、日 12:00 〜 18:00 / www.francesmay.com

⑤ マグピー
520 SW 9th Ave. / (503) 220-0920 / 営業日時要確認

⑥ ポートランド・ギャラリア・オレゴン・シティターゲット
939 SW Morrison St. / (503) 290-5361 / 月 〜 金 7:00 〜 22:00、土 8:00 〜 22:00、日 8:00 〜 21:00 / www.target.com

⑦ レイズ・ラグタイム
1001 SW Morrison St. / (503) 226-2616 / 月〜金 11:00 〜 18:00、土 12:00 〜 18:00、日 13:00 〜 18:00

⑧ スタンド・アップ・コメディ
511 SW Broadway / (503) 233-3382 / 月〜土 11:00 〜 18:00 / www.standupcomedytoo.com

⑨ ザ・フレッシュ・ポット
724 SW Washington St. / (503) 780-4504 / 月〜金 6:30 〜 17:00、土 8:00 〜 15:00 / www.thefreshpot.com

⑩ ザ・パフューム・ハウス
3328 SE Hawthorne Blvd. / (503) 234-5375 / 火 〜 土 10:00 〜 17:00 / theperfumehouse.com

⑪ ザ・レッド・ライト・クロージング・エクスチェンジ
3590 SE Hawthorne Blvd. / (503) 963-8888 / 月 〜 木 11:00 〜 20:00、金土 11:00 〜 21:00、日 12:00 〜 19:00 / redlightclothingexchange.com

⑫ カスク
1215 SW Alder St. / (503) 241-7163 / 月〜土 17:00 〜 0:00 / grunerpdx.com/kask/

⑬ グルーナー
527 SW 12th Ave. / (503) 241-7163 / 月〜木 11:30 〜 21:30、金 11:30 〜 22:30、土 17:00 〜 22:30 / grunerpdx.com

⑭ ルビー・ジュエル
3713 N Mississippi Ave. / (503) 954-1345 / 日〜木 12:00 〜 22:00、金土 12:00 〜 23:00 / www.rubyjewel.com

⑮ ビリー・ギャラクシー・ヴィンテージ・トイズ
912 W. Burnside / (503) 227-8253 / 月〜土 11:00 〜 18:00 / www.billygalaxy.com

⑯ ザ・モダン・マン
205 SW 9th Ave. / (971) 806-2644 / 営業日時要確認 / themodernmanpdx.com

⑰ セブン・シスターズ
811 E Burnside St. Suite112 / (503) 877-5486 / 水〜金 13:00 〜 18:00、土日 12:00 〜 18:00 / www.sevensisterspdx.com

⑱ ボムシェル・ヴィンテージ
811 E Burnside St. / (503) 239-1073 / 月 〜 土 11:00 〜 19:00、日 11:00 〜 18:00 / bombshellvintageclothing.com

⑲ ナヴァー
10 NE 28th Ave. / (503) 232-3555 / 月 〜 木 16:30 〜 22:30、金 16:30 〜 23:30、土 9:30 〜 23:30、日 9:30 〜 22:30 / www.navarreportland.com

⑳ ピックス・パティスリー
2225 E Burnside St. / (971) 271-7166 / 月〜金 16:00 〜 0:00、土日 14:00 〜 0:00 / pixpatisserie.myshopify.com

48 HOURS in PORTLAND

My Weird Portland
風変わりなポートランド案内

おかしく聞こえるかもしれませんが、私は日本とポートランドはあらゆる点で共通していると思っています。例えば、美味しい食べもの、親切な人々、地元のクラフトグッズへのフォーカスなど……。ポートランドの人々は皆いい人なので、ためらわないで聞いてください。

JARRETT REYNOLDS

Designer

Designer, Shibori nerd, Professor of Hip Hop

DAY1

08:30　Ace Hotel (⇒ p248)

さぁ、起き上がって！ きっとこの本を読んでいるあなたはクールなはずだから、Ace Hotelに泊まっていることでしょう。Stumptownでコーヒーを買いたくなる衝動をぐっと堪えて。カフェインを投入するにはまだ早すぎます。

09:00　Hush Meditation (⇒ p228)

まず初めに訪れるのは、Hush Meditation。ガイド付きの瞑想で、普段は味わうことができないような体験をしてみてください。もしかするとあなたは「ジャレット……普段話さない言語で瞑想の解説をしてもらうなんて、おかしくないですか？」と疑問を抱いているかもしれません。答えは、イエス。おかしなポートランドを存分に味わって。

10:30　Palace Cakes ①

さて、瞑想を終えた頃には、あなたの中にも「ポートランド」の精神が宿り、落ち着きと「ポートランド」と一体化した感覚を味わっているはずです。先ほどスキップしたStumptownでコーヒーを一杯。さらにPalace Cakesでケーキを。クールでユニーク、とても小さい店で、正真正銘の美味しいケーキやカップケーキ、コーヒーを味わうことができます。

12:00　The Circuit Gym (⇒ p167)

室内にあるボルダリング用の壁を登って、さっき食べたケーキのカロリーを少し消化しましょう。

13:00　Rua Pho Vietnamese Food Cart ②

このベトナム料理のフードカートのシェフ兼オーナーは、白人の男性です。はじめは、この男に注文するフォーはきっと食べられたものじゃない、と思っていました。しかし、彼の料理の腕に対する私の憶測は、完全に間違っていたのです。彼がつくるフォーは、最高に美味しいとだけ言っておきましょう。

14:00　West End Select Shop (⇒ p200)

ショッピングを始めるにあたって、まずは私の妻アンディの店に挨拶をしに行きましょう。かっこいい女性向けのグッズを揃えているだけでなく、彼女はとても素敵で、日本人と話すのが大好き。彼女に「ジャレットに教えてもらった」といえば、プレゼントがもらえるかもしれません。冗談抜きで！

16:00　Tailor Blade and Co. ③

女性の皆さんには先に謝っておきますが、次は男性の皆さんにおすすめしたいスポットです。私のお気に入りのバーバーショップTailor Blade and Co.へ向かって、デナリオにタイトフェードなショートヘアにしてもらいましょう。ああ、20%のチップを上乗せするのも忘れずに。予約はデナリオに直接メッセージで (503)-516-1597

19:00　Teote Restaurant ④

さぁいよいよ、ディナータイムです！ 私がチョイスしたのはTeote。陽気な雰囲気のなか、ラテンアメリカ料理を楽しめます。私だったら、テオテプレートとミチェラーダをオーダーして、上の階にあるテラス席で食べます。

22:00　Lovecraft Bar ⑤

もしもH.R. GigerとTrent Reznorが協力して、ホラーがテーマのダンスバーを開くとしたら、きっとLovecraft Barになるでしょう。ここは、パンカーや同性愛者、ゴス、ヒップスターなどが集まるメルティングポット。Skinny PuppyとNine Inch Nailsの音楽で踊るために皆集います。

りましょう。これで格段に早く、さらに遠くの場所もカバーできるようになります。

19:00 Piazza Italia ⑧

Piazza Italiaは私が好きなポートランドのレストランの一つです。高級感のある雰囲気の店ではありませんし、そこらじゅうにTVがあってサッカーやイタリアのバラエティーショーが流れています。それでも、ここでは日本の居酒屋のような雰囲気のなか、ポートランドで一番美味しいイタリア料理を楽しむことができます。

21:00 Eb & Bean (⇒ p75)

今はちょうど、アイスクリームの時代の真っ只中にいるときっぱり言えます。次は何が来るのでしょうか。とてもポートランドらしく聞こえると思いますが、賭けるとすれば職人がつくるフローズンヨーグルトが来るでしょう。信じられないって？ つべこべ言わずに、まずはEb & Beanに行ってみてください。

22:00 Devils Point Strip Club (⇒ p245)

ポートランドのストリップはバーに近く、店内の照明はレッドライトだけを使用し、下品なヒップホップが流れ、ふと裸の女の子たちがポールのまわりで踊っている、というところです。Devils Pointはポートランドの中でも最もポートランドらしいストリップクラブだと言えるかもしれません。

DAY2

10:00 Prasada ⑥

Lovecraftでのクレイジーな夜のせいで、もしかしたら二日酔いになっているかもしれませんね。Prasadのスムージーかフレッシュジュースで朝を始めましょう。ポートランドで一番ヘルシーな朝食と言っても過言ではありません。

12:00 Made Here PDX (⇒ p199)

あなたが無名の本やポストカードをいくつか仕入れようと、Powell'sへ行こうとしていることはお見通しです。もしそうなら、道路を渡って目の前にあるMade Here PDXにも立ち寄ってみるのはどうですか。辛いソース、レザーの財布、バックパックから数種類のジャケットまで、店にあるものは全て地元でつくられています。ここはポートランド版クールなおみやげ屋さん、と考えていただければわかるでしょうか。

13:00 Fisk Gallery (⇒ p121)

ミシシッピ・アヴェニューにあるFisk Galleryは素晴らしいアートギャラリー／レコードショップです。きっとあなたも虜になること間違いありません。保証します。

14:00 Glyph Café and Art Space (⇒ p105)

そろそろ疲れてきた頃でしょう。コーヒーを飲みにGlyphに行くのがおすすめです。あなたのことを羨ましがっている日本の友だちにメールを2、3通送ったり、店内のアートを眺めてみてください。

15:00 Bike Gallery ⑦

できれば言いたくないのですが、足取りがだんだん重くなっていますね。Bike Galleryに向かって、自転車を借

Shop Information

① パレス・ケークス
1401 SW Yamhill ／ (971) 202-6845 ／ 月～土 10:00 ～ 18:00 ／ www.palacecakes.com

② ルア・フォー・ベトナミーズ・フード・カート
902 SW Washington St. ／ (971) 258-2975 ／ 月～土 11:30 ～ 18:00、日 11:30 ～ 16:00 ／ www.ruapdx.com

③ テイラー・ブレード・アンド・コー
7100 NE Martin Luther King Blvd. ／ (971) 271-8364 ／ 営業時間要確認

④ テオテ・レストラン
1615 SE 12th Ave. ／ (971) 888-5281 ／ 日～木 11:00 ～ 22:00、金土 11:00 ～ 23:00 ／ www.teotepdx.com

⑤ ラブクラフト・バー
421 SE Grand Ave. ／ 日～木 20:00 ～翌 2:00、金土 16:00 ～翌 2:00 ／ thelovecraftbar.com

⑥ プラサダ
925 NW Davis St. ／ (503) 224-3923 ／ 月～金 7:30 ～ 20:00、土日 9:00 ～ 20:00 ／ www.prasadcuisine.com

⑦ バイク・ギャラリー
1001 SW 10th Ave. ／ (503) 222-3821 ／ 月～金 9:30 ～ 18:00、土 10:00 ～ 18:00、日 12:00 ～ 17:00 ／ www.bikegallery.com

⑧ ピアッツァ・イタリア
1129 NW Johnson St. ／ (503) 478-0619 ／ 月～日 11:30 ～ 15:00、17:00 ～ 22:30 ／ www.piazzaportland.com

Walk and seek through Portland's favorite neighborhoods!

お気に入りエリアを巡る、放浪の旅！

この街は、隠れた宝物全てが溢れているような街です。あなたのためにとっておきの散策ツアーを提案します！

CASSONDRA PITTZ
Sales Associate at Steven Alan

Steven Alanの店員。ウィスコンシン州出身。ファッション・マーケティングとサステナビリティを学び、撮影のスタイリストや他にもアート、個人プロジェクト、ポートランドにある小さな店のクリエーションを手掛ける。
www.cassondrapittz.com

DAY 1

09:00　Hawthorne Bridge

たくさんのポートランダーたちが自宅をシェアし、付近のエリアを紹介する準備ができています。ここポートランドにあるたくさんのAirbnbには一度泊まることをおすすめします。もしダウンタウンに泊まっているなら、美しいホーソン・ブリッジに足を向けて、ポートランドの南東に渡ってみるのがいいと思います。

09:30　Coava Coffee (⇒ p108)

ポートランドでも髄一のコーヒーで一日を始めるのはどうでしょうか。待っている間は、最高にフレンドリーなバリスタとおしゃべりしたり、Bamboo Revolution ① のシェアスペースを覗いてみるのがおすすめです。

11:00　Really Good Stuff ②

この場所は、全てのものを少しずつカバーしています。本当に、全部。店をかき分けて、その中にある小さな宝物を探してみてください。

12:00　Oui Presse ③

もし、もう一杯コーヒーを飲みたかったり、小腹がすいた時は、ちょっと立ち寄って、ピーナッツバター・アンド・ジェリー・サンドイッチをオーダーしてみてください。置いてあるマガジンコレクションも見逃せません。

13:30　Shopping

House of Vintage (⇒p208)、The Red Light ④。この二つの店は、リサイクル・ヴィンテージものの衣類やグッズを探すのにぴったりのお気に入りの場所です。

15:00　Harlow (⇒ p42)

一通りHawthorneの店を回ったら、ランチが食べたくなりますよね。好きなジュースとボウルをオーダーしたら、午後の冒険に備えて栄養補給もバッチリです。

17:00　SE Division

SE Division streetに向かいながら、近くのエリアをサッと回ってみてください。可愛らしいショップやカフェ、美味しい店で溢れています。The Woodsman Tavern ⑤、Nationale (⇒p120)、Little Otsu (⇒p193)、The Richmond Bar ⑥、Roman Candle ⑦ などがおすすめです。デザートなら、Salt & Straw (⇒p64) がよいと思います。

23:00　Hawthorne Hideaway ⑧

最高の夜を過ごしたい気分ですか？ Hawthorneまで戻って、一番お気に入りのバーに向かいましょう。ぜひCraigという名前の男の人を訪ねてください。

DAY 2

10:30　Olympia Provisions (⇒ p59)

ブラッディマリー、レーザーポテト、チーズ、お肉。何でも頼んでください。がっかりはさせません。(※平日は11:00から、週末は10:00から営業)

11:30　Heart Coffee Roasters (⇒ p105)

いつもミルクと砂糖はなしのブラックで。それが一番好き。

268　48 HOURS IN PORTLAND

11:45 Take a Walk

Burnsideを歩いてみてください。可愛い店やカフェを見逃さないように。

12:00 Palace (⇒ p202)

Heart Coffeeへ寄った後は、ポートランドの女の子たちに人気のなんでも揃う店をチェックしてみてください。

13:00 Una (⇒ p200)

デザイナーたちによる素晴らしいキュレーションを楽しめて、お買い物をするのにもぴったりのスペースです。バーンサイド・ブリッジを歩いて渡り、ポートランドの西端に向かってみましょう。

14:00 West End Select Shop (⇒ p200)

このスポットの良いところを挙げたらキリがありません。素晴らしいスタイルとデザイナーたちに出会うべく赴き、そのホスピタリティと会話がたまらず、帰りたくなくなってしまうくらいです。帰る頃には間違いなく、新しくワードローブに仲間入りするお気に入りの服を手にしていることでしょう。もしかすると新しい友だちまでできているかもしれません。

14:30 Frances May ⑩

歩道で行われているゲリラ撮影に出くわすかもしれないし、占星術について語り合うことになるかもしれません。けれど、全てのうち、どれか一つを欲しがっている自分に必ず気が付くでしょう。着せ替え遊びを心ゆくまで楽しんで。

15:00 Union Way ⑪

屋根付きのショッピングストリートでは、全てのものを少しずつ楽しめます。キャンディや洋服……ほしいものはなんでもそろいます。

16:00 Powell's City of Books (⇒ p218)

レアな本に出会える場所です。

20:00 Stammtisch ⑫

E Burnsideやその近くのエリアなら、美味しい店が多いスポットなので、失敗のしようがありません。Stammtischのカリーヴルストがおすすめです！Navarre⑬もとても美味しい店です。ディナーの後は、隣にあるバー Angel Face (⇒p107) をぜひのぞいてみてください。

Shop Information

① バンブー・レヴォリューション
1300 SE Grand Ave. / (503) 914-6262 / 月～金 9:00～17:00、土 10:00～15:00 / www.bamboorevolution.com

② リアリー・グッド・スタッフ
1322 SE Hawthorne Blvd. / (503) 238-1838 / 月～日 11:00～19:00

③ ウィ・プレス
1740 SE Hawthorne Blvd. / (503) 384-2160 / 月～土 7:00～18:00、日 8:00～17:00 / oui-presse.com

④ ザ・レッド・ライト
3590 SE Hawthorne Blvd. / (503) 963-8888 / 月～木 11:00～20:00、金～土 11:00～21:00、日 12:00～19:00 / redlightclothingexchange.com

⑤ ザ・ウッズマン・タバーン
4537 SE Division St. / (971) 373-8264 / 月～日 17:00～22:00、土日 10:00～14:00 / woodsmantavern.com

⑥ ザ・リッチモンド・バー
3203 SE Division St. / (503) 208-3075 / 日～木 16:00～翌 1:00、金土 16:00～翌 2:00 / therichmondbar.com

⑦ ロマン・キャンドル
3377 SE Division St. / (971) 302-6605 / 月～日 8:30～21:00 / romancandlebaking.com

⑧ ホーソン・ハイドアウェイ
2221 SE Hawthorne Blvd. / (503) 445-4600 / 月～土 15:00～翌 2:30、日 13:00～翌 2:00

⑩ フランシス・メイ
1003 SW Washington St. / (503) 227-3402 / 月～土 11:00～19:00、日 12:00～18:00 / www.francesmay.com

⑪ ユニオン・ウェイ
1022 W Burnside St. / (503) 262-0331 / 月～土 11:00～19:00、日 11:00～18:00 / www.danner.com

⑫ スタムティシュ
401 NE 28th Ave. / (503)206-7983 / 月～金 15:00～翌 2:30、土日 11:00～翌 2:30 / www.stammtischpdx.com

⑬ ナヴァー
10 NE 28th St. / (503) 232-3555 / 月～木 16:30～22:30、金 16:30～23:30、土 9:30～23:30、日 9:30～22:30 / navarreportland.blogspot.jp

48 HOURS in PORTLAND

People to see and art, food and natural areas to visit for inspiration over a weekend in Portland.

アートと食と自然を通してインスピレーションを得る、ポートランドでの週末

この落ち着いた環境のおかげで僕がキャリアとプライベート、友だちとの時間を健康的にバランスをとることができてるんだってわかった。

JOHNNY LE
Filmmaker and Photographer
ポートランド出身・在住の映像作家、フォトグラファー、クリエイター。

DAY1

07:30　Tryon Creek State Natural Area ①

ダウンタウンから15分くらいのTryon Creek State Natural Areaは一日をスタートするのにぴったりの美しい場所。この州立公園には色んなトレイルがあって、サイクリング、ハイキング、乗馬でも楽しめる。僕はよく友だちとLewis and Clark Trailでトレイルランニングするよ。

09:00　Byways ②

パールディストリクトで一番のコンフォートフードとデザートの店、Byways Cafeに行こう。搾りたてのフレッシュジュースで始めて、Redwood Omeletという、ほうれん草とベーコン、ティラムックチェダーチーズとトマトが入ったオムレツをオーダーしよう。

11:00　Rich's ③

ウエストエンドにあるRich'sは葉巻や海外の出版物が充実した隠れた名店。インスピレーションを得るためによく行くよ。雑誌はよくL'Officiel Homme、Monocle、Purple Magazine、Wiredなんかを買うね。

12:00　Satay Indonesia ④

Rich'sから道を挟んだ向かい側にあるインドネシアのフードカートに寄って、グラスフェド(牧草で育った)ビーフのサテープレートを。カートでも座って食べられるし、北に歩いてO'Bryant Square ⑤で食べてもいい。

13:00　Lumber Room ⑥

パールディストリクトに戻る。ギャラリーLumber RoomはSarah Miller Meigsというプライベートコレクターが経営。階段で2階に上がると、暖かな雰囲気のロフトスペースが迎えてくれる。時折りSarahが彼女の私蔵コレクションを展示している。

14:00　Table of Contents (⇒ p207)

今度はチャイナタウンへ。レアな本や海外の刊行物、デザインが素晴らしいグッズやデザイナー物の服が充実。スタジオも運営している。共同オーナーのJoe Magliaroに聞けばショップの活動についていろいろ教えてくれる。

15:30　Publication Studio (⇒ p187)

Broadway St.脇の路地裏へ。本づくりに情熱を注ぐ二人の女性、Patricia NoとAntonia Pinterが営むインディーズの印刷屋さん。ここの特徴的な製本スタイルは、本文ページはデジタルやリソーのプリンター出力で、そしてカバーにはオフィスでよく使われる一般のマニラフォルダーを使用すること。海外やローカルのアーティストやライター、デザイナーによる飛びきりクールな本やzineを手づくりしているよ。

15:30　Fausse Piste ⑦

Inner SEエリアの元倉庫跡地へ。Jesse Skilesはブドウ畑、地域、気候に忠実なワインをつくることに情熱を注ぎ、品質に一切の妥協を許さないワインメーカー。彼のワインメイキングのセンスとアートへの愛がボトルに表れている。ワインテイスティングをお願いすれば一本一本のラベルの由来を教えてくれるよ。僕のお気に入りは"L'ortolan // roussanne // 2012"。

17:00　Cal's Pharmacy (⇒ p243)

イーストバーンサイドへ。スケートボードに関する全てが揃うワンストップショップ。僕はここに通いながら育って、スケートの全てをKyle Reynoldsに教わったよ。Kyleはスケートボードの本質的価値をローカルやビジターのスケーターに伝えることに並々ならぬ情熱を注いでいる。仲良くなればこのショップが薬屋さんから始まった話なんか

17:00　The Good Mod (⇒ p178)

創業者のSpencer Stanleyはマッドサイエンティストでもあり、テニスプレイヤー、スケートボーダー、たまにトレイルランナーでもある。屋根裏にはアーティストのスタジオも。

19:00　Pho Le ⑪

ここのベトナムフォーは本当に最高。たまたま僕の家族のレストランでもある。"Chả Giò" and "Phở Đặc Biệt"を注文してね。僕の両親のThuong, Vanと兄弟Jimmyによろしく伝えて。僕から聞いた、と言ってね。

21:00　Expatriate (⇒ p107)

東南アジア風のインテリアにイケてるレコードのDJサウンドシステム。オーダーすべきはHot and Sour Indian Spiced Fries, Crispy Brussels Sprouts, and Korean Fried Game Henと After A Fashion drink。店のKyle Linden Websterにもよろしく伝えてね！

を聞かせてもらえるよ。

18:30　DIY Skate Setup

スケートショップから数ブロック上がって、DIY Skate Setupに。スケートする時間があれば、ここには4インチミニと1フィートミニのランプがあるからいつでも滑れるよ！

18:30　Daruma ⑧

NEへドライブ。Yuki Yamadaさんのこのレストランではポートランドでも最高の寿司が食べられる。銀座のお寿司屋さんを思い出す味だよ。

DAY2

11:30　An Xuyen Bakery ⑨

SEポートランドで、ベトナムポークソーセージバゲット、パテ・ショーとアイスコーヒーで一日を始めよう。

12:30　Nong's Khao Man Gai (⇒ p75)

バゲットの後には、ポートランドに来たなら必ず行っておきたいNong's Khao Man Gai。チキンライスとタイアイスクリームフロートをオーダーして。シェフのNongに会ったら僕に紹介されたって伝えて、あと特製カオマンガイソースを買うといいよ。

14:00　Galleries

S1⑩、Yale Union (⇒ p122)、Fisk (⇒ p121)、Fourteen30 (⇒ p126)。それぞれのキュレーターが非常に独特なテイストを持っていて、面白い海外や国内のアーティストをポートランドに連れて来ている。

Shop Information

① トライオン・クリーク・ステート・ナチュラル・エリア
11321 SW Terwilliger Blvd. / (503) 636-4398 ／ 月～日 9:00～16:00 / oregonstateparks.org

② バイウェイズ
1212 NW Glisan St. / (503) 221-0011 ／ 月～金 7:00～15:00、土日 7:30～14:00 / www.bywayscafe.com

③ リッチズ
820 SW Alder St. / (503) 228-1700 /月～金 8:00～19:00、土 9:00～18:00、日 10:00～17:00 / www.richscigarstore.com

④ サテ・インドネシア
901-917 SW Alder St. / (503)459-6477 ／ 月～土 11:00～20:00、日 12:00～20:00

⑤ オブライアント・スクエア
SW Park Ave. & Washington St. ／ 月～日 5:00～21:00

⑥ ランバー・ルーム
419 NW 9th Ave. / www.lumberroom.com

⑦ フォース・ピスト
537 SE Ash St. #102 / (503) 758-9731 ／ 土 12:00～16:00 (予約制) / www.faussepiste.com

⑧ ダルマ
3520 NE 42nd Ave. / (971) 279-2759 ／ 火～土 17:00～22:00 / www.darumapdx.com

⑨ スエン・ベーカリー
5345 SE Foster Rd. / (503) 788-0266 ／ 火～土 7:00～18:00、日 7:00～15:00 / www.anxyuenbakery.com

⑩ エス・ワン
4148 NE Hancock St. / s1portland.com

⑪ フォー・レ
2100 SE 164th Ave. / (360) 892-8484 ／ 月～木 11:00～20:30、金土 11:00～21:00、日 11:00～20:00 / pho-le.com

For the Love of Music
音楽への愛のために

ポートランドは音楽で回っている！ ローカルのアーティストとミュージシャンが街のカルチャーシーンをすごく盛り上げていて、街の文化の核を形成しているの。

ASHLEY VAUGHAN

Buyer, Lead Merchandizer and Manager of Tender Loving Empire

Tender Loving Empireのバイヤー、リードマーチャンダイザー、マネージャー。北フロリダの沼地とコロラドロッキー山脈の間で育ったけれど、ポートランドを故郷と呼んでいます。

DAY 1

08:00　Ace Hotel Portland (⇒ p248)

目覚めたら、レコードをかけながら支度しましょう。今日は大切な1日になるわよ！

09:00　Stumptown Coffee (⇒ p108)

Ace隣接のStumptownでコーヒーと朝ごはんをゲット。窓が大きいから街ゆく人を観察するには最高。あるいはホテルのロビーに戻っても。コーヒーと朝ごはんはロビーに持ち込みOKだから、座り心地のいい大きなカウチで食べるのもいい。ドアを出る時にフォトブースでポートレートを撮りましょう。

10:00　Know Your City Walking DIY PDX Tour ①

Know Your Cityはすごく面白いポートランド2時間ツアーを提供しているの。DIY PDXツアーではポートランドで生まれるインディーズ音楽や文芸シーンに触れることができるから、ポートランドの本物のグラスルーツカルチャーを垣間見れるわ。

12:00　Powell's Books (⇒ p218)

Powell's Booksは必見ね。音楽関連の新刊、古本のセレクションが素晴らしく、その他想像できる全てのものが揃うわ。ぶらぶら見て少し時間を過ごしたら、川を渡ってチャーミングなサウスイーストに向かいましょう。

12:00　Spielman Bagels and Coffee Roasters (⇒ p74)

Division St. のSpielman Bagels and Coffee Roastersでランチを。街で一番美味しいベーグルがあるし、ここのヘッドシェフ兼チーフロースターはローカルのバンドThe Woolen MenのRaf Spielmanなの。ここのサウンドラックはRafのイカしたカセットコレクションなの。彼はポートランドのテープレーベル、Eggy Recordsの創立者でもあるから、いつも素敵なのがかかってるのよ。お気に入りを見つけたらメモして！

14:00　Clinton St Record and Stereo (⇒ p136)

Clinton St. まで数ブロック歩いてレコードショッピング。ヴィンテージのステレオまわりのグッズも要チェックね！

15:00　TLE Hawthorne (⇒ 140)

Hawthorne Blvd. のTender Loving Empireに向かおう。これはローカルのレコードレーベルの名前でもあり、店の名前にもなってるわ。ローカルミュージックのヤバいコレクションに、すごいレコードとデジタルの視聴コーナー、そして街の手づくりグッズのセレクションもピカイチ。インストアイベントもよく開催されているから、最近の予定を聞くことも忘れないで。

16:00　House of Vintage (⇒ p208)

またちょっと歩いて、House of Vintageでヴィンテージのショッピング！ 洋服に家具、古い音楽器材からレコードまで何でもある。絶対に何か持って帰りたいものが見つかるわ。保証する。

17:00　Revival Drum Shop (⇒ p209)

次はRevival Drum Shopに。ヴィンテージやカスタムのドラムを見たり、ポートランドで一番詳しいドラムエキスパートたちとおしゃべりするのに最高の場所。

17:00　Laurelhurst Park ②

美しい公園、Laurelhurst Parkは寝転がって音楽を聴くのにもってこい。今日見つけたお気に入りの音楽を流してくつろぎましょう。今日一日よく頑張ったもの！

きはBrian's Bowl、そして昼間からザクロのマルガリータ！

15:00　Mississippi Ave.

Mississippi Ave. で数時間ショッピングして過ごしましょ。Beacon Sound (⇒p134) には必ず行ってね、枚数は多くないけれど独自のセンスで厳選されたビニールのセレクションが充実してるわ。ライブも定期的にやってる。

17:00　Lowell (⇒ p198)

ギャラリー、ミュージアム兼ショップのLowellは街でも最も美しいショップの一つ。ここではヴィンテージの家庭用品やテキスタイル、ジュエリー、定期的に変わるアートショー、そしてzineやカセットテープなんかにも出会えるわ。

18:00　The Bluffs

The Bluffsで夕日を見れば本物のローカル気分になれることうけあい。毛布とおやつを持って行って、眺めを楽しんで。

19:00　Doug Fir Lounge (⇒ p138)

ここはポートランドでも最も愛されるライブハウスの一つで、素敵なレストランとバーもあるの。夕食を食べながらライブスケジュールをチェック。ポートランドで「おしゃこするのに最も良い場所」の一つに選ばれたんだって。

20:00　Mississippi Studios (⇒ p137)

ポートランドの歴史的エリアMississippi Neighborhoodにあるこじんまりしたライブハウス、Mississippi Studiosでライブを観よう。ここは設立も所有も運営もすべてミュージシャンによるもので、ミュージシャンによるミュージシャンのためのハコってところ。

23:00　Karaoke

夜の締めはAlibi Tiki Lounge③かBaby Ketten Karaoke④のカラオケで好きな歌を歌おう！ Alibiはカラオケにハワイアンメニューとカラフルなドリンクが毎晩午前2時まで楽しめる。Baby Kettenはよりレアなインディーズの曲が揃ってるけど、営業日と場所はローテーションで変わるわ。

DAY2

09:00　Broadway Bridge

起きたらブロードウェイ・ブリッジを渡り、ダウンタウンからノースに入ろう。

10:00　Sweedeedee (⇒ p38)

街でブランチが一番美味しい店で一日をスタート。メニューのどれもが美味しくて、スタッフも感じが良く、いつもいい音楽をかけて素敵なムードを演出してるわ。

12:00　Mississippi Records (⇒ p132)

次はお隣でレコードのセレクションを。新しいものもレアな中古も安く手に入るの。ここのインハウスレーベルは世界中の珍しいタイトルをリリースしてるわ。スタッフは知識豊富でフレンドリー。現金オンリーだから気をつけて。

13:00　PMoMA (⇒ p123)

Portland Museum of Modern Art、略してPMoMAはMississippi Studiosのビルの地下にある小さなギャラリー。よそでは見られないような、バラエティ豊かなコンテンポラリーアートのショーが見られるわ。

14:00　¿Por Qué No? (⇒ p63)

ランチはMississippi Ave. の¿Por Qué No?で。ゲットすべ

Shop Information

① ノウ・ユア・シティ
800 NW 6th Ave. #331 / (971) 717-7307 / www.knowyourcity.org/tours/

② ローレルハースト・パーク
SE Cesar E Chavez Blvd. & Stark St / (503) 823-2525 / 月〜日 5:00 〜 22:30

③ アリバイ・ティキ・ラウンジ
4024 N Interstate Ave. / (503) 287-5335 / 月〜日 11:00 〜翌 4:00 / www.alibiportland.com

④ ベイビー・ケテン・カラオケ
babyketten.com

48 HOURS in PORTLAND

Eat Your Way Around Portland!
Tips for seeing and eating the best parts of Portland.

食べ歩きで巡るポートランド！
見て、食べて、最高のポートランドを
味わうためのティップス

JENNA CHEN

Collective Manager, Marketing & Membership Manager of People's Food Co-op

1970年創業のナチュラル・フードの食料品店People's Food Co-opのマーケティング＆会員マネージャー。コープや会員メンバー、外部をつなぐコミュニケーションリンクのような役割をしている。共同管理者としても、30人の運営者たちとともにストアの運営を行う。

DAY 1

09:00　Breakfast

まだ朝食を終えていなければ、Tabor Bread (⇒ p74) のブレック・ファストとAlbina Press (⇒ p108) のコーヒーで一日を始めるのがいいでしょう。この二つの店は、道路を挟んでちょうど真向かいにあります。Tabor Breadでは、地元で獲れた穀物を社内で製粉しています。美味しくて消化にいいライ麦やサワー、全粒粉などのさまざまな種類のパンは、酵母を使用してつくられています。

09:00　People's Food Co-op (⇒ p70)

朝ごはんとコーヒータイムを終えたら、少しの距離をバスに乗るか、ホーソンの近くまで歩いていき、ローカル・ショッピングを楽しみましょう。他にもどこか遊べる場所を探していますか？最近、新しいショップやレストラン、バーで賑やかな中心地へと様変わりしたディヴィジョン・ストリートまで歩きましょう。そのエリアにいる間に、People's Food Co-opへ立ち寄りましょう。街で一番古い食品生協で、初めて玉石やその他の自然素材を使用した商業施設です。

12:00　The Portland Mercado ①

ショッピングのあとは、バスに乗ってThe Portland Mercadoへランチに出かけましょう（ルート選びはTrimet.orgを参照）。2015年春にオープンしたばかり、ポートランド初のラティーノ・マーケットです。小さなビジネスを始めたり、成長させたりする人にぴったりの小売スペースを手頃な価格で提供していて、ポートランドのラティーノ・カルチャーのハブにもなっている。ここで、本物のラティーノ料理をトライしてみて。

13:00　Learning Gardens Laboratory ②

次は、ポートランド州立大学のLearning Gardens Laboratoryプログラムを受けてみるのもいいかもしれません。中学生向けに、食べものや農園、サステイナビリティについて教えている食育菜園。バスでも行きやすい場所にあります。土地の一部をアーバン・ファーマーたちとシェアしており、the Oregon Statue Master Gardeners Programによる実践型ガーデンもあります。ツアーのほうがよければ、直接連絡して予約するのがいいでしょう。

13:00　Mt. Tabor ③

少し休憩したければ、バスに乗ってBed & Breakfastに戻るかMt. Taborに向かいましょう。SEポートランドにある美しい公園で、活発な火山や素晴らしい街の景色、夕焼けを望むことができます。

18:00　Farm Cafe ④

ディナーは、獲れたてのお野菜をそのまま味わえるFarm Cafe（予約必至）へ。そのあとはDoug Fir Lounge (⇒ p138) に音楽を聴きにいくのもいいかも。

DAY 2

09:00　Farmers Market (⇒ p72)

地元のファーマーズ・マーケットで一日を始めましょう。マーケットは街のそこら中にあって、週に何日も開催しています。愛する食材を育て、つくり、売っている人たちに出会って話す絶好の機会です。ここで朝ごはんとコーヒーをゲットして、腰を下ろして活気溢れるマーケットのエネルギーを取り込みましょう。

11:00 Take a Walk

ファーマーズ・マーケットでおやつをゲットして、the International Rose Test Garden（バラのシーズンは4月～10月）まで公共交通機関を使って向かいましょう。その後はPortland Japanese Garden（⇒p27）（入場料$9.50）まで歩きます。

14:00 Shopping

高級なお買い物をしたいなら、NW 23rd Districtがおすすめです。何か食べものがほしい気分ですか？それともドリンクを飲みながらほっと一息つきたい気分？このエリアにはKen's Artisan Bakery（⇒p74）やPapa Haydn ⑤、Paley's Place ⑥など、素敵な店が数多くあるので選び放題です。

16:00 Portland Art Museum（⇒ p116）

街の西側にいる間に、バスか路面電車に乗って、Portland Art Museumに行きます。街のthe Park Blocksにある美しいビルで、きれいな木々に囲まれています。ここでゆっくりと落ち着きある時間を過ごして、アートに心奪われてみてはいかがですか。

18:00 Little Bird Bistro（⇒ p62）

美味しいフレンチ・アメリカン料理を楽しめるThe Little Bird Bistroでディナーにしましょう。今までに食べたことのない味覚を味わうことができます。

20:00 Jimmy Maks ⑦

ジャズの生演奏とカクテル、デザートならJimmy Maksへ。タクシーをつかまえて宿へと戻りましょう。

Shop Information

① ザ・ポートランド・メルカード
7238 SE Foster Rd. / 月～日 9:00 ～ 21:00
www.portlandmercado.com

② ラーニング・ガーデンズ・ラボラトリー
6801 SE 60th Ave. / 月～金 9:00 ～ 17:00 / www.pdx.edu

③ マウント・テイバー
SE 69th Ave. and Yarnhill St.

④ ファーム・カフェ
10 SE 7th Ave. / (503) 736-3276 / 日 ～ 木 17:00 ～ 23:00、金土 17:00 ～ 23:30 / www.thefarmcafe.com

⑤ パパ・ハイドン
701 NW 23rd Ave. / (503) 228-7317 / 月 ～ 木 11:30 ～ 22:00、金土 11:30 ～ 0:00、日 10:00 ～ 22:00 / www.papahaydn.com

⑥ パリーズ・プレイス
1204 NW 21st Ave. / (503) 243-2403 / 月～木 17:30 ～ 22:00、金土 17:00 ～ 23:00、日 17:00 ～ 22:00 / www.paleysplace.net

⑦ ジミー・マクス
221 NW 10th Ave. / (503) 295-6542 / 月～木 17:00 ～ 0:00、金土 17:00 ～翌 1:00 / www.jimmymaks.com

48HOURS in PORTLAND

Art, Books & Wilderness

アート、本、そして大自然

ポートランドは多様な自然環境に囲まれた街なので、大自然の中に素晴らしい本を持っていけば心が豊かになるバケーションになり、この街と人々にコンテキストがもたらされるでしょう。

BLAIR SAXON-HILL & JOHN BRODIE

Artists and Co-owners of Monograph Bookwerks

Blair Saxon-Hill オレゴン州出身アーティスト、Monograph Bookwerks共同オーナー。写真の余白空間に立体的なコラージュを用いた手法で、認知の概念および存在の物質性を観察する。

John Brodie ポートランド生まれのアーティスト、Monograph Bookwerks共同オーナー。アートセンターDisjectaのPDX2010: A Biennial of Contemporary Artのフィーチャーアーティストの一人に選ばれる。

Isao Nishiyama

Isao Nishiyama

DAY 1

09:00 Sweedeedee (⇒ p38)

午前9時に起きたらSweedeedeeに直行して、本物のポートランドカルチャーの刺激を受けて。朝食の後は、お隣のMississippi Records (⇒p133) へ。レコードに興味がなくてもここは面白いわ。下の階にはPortland Museum of Modern Art (⇒p123) があって、いつも素晴らしいアートの展覧会を行っている。

12:00 Salvage Works ①

大きな再利用木材専門店で、カスタムメイド家具やヴィンテージオブジェも売っているわ。工房にいるBenjamin Alexander Clarkによろしく伝えてね。彼は優れた木工職人で、同時に才能溢れるアーティスト、画家でもあるの。

13:00 Carl & Sloan Contemporary ②

そこから少し道を下ったところにアーティストによる新しいギャラリー、Carl & Sloan Contemporaryがあるわ。新人や中堅のアーティストをフィーチャーしているの。隣はDisjecta Contemporary Art Center (⇒p123)。大きな展示スペースでは、イベントが盛んに催されている。

14:30 Nong's Khao Man Gai (⇒ p75)

ただの鶏肉ごはんじゃないのよ。つくり手の愛情がこもった逸品で、店のオリジナルの素晴らしいソースがさらに美味しさを引き立てるの。ソースはボトル入りも売っているわ。(このエリアの他のおすすめ：Canteen (⇒p75)、Robo Taco ③、Sheridan Fruit Company ④ (テイクアウト)、La Merde Lounge ⑤)

15:30 Book Store

事前予約をして、二つの書店、Division Leap (⇒p228) とPassages Bookshop (⇒p224) へ。アヴァンギャルドアーティスト、政治やカウンターカルチャー、ポエトリーに関するレアな本や印刷物に特化している名店。

15:30 Mother Foucault's Book (⇒ p228)

さらに数ブロックのところにはまた一つポートランドのアイコン的な書店で、最近店舗拡張したMother Foucault'sが。店の理念を反映してウェブサイトは設けておらず、店頭ではキャッシュオンリー、スマホやガジェットの類はポケットに入れておいたほうがいいわ。

19:00 Music and Art

ミュージックとアートのゾーンに。Yale Union (⇒p122)、Holocene (⇒p137)、Revolution Hall ⑥、Bunk Bar、そしてDoug Fir Lounge (⇒p138) のスケジュールをチェック。お腹がすいたらLuce (⇒p76)、Navarre ⑦、Paadee ⑧などのレストラン、あるいはフードカートのWolf & Bears ⑨へ (そのすぐそばにはバスを使ったビールカート、Captured by Porches ⑩が)。

DAY 2

08:00 Woodlawn Coffee & Pastry ⑪

コーヒーと自家製の美味しいペストリーを。ローカルとおしゃべりしてリラックスしたら、数ブロック歩いてP's & Q's Market ⑫へ。このチャーミングなマーケット&デリで、今日の大自然ミニアドベンチャーのためのランチとおやつを買っていきましょう。

09:00 Bagby Hot Springs ⑬

車でBagby Hot Springsへ (お供してくれる新しいポートランドの友だちができてるといいわね！)。オレゴンの

Shop Information

① サルベージ・ワークス
2024 N Argyle St. / (503) 899-0052 / 月〜土 9:00〜18:00、日 11:00〜16:00 / www.salvageworkspdx.com

② カール・アンド・スローン・コンテンポラリー
8371 N Interstate Ave. / (360) 608-9746 / 土日 12:00〜17:00（営業時間要確認）/ www.carlsloan.com

③ ロボ・タコ
607 SE Morrison St. / (503) 232-3707 / 日〜木 11:00〜翌1:00、金土 11:00〜翌3:30 / www.robotacopdx.com

④ シェリダン・フルーツ・カンパニー
408 SE 3rd St. / (503) 236-2114 / 月〜土 6:00〜20:00、日 6:00〜18:00 / www.sheridanfruit.com

⑤ ラ・メルド・ラウンジ
301 SE Morrison St. / (971) 271-8923 / 月〜日 16:00〜翌1:30 / www.montageportland.com/la-merde

⑥ レボリューション・ホール
1300 SE Stark St. / (503) 288-3895 / 月〜日 17:00〜翌1:00 / www.revolutionhallpdx.com

⑦ ナヴァー
10 NE 28th St. / (503) 232-3555 / 月〜木 16:30〜22:30、金 16:30〜23:30、土 9:30〜23:30、日 9:30〜22:30 / www.navarreportland.com

⑧ パーディー
6 SE 28th Ave. / (503) 360-1453 / 月〜日 11:30〜15:00、17:00〜22:00 / paadeepdx.com

⑨ ウルフ・アンド・ベアーズ
SW 10th Between ALDER & WASHINGTON / (503) 810-0671 / 月〜日 11:00〜16:00 / www.eatwolfandbears.com

⑩ キャプチャード・バイ・ポーチェス
28th and SE Ankeny St. / (509) 954-2136 / 木〜日 12:00〜21:00 / www.capturedbyporches.com

⑪ ウッドローン・コーヒー・アンド・ペストリー
808 NE Dekum St. / (503) 954-2412 / 月〜日 6:30〜18:30 / www.woodlawncoffee.com

⑫ ピーズ・アンド・キューズ・マーケット
1301 NE Dekum St. / (503) 894-8979 / 月〜金 11:00〜21:00、土日 9:00〜21:00 / www.psandqsmarket.com

⑬ バグビー・ホット・スプリングス
Estacada, OR / (503) 860-4705 / www.bagbyhotsprings.org

⑭ ケラー・ファウンテン・パーク
SW 3rd Ave. & Clay St. / 月〜日 5:00〜21:00

⑮ ピーエスユー・ボーリング・アレー
1825 SW Broadway / (503) 725-4529 / 月〜土 12:00〜22:00、日 予約のみ / www.pdx.edu/gameroom/bowling

⑯ スカイライン・タバーン・プロジェクト
8031 NW Skyline Blvd. / (503) 286-4788 / 月〜日 12:00〜0:00

美しい大自然の中の温泉は必見。2時間半ドライブしたら、トレイルで45分ほどハイキング。その後、掛け流しの天然の温泉に浸かれるわ、入湯料たったの5ドルで。何だか壮大なトレッキングプランみたいに聞こえるかもしれないけれど、時間をかけるだけの価値があるから、絶対！

16:00　People's Food Co-op (⇒ p70)

リフレッシュしたところで、ポートランドに戻ってオーガニックのおやつやジュースはいかが？　街で一番のco-op（協同組合）スーパーへ。水曜日ならラッキーね、オール・オーガニックのファーマーズ・マーケットをやっているはず。

17:00　Keller Fountain Park ⑭

街に戻ったら、ランドスケープデザイナーLawrence Halprinが設計した公園や噴水を見に行こう。SW 3rd & Clayにある噴水Keller Fountainからスタートして、北に歩くと彼の設計による公園がいくつかあるので歩いてみよう。有名なのはKeller（別名Forecourt）Fountain Park、少し隠れた存在なのはPettygrove Park、そしてLovejoy Fountain Parkがあるわ。

19:00　PSU Bowling Alley ⑮

ボーリング！PSU Bowling Alleyは隠れた穴場で、SWポートランドのサウス・パーク・ブロックスにあるポートランド州立大学キャンパス地下の、古き良きスタイルのボウリング場。6レーンしかない人ぞ知る場所で、学生や通の人に密かに人気の気楽に楽しめるスポットよ。

22:00　Skyline Tavern Project ⑯

まだ車があれば、Skyline Tavern Projectに。丘の上に建つこの古めかしいバーは素晴らしい眺めが有名で、最近経営者が変わり、これからポートランドの新名所になるような気がします。街も自然も少しずつ味わえる。

My Usual Routine
僕の普段のルーティーン

健康的でバランスの取れたライフスタイルや、ローカルやインディペンデントなビジネスにサポーティブなこと、そしてユニークな職人技の工芸により世界的にも有名になったこと。主にこれらが僕がポートランドに住む理由だ。今度あなたが来る時のために、僕のリコメンドを紹介するよ。

ARTHUR HITCHCOCK
Visual Director at The Good Mod / Freelance Photographer
The Good Modのビジュアルディレクター、フリーランスフォトグラファー。

DAY 1

09:00　Pip's Original ①

旅のスクラップブックづくりのための撮影機材をまとめたら、Pip's Originalに出かけて揚げたてのミニドーナツと美味しいチャイティーを。メニューのほとんどがおすすめできるけど、初めてならヌテラ＆シーソルトドーナツに、ハートオブゴールドのチャイがいいと思う。ものすごく混むことがあるから。それくらい美味しいんだ！

11:00　The Good Mod (⇒ p178)

朝食の後はThe Good Modに向かい、ショールームとワークショップのツアーに参加しよう。The Good Modはクラシックミッドセンチュリーやデンマークモダンの家具やアートの豊富なセレクションと、カスタムデザインや組立サービスを提供している。最近はダウンタウンにある、Airbnbのポートランド CX Hubと呼ばれるユニークなオフィスの設計に、共同デザインというかたちで携わったんだ。入口はダウンタウンの喧騒を避けるようにWest Burnside St.側にあって、4階に行けばデザインの冒険があなたを待ち受けているよ。ショールームは古い倉庫みたいな空間で、いつも美しい光が溢れている。たくさん写真を撮ってね！

12:00　Grassa ②

The Good Modからたった1ブロック離れたところに僕のお気に入りランチスポット、Grassaがある。朝打ちたての、ローカルでオーガニックの美味しいパスタが食べられる。軽めのメニューもがっつりメニューもあって、僕は軽めを選ぶことが多い。スパゲッティ・アーリオオーリオが僕の定番。ちなみにGrassaは前払いだから、忙しく過ごすポートランドでの貴重な一日には便利。

13:00　Sauvie Island ③

車があれば、美しいポートランドの大自然を探検しに行こう。僕のお気に入りのローカルエスケープはSauvie Island、Highway 30を上がってすぐの、川に囲まれた島で、咲き乱れる花やローカル農園、そしてビーチもいくつか。のんびりドライブを楽しむ途中どこかの時点で、次の目的地となるDOC Restaurantにディナーの予約の電話を入れよう。混み合うからね。

18:00　DOC Restaurant ④

NEポートランドにあるDOC Restaurantではディナーは二つの時間帯から選べるんだけど、忙しく回った一日の後だから、早いほうの6時の回がいい。メニューはプリフィクス、6品以上から構成されるおまかせコースを楽しもう。毎週メニューが変わるから、来るたび確実に新しい料理が味わえる。料理に合うワインを出してくれるワインペアリングは必ず頼んで！

22:00　Expatriate (⇒ p107)

DOCから道を渡ってすぐのところにあるのはローカルお気に入りのバー、Expatriate。雰囲気が最高で、キャンドルが灯ったカウンターは夜ドリンクを傾けるのに最適。音楽もいつもセンスが良く、バーテンダーは鮮やかな手つきでカクテルをつくるフレア・バーテンディングの芸やDJの技を見せてくれる。

DAY 2

09:00　Miss Delta ⑤

ノースポートランドのMississippi Avenueで何が起きているかチェックしよう。ローカルの店が並ぶこの通りは、Miss Deltaで朝食を済ませてからショッピングするのが

15:30 **Bailey's Taproom** (⇒ p109)

コンテンポラリーフォトを楽しんだら、Burnside St.を渡ってBailey's Taproomにローカル・ビールを飲みに行こう。迷ってしまうほど豊富な種類の中からまずは一つ選んで、忙しい午後にリラックスを。

17:00 **Departure PDX** (⇒ p76)

街でもトップクラスのシェフによる素晴らしいアジア料理のレストラン、Departure PDXでディナーを。最上階にあり、バルコニーからのダウンタウンの眺めが最高なので必ずチェック。シェフのグレゴリーによる独創的な寿司と、バー特製のワイルドでグローバルなカクテルをオーダーして、これから最後の夜を堪能する準備を。

22:00 **Kask** ⑧

最後の夜はダウンタウンにある僕の行きつけのカクテルバー、Kaskでスタイリッシュにキメよう。スタートはボウモアのスコッチで、そしてドクターズ・オーダーでフィニッシュ。仄かなローライトに照らされる、パシフィックノースウエスト・スタイルのインテリア。バーカウンターやテーブルトップは樹齢100年以上のローカルの堅木。この静かなカクテルバーで落ち着いた夜を過ごそう。

いい。Miss Deltaではアメリカ南部風の朝ごはんとランチが食べられる。プラリネバターワッフルとフライドチキン、両方食べられる自信があればぜひチャレンジして。

11:00 **Mississippi Avenue**

Mississippi Avenueを下って、Flutter ⑥(女性の服とアンティーク)、Paxton Gate(⇒p209)(剥製とサイエンスグッズ)、Land ⑦ (スクリーンプリントと文房具)、Pistil's Nursery(⇒p205)(園芸関連)などのローカルショップを見て回ろう。Paxton Gateは素晴らしくヘンテコで面白い店で、ローカルメイドの美しいジュエリーやエキゾチックな剥製作品がそろっている。Pistil'sは美しい園芸店で、自然の力でリフレッシュできてインスピレーションが得られるんだ。

13:00 **Nong's Khao Man Gai** (⇒ p75)

ダウンタウンに戻って10thとAlderの角のフードカートポッドに行こう。ここはダウンタウンでもかなり賑わっている一角。僕と友だちは、ほぼ毎日僕らの友だちのNongのカートに行っているね。Nong's Kao Man Ghaiはカオマンガイという、タイの鶏肉ごはん&スープの専門店なんだ。間違いないチョイスだよ!行ったらよろしく伝えてね!

14:00 **Publication Studio** (⇒ p187)

Publication Studioに立ち寄ってこのちいさな印刷屋さんの新しい作品をチェックしよう。サービスも製品の質も素晴らしいんだ。あなたのポートランドでの思い出を小さな本にしてみたい、なんてアイデアを相談してみるといいよ。

14:30 **Blue Sky** (⇒ p126)

そこからほど近くに僕のお気に入りのギャラリー、Blue Skyがある。コンテンポラリー・アーティストによる美しい写真作品を眺めよう。"Drawers"っていうローカル作品コレクションの作品があるから、忘れずにチェックしてみて。

Shop Information

① ピップス・オリジナル
4759 NE Fremont St. / (503) 206-8692 / 月〜日 8:00〜16:00 / www.facebook.com/PipsOriginal

② グラッサ
1205 SW Washington St. / (503) 241-1133 / 月〜日 11:00〜22:00 / grassapdx.com

③ ソーヴィー・アイランド
15000 NW Sauvie Island Rd.

④ ドック・レストラン
5519 NE 30th Ave. / (503) 946-8592 / 火〜土 18:00〜23:00 / www.docpdx.com

⑤ ミス・デルタ
3950 N Mississippi Ave. / (503) 287-7629 / 日〜木 10:00〜22:00、金土 10:00〜23:00 / www.missdeltapdx.net

⑥ フラッター
3948 N Mississippi Ave. / (503) 288-1649 / 日〜木 11:00〜18:00、金 11:00〜19:00、土 10:00〜19:00 / flutterclutter.com

⑦ ランド
3925 N Mississippi Ave. / (503) 451-0689 / 月〜日 10:00〜18:00 / landpdx.com

⑨ カスク
527 SW 12th Ave. / (503) 241-7163 / 月〜土 17:00〜24:00 / grunerpdx.com/kask/

Casual and mostly kids friendly
カジュアルでキッズフレンドリー

私たちの娘は 18 ヶ月なのでお散歩や公園、カジュアルなレストランなどに行くことが多いわ。彼女を連れての旅行はまだ未経験だけれど、よそに行っても同じような過ごし方をするでしょう。

MAY BARRUEL
Owner / Director at Nationale

SEポートランドのアートギャラリー&ショップ、Nationaleオーナー兼ディレクター。ポートランドの新興アーティストをフィーチャーし、展示やパフォーマンス、厳選されたグッズセレクションを通じてアートプロモーションに注力。フランス出身、ポートランドには2000年に移住。ボーイフレンドのTyと娘のLouと共にSEに暮らす。

DAY1

10:00　Little T American Baker (⇒ p74)

Ladd's Additionを通ってバラを眺めつつ歩き、Little T American Bakerの朝ごはんを食べに。私はフランス出身だから美味しいクロワッサンには目がなくて、ここのものがお気に入り。ここの朝のサンドイッチも大好き、エッグ・チーズ・ベーコンの全粒粉クロワッサンサンドやブリオッシュのクロックマダムとか、文句なしに行きつけの店。

11:00　Crystal Springs Rhododendron Garden

10番のバスに乗ってCrystal Springs Rhododendron Gardenへ。冬期および通年月・火曜は無料、その他は4ドルだけれど、こんなに美しい場所なのに安すぎるくらい。

13:00　Nationale (⇒ p120)

Division St.に戻る。私たちはよく通りを上ってNationaleの様子を見たり、ご近所さんに会いに行ったりするわ。楽しいショッピングは、ギフトならHouse of Commons①、靴ならAdorn②、女性フレンドリーなセックストーイならShe Bop③へ。ランチはTaqueria Lindo Michoacan④かRoman Candle⑤、あるいはとても居心地のいいLauretta Jean's⑥がおすすめ。デザートにパイを半分こするのを忘れないで！

15:00　Exiled Records & Crossroads (⇒ p135)

Hawthorneに行ってレコード探し。Exile Records and Crossroadsにはいつもいいセレクションが揃ってるわ。

16:00　Sewallcrest City Park ⑦

ずっと食べたり歩いたりしてきたから、ちょっと休憩。Sewallcrest City Parkに寄って、芝生の上で本を読んだり、赤ちゃんを自由に遊ばせてあげたり。

17:00　Mother Foucault's Bookshop (⇒ p228)

Mother Foucault's Bookshopにいる友だちCraigに会いに行く。この店に来るとあっという間に違う場所と時間に連れていかれてしまう。パリの伝説的書店、シェイクスピア・アンド・カンパニーのポートランド版といったところね！

18:30　Laurelhurst Theater (⇒ p125)

Laurelhurst Theaterで映画。(*21歳以上)

20:30　Dove Vivi ⑧

Dove Viviでディナー。ここのコーンミール生地のピザは真似できない味。

22:00　Angel Face (⇒ p107)

Angel Faceでナイトキャップにマンハッタンと完璧なタルトタタン。(*21歳以上)

DAY2

09:00　Stumptown Belmont ⑨

今日はNEポートランドにアートを見に行くけれど、どこもオープンが遅いから、Stumptown Belmontでラテを買ってLaurelhurst Parkをお散歩しながら一日をスタート。ここに来るとなぜかカナダのビクトリアに旅行したときのことを思い出すわ。

11:00　Sweedeedee (⇒ p38)

Sweedeedeeで朝ごはん。メニューのすべてが美味しくてヘルシーでローカル、なおかつ自家製。

お気に入りギャラリーのうちの二つ。

`17:00` **Forest Park** (⇒ p150)

Forest Parkの近くなので、即興でハイキングに。

`18:30` **Slammer Tavern** ⑫

SEに戻る途中、Slammer Tavernに寄ってトレイルブレイザーズの試合の終わりを観ながら一杯 (21歳以上)。

`20:30` **Nong's Khao Man Ghai** (⇒ p75)

Nong's Khao Man Ghaiでテイクアウト、その後Clinton St. VideoでDVDを借りて、家(宿)に戻ってくつろぎの夜を過ごす。

`12:00` **PMoMA** (⇒ p123)

隣のPMoMAのアートショーを見るために来たの。Mississippi Records (⇒p132) の地下という便利な場所なので、またレコードも買っちゃおう!

`12:30` **Monograph Bookwerks** (⇒ p220)

アート本が見たい気分。Monograph BookwerksとAmpersand (⇒p223) に行き、開催中のアートショーもチェック。

`13:30` **Lowell** (⇒ p198)

ダウンタウンに向かう途中Lowellに寄って、私が街でいちばん大好きな人たち、MayaとDinoに会っていく。小さな陶器の猫を見つけ、我が家のコレクションにプラス。

`14:00` **Adams and Ollman** (⇒ p122)

次はAdams and Ollmanで、もっとアートを。ここのAmyもギャラリーも、私たちがみんなBurnsideにいた頃のご近所さんだったの。彼女たちの新しいギャラリーは素敵でワクワクする!

`14:30` **Addy's Sandwich Bar** ⑩

Addy's Sandwich Barでランチ。ここではAddyの手づくりパテをLittle T.のバゲットにのせてコルニションとマスタードを付けたものが特にお気に入り。再び故郷の気分に!

`15:30` **Hilary Horvath Flowers** ⑪

パールディストリクトに向かう途中、Hilary Horvath FlowersとAlder & Co. (⇒p202) に寄る。見た目も香りも美しい店内。暖かな春の季節をお祝いするためにスズランを少し買っていきましょう。

`16:00` **Galleries**

向かいのHeart (⇒p105) でコーヒーを買って、PDX Contemporary (⇒p126) とOpen Galleryへ。この街の

Shop Information

① ハウス・オブ・コモンズ
3370 SE Division St. / (971) 229-1432 / 月~日 11:00~19:00 / houseofcommonspdx.com

② アドーン
3366 SE Division St. / (503) 505-7424 / 日~水 11:00~19:00、木~土 10:00~20:00 / shopadorn.com

③ シー・ボップ
909 N Beech St. / (503) 473-8018 / 日~木 11:00~19:00、金土 11:00~20:00 / www.sheboptheshop.com

④ タケリア・リンド・ミチョアカン
4035 SE Division St. / (503) 313-6864 / 月~土 10:30~20:00

⑤ ロマン・キャンドル
3377 SE Division St. / (971) 302-6605 / 月~日 8:30~21:00 / romancandlebaking.com

⑥ ラウレッタ・ジーンズ
3402 SE Division St. / (503) 235-3119 / 月~木 8:00~22:00、金土 8:00~23:00、日 8:00~17:00 / laurettajean.com

⑦ ソウォールクレスト・シティ・パーク
SE 31st Ave. & SE Market St. / (503) 823-2525 / 月~日 5:00~24:00

⑧ ダヴ・ヴィヴィ
2727 NE Glisan St. / (503) 239-4444 / 16:00~22:00 / www.dovevivipizza.com

⑨ スタンプタウン・ベルモント
3356 SE Belmont St. / (503) 232-8889 / 月~金 6:00~19:00、土日 7:00~19:00 / stumptowncoffee.com/location/portland/belmont

⑩ アディズ・サンドイッチ・バー
911 SW 10th Ave. / (503) 267-0994 / 月~金 9:00~17:00、土 10:00~17:00 / addyssandwichbar.com

⑪ ヒラリー・ホーヴァート・フラワーズ
616 SW 12th Ave. / (503) 789-1509 / 月~土 12:00~18:00 / hilaryhorvath.com

⑫ スラマー・タバーン
500 SE 8th Ave. / (503) 232-6504 / 月~金 15:00~翌2:30、土日 12:00~翌0:30

⑬ クリントン・ストリート・ビデオ
2501 SE Clinton St. / (503) 236-9230 / 月~木 14:00~22:00、金~日 12:00~22:00

48 HOURS in PORTLAND

Santa
TAQUERIA
OPEN
SMALLPOOLS
SMALLPOOLS
LOVETAP!
LOVETAP!
Servicio de Grua
Running or Not
PASSION PIT
Kindred
PASSION PIT
Kindred
THE NEW ALBUM
APRIL 21
THE NEW ALBUM
APRIL 21
MICHOACAN PROMOTIONS PRESENTA
EXPO CENTER DE PORTLAND OREGON
CAÑAVERAL

PANADERIA
Santa Cruz
Taqueria
TIENDA MEXICANA

CARNICERIA

TAQUERIA

BURITOS	TACOS	TORTAS
VEGETARIANOS	ASADA	ASADA
ASADA	POLLO	POLLO
POLLO	TRIPA	TRIPA
TRIPA	LENGUA	LENGUA
LENGUA	CAVEZA	CAVEZA
CAVEZA	CARNITAS	CARNITAS
CHORIZO	CHORIZO	CHORIZO
CUERITOS	BUCHE	CHORIZO CON
CHORIZO CON	CUERITOS	HUEVO
HUEVO	COMBINACIONES	

SOPES Y TOSTADAS
SABADOS Y DOMINGOS
MENUDO BIRRIA CALDO DE CAMARON
CAMARONES AL MOJO DE AJO
Y A LA DIABLA

CARNICERIA Santa Cruz
¡Cortes a su gusto:

Ranchera   Diezmillo
Espaldilla   Milanesa
Palomilla   Cecina

I was and am Portland before it was (is) the weird place it is today.

Profile
Jeff Hammerly
International Tourism Manager,
Asia of TRAVEL PORTLAND

ポートランドのおすすめを
いくつかのタイプでご紹介します！

　ポートランドは、今となっては言うまでもなく有名です。日本人だけでなく、アメリカ人やフランス人、オランダ人、ドイツ人など……。でも、今の土地を築いてきた元々のポートランダーたちの存在なくしては、近年たくさんの人たちをこれほどまでに惹きつけるポートランドにはなり得なかったでしょう。

　先日、日本へ入国した回数を数えていました。すでに50回近くも日本に行っていました。私はもうすぐ58歳になります。え？ いつの間にそんな月日が流れたのでしょうか？ 目をぱちくりせずにはいられません。これは驚いた！ 自分でも信じられない！ ご冗談を……。

　日本に丸々15年間住んでいる間にいろいろなことをしたし、それ以降、日本が恋しくて30回以上も戻っています。奈良の禅宗寺院で修行僧として生活して警策で打たれたことから、なぜか（おかしなことに）日本で一番大きな海外通信社の支局長に指名されたことまで。また、稲毛の寒い場所で暖房やお風呂もない暮らしをしていたこと、広尾ガーデンヒルズに住んでいたときはスピーディーなエレベーターがアパートの自室まで送り届けてくれたこともありました。日本で童貞も喪失したし、財布をなくしたこともあるし、日本で気を失いかけたこともあります。そして、私は日本が大好きではありますが、戻って来なくてはなりませんでした。そう、ここポートランドへ。

　私は変わり者の一人です。たしかに軽度の変人ではありますが、紛れもなく変人です。28歳になるまで運転免許を持っていませんでした。34歳で初めて車を持ち、それまではどこへ行くにも自転車に乗っていました。（正直に言えば、友だちの車の助手席や後部座席が定位置でした）今でも、私は人生で2台しか車を所有したことがありません。つまり、私は自転車オタクだったのです。自転車オタクと自転車ナチという言葉がありますが、その二つの違いをはっきりさせておくと、後者は残念ながらニューカマーたちによく起こる現象です。この時代と場所に生きていることの素晴らしさの表面的な一部分しか知らないので、よく選り好みやあら探しをしてしまうのです。

　ポートランドが今みたいにおかしな場所になる前から、私はずっとポートランドらしかったし、今でもポートランドらしい生き方をしていると思っています。かつては自分もまわりも、アンチ企業の考えが強く、コミュニティや環境保全を何よりも重要と考えていました。私たちも今では大人になり、時と場合に応じてスーツを着る人もいるので、歳を重ねることはとても面白いと感じるようになりました。私と同世代、もしくはもっと若い世代の人たちの中には、現在ポートランドで何が起こっているのかわからず、時代とずれていると感じる人たちもいます。けれども、騙されてはいけないのです。今の私たちをつくり上げたのは紛れもなくポートランドという土地。そして、私たちこそが現在のポートランドをかたちづくった張本人だということを忘れてはいけないのです。

COLUMN

初めて訪れる人のための定番のポートランド

- Waterfront Park (⇒ p228)
- Esplanade Loop
- Vera Katz Eastbank Esplanade ①
- Portland Farmers Market (⇒ p72)
- International Rose Test Garden
- Portland Japanese Garden (⇒ p27)
- Food cart pods
- Brewpubs
- Timbers/ Trail Blazers games (⇒ p166)
- Powell's City of Books (⇒ p218)

景色を見る

- Portland Aerial Tram ②
- Pittock Mansion (from the garden, ③)
- Mt. Hood (⇒ p156)

個人的なお気に入り

- Mt. Tabor (no car day)
- Darts Bar
- Laurelhurst Theater (安い映画とビール、⇒ p125)
- Hollywood Theatre (⇒ p127)
- People's Food Coop (⇒ p70)
  これこそ私たちヒッピーが1960年代に選んだライフスタイルのあり方！もちろん少しずつかたちは変えながら、社会のメインストリームへ。そしてより一層パワフルになっている。この店は新しいシーズンの幕開けであり、世界が必要としている自然食品の誕生だといえる
- Portland Homestead Supply ④
- 街中をどこでもサイクリング
  可愛らしい自転車はデザイン美の頂点
- ポートランドの公園にある Tall Douglas Fir Trees
  ビジターは広々とした公共スペースをフリーで利用できるので、使わない手はない。リラックスしてポートランドスタイルを楽しもう
- Star Theater ⑤ でアフリカン・ミュージック・コンサート
  店内にソウルやR&B、レゲエの音楽が流れ始めたら、世界中どこを探しても、ここ以外に夜を過ごすのに最適な場所はないと言ってもいいくらいおすすめ
- Forest Park でトレイル・ラン
- 街中の住宅街のエリアを散策。特にイースト・サイド。
  ポートランドはアクティビティやクリエイティビティなどのアーバン・ドリームを叶えることができる街です。また、より小さな世界（たとえば裏庭）で、 自然に身を任せた平穏な田舎暮らしを同時に体験することもできるのです。ポートランドはクリエイティブで自立心のある、恵まれたミドル・クラスたちが集まっています。あるとき、日本人の友だちが「アメリカが将来こうなりうる、こうあるべきというあり方を示した街。それがポートランドだ」と言っていたのを思い出します。

---

travel PORTLAND

トラベル・ポートランド(ポートランド観光協会) はポートランドとその周辺地域の観光促進を目的とした非営利団体です。パイオニア・コートハウススクエアにある観光案内所Visitors Information Centerを運営、観光情報を提供しています。

Visitor Information Center

Pioneer Courthouse Square 701 SW 6th Ave.
1-877-678-5263
(503) 275-8355
月～金 8:30～17:00、土 10:00～16:00、日 10:00～14:00(5月～10月のみ)
www.travelportland.com/lang/japanese
TRAVELPORTLAND.COM

①
Vera Katz Eastbank Esplanade
ヴェラ・カッツ・イーストバンク・エスプラネード
SE Water Ave & Hawthorne Blvd.
portlandoregon.gov/parks

②
Portland Aerial Tram
ポートランド・エアリアル・トラム
月～金 5:30～21:30、土 9:00～17:00
www.gobytram.com

③
Pittock Mansion
ピトック・マンション
3229 NW Pittock Drive
(503)823-3623
営業時間は季節により異なるのでウェブサイトを確認
pittockmansion.org

④
Portland Homestead Supply
ポートランド・ホームステッド・サプライ
8012 SE 13th Ave.
(503)233-8691
月～土 10:00～18:00、日 11:00～17:00
www.homesteadsupplyco.com

⑤
Star Theater
スター・シアター
13 NW Sixth Ave.
(503)345-7892
www.startheaterportland.com

EVENTS *in* PORTLAND

ポートランドはイベントも多彩！

ポートランドはイベントも多彩！ 美味しかったり、ためになったり、気持ちよかったり、そしておバカ (Weird) だったり。年間を通じてユニークなイベントが日々どこかで開催されています。ここに紹介するのは一部なので、ほかのイベント情報も知りたい時にはトラベル・ポートランドのイベントカレンダーをチェックしてみよう！

www.travelportland.com/calendar

※掲載イベントの情報は、2015年3月時点でのもの。最新情報は各イベントのウェブサイトでご確認ください。

1 JANUARY
Chocolate Fest
チョコレート・フェスト
パシフィック・ノースウエスト地区のチョコレートメーカーが出展。試食購入できる。オレゴンコンベンションセンターが会場。
www.chocolatefest.org

2 FEBRUARY
Portland Jazz Festival
ポートランド・ジャズ・フェスティバル
アフリカ系米国人の歴史を祝うBlack History Monthにあわせて開催されるポートランド・ジャズフェスティバル。市内各所で有名アーティストによるコンサートや無料コンサート、セミナーなどが開催される。
www.portlandjazzfestival.org

3 MARCH
Portland Dining Month
ポートランド・ダイニング・マンス
期間中の毎日、参加レストランでの3コースの食事が29ドルとなる。約60のレストランが参加。
www.diningmonthportland.com

4 APRIL
Faux Film Festival
フォー・フィルム・フェスティバル
偽コマーシャルやインチキ映画予告編、偽ドキュメンタリー等のパロディ映画が集合。ハリウッド・シアターが会場。
fauxfilm.com

5 MAY
Last Thursday on Alberta
ラスト・サーズデイ・オン・アルバータ
毎月最終木曜日にアルバータ通りで催されるストリートフェア。5月から9月は歩行者天国になる。
www.lastthursdayonalberta.com

6 JUNE
Portland Rose Festival
ポートランド・ローズフェスティバル
100年以上の歴史のあるフェスティバル。「バラの町 (City of Roses)」ポートランドで3週間にわたってグランド・フローラル・パレード、ウォーター・フロント・パークの仮設遊園地など関連イベントが開催される。
www.rosefestival.org

Pride Portland
プライド・ポートランド
過去40年以上にわたって、ゲイ、レズビアン、バイセクシャルトランスジェンダー・コミュニティの絆を築いてきたフェスティバル。
www.prideportland.org

Pedalpalooza
ペダルパルーザ
6月の3週間、300近くの自転車関連イベントが開催される。ほとんどが自転車好きの個人がオーガナイズしており、特定のテーマを持ったライドなど、無料で参加できるものも多い。
pedalpalooza.org

The World Naked Bike Ride
ワールド・ネイキッド・バイクライド
裸で自転車に乗って夜間街中を走るワールド・ネイキッド・バイクライド。世界中で開催されているが、最大規模を誇るのがポートランド。
pdxwnbr.org

North American Organic Brewers Festival
北米オーガニック・ブルワーズ・フェスティバル
7月最後の土日に開催。2003年より開催のオーガニックビール祭り。50以上のクラフトビールが登場。公園などのアウトドアで開催される。
www.naobf.org

7 JULY

Oregon Brewers Festival
オレゴン・ブルワーズ・フェスティバル
古くから開催され、人気のあるクラフトビール祭り。全米からクラフトビールのつくり手が集まり、4日間に渡って開催。
www.oregonbrewfest.com

PDX Pop Now!
オレゴン・ブルワーズ・フェスティバル
7月の第3土日の2日間にわたり、50の地元インディーバンドが登場する。コンピレーションCDも発売。
www.pdxpopnow.com

Portland Zine Symposium
ポートランド・ジン・シンポジウム
ポートランドのDIYカルチャーを象徴するzineに関するシンポジウム。2日間にわたってワークショップやパネル・ディスカッション、販売や交換会など。
www.portlandzinesymposium.org

8 AUGUST

Bridge Pedal
ブリッジ・ペダル
自転車にやさしいポートランドの名をさらに高める自転車イベント。橋の上からは普段は見られない視点からの風景が望める。コースの長さは好みに合わせて選べる。
blog.bridgepedal.com

Hood to Coast Relay
フッド・トゥ・コースト・リレー
マウント・フッドからオレゴン・コーストまでの200マイル (321キロメートル) をリレー形式で走る世界最長のマラソン・リレーレース。ゴール地点では西海岸最大のビーチパーティが開催される。
www.hoodtocoast.com

Musicfest NW
ミュージックフェスト・ノースウエスト
地元や全米からミュージシャンが集まり、ポートランドの子どもの音楽教育のためのイベント。5日間にわたりダウンタウンの20の会場で170以上のバンドが演奏する。
www.musicfestnw.com

9 SEPTEMBER

Time-Based Art (TBA) Festival
タイムベースド・アートフェスティバル
ポートランド現代美術協会主催の芸術フェスティバル。世界中からパフォーミングアートとビジュアルアートのアーティストが参加。
pica.org/programs/tba-festival/

Feast Portland
フィースト・ポートランド
全米から注目されるフードフェスティバル。地元のレベルの高い料理人や食に関する職人とオレゴン産の食材にハイライトをあてるとともに、国際的に著名なシェフなども招致する。
www.feastportland.com

10 OCTOBER

Portland Fashion Week
ポートランド・ファッション・ウィーク
世界唯一のサスティナブル・ファッションウィーク。インディペンデントでエコ・コンシャスなストリートウェアが登場する。会場はオレゴン・コンベンションセンター。
portlandfashionweek.net

Great American Distillers Festival
グレート・アメリカン・ディスティラーズ・フェスティバル
全米中からディスティラー (蒸留酒造所) のメッカ、ポートランドにディスティラーが集まり、2日間にわたって自慢のプロダクトを披露、業界の将来についてのディスカッションなどを行う。
www.distillersfestival.com

Portland Marathon
ポートランド・マラソン
1972年から続くポートランド・マラソンは全米でも有数のマラソン大会。「ランナーズ・ワールド」誌は「最もウォーカー・フレンドリーな大会」と評している。
portlandmarathon.org

Portland Design Week
ポートランド・デザイン・ウィーク
10月前半1週間、ジャンルを越えてデザインのプロセス、クラフト、実践について学ぶプログラムが実施される。(2016年は4月開催)
www.designweekportland.com

Handmade Bike & Beer Festival
ハンドメイド・バイク・アンド・ビア・フェスティバル
オレゴン・ハンドメイドバイク・ショーとオクトーバーフェストがホップワークス・アーバン・ブリュワリー (→p109) で同時開催。
hopworksbeer.com/bikeandbeerfest

11 NOVEMBER

Little Boxes
リトル・ボクシーズ
感謝祭の週末の2日間、クリスマスのギフトシーズンを前にローカルショップが共同でショッピングのプロモーションを行う。
littleboxespdx.com

12 DECEMBER

Portland Bazaar
ポートランド・バザール
雑貨、ヴィンテージ、アパレル、アクセサリーなどのメイド・イン・ポートランドのブランドが大集合。
portlandbazaar.com

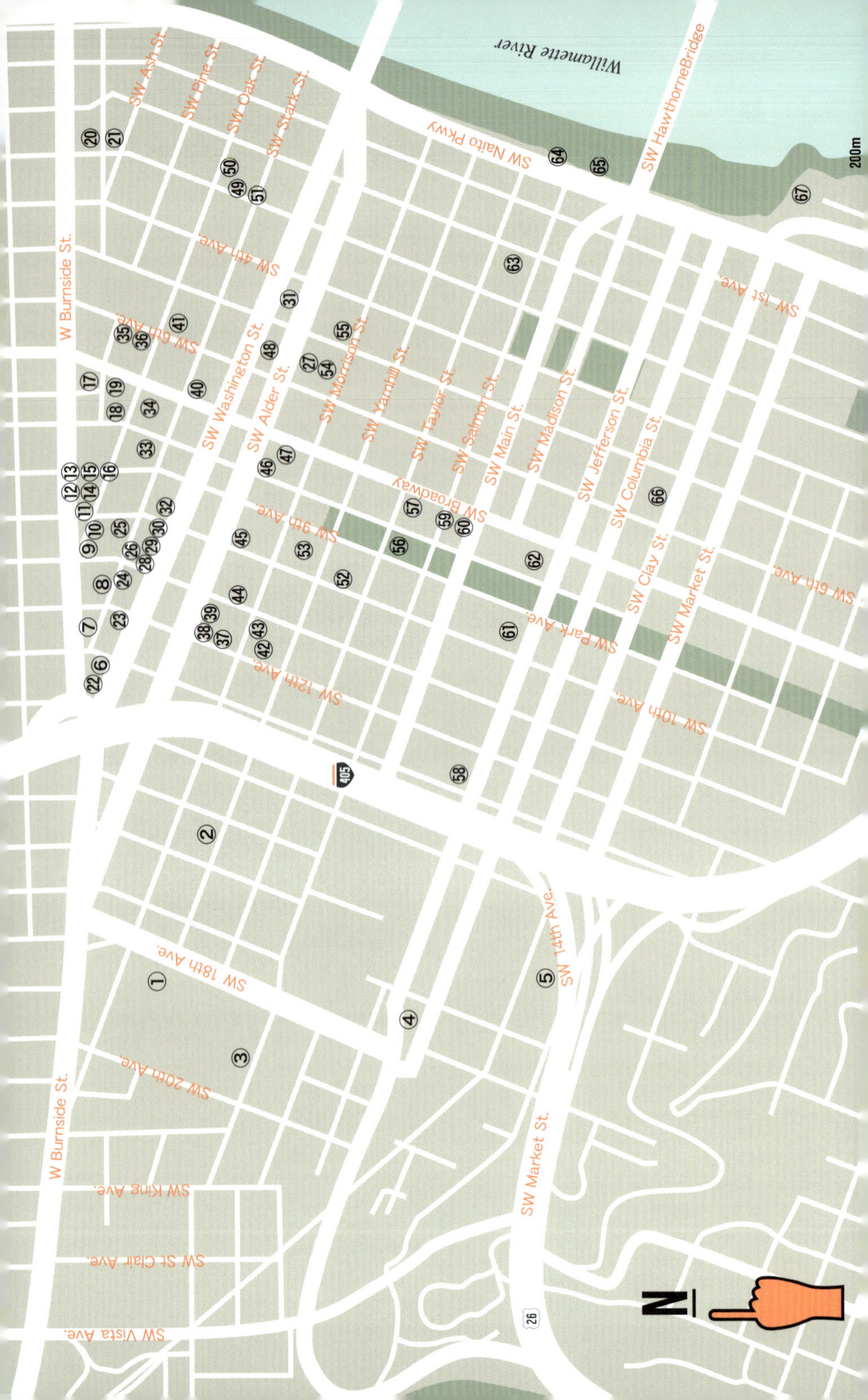
Willamette River
SW HawthorneBridge
SW Naito Pkwy
200m
SW Ash St.
SW Pine St.
SW Oak St.
SW Stark St.
SW 4th Ave
W Burnside St.
SW 6th Ave.
SW Washington St.
SW Alder St.
SW Morrison St.
SW Yamhill St.
SW Taylor St.
SW Salmon St.
SW Main St.
SW Madison St.
SW Jefferson St.
SW Columbia St.
SW Clay St.
SW Market St.
SW 1st Ave.
SW 6th Ave.
SW Broadway
SW 9th Ave.
SW Park Ave.
SW 12th Ave.
SW 10th Ave.
405
SW 18th Ave.
SW 14th Ave.
SW 20th Ave.
W Burnside St.
SW King Ave.
SW Market St.
SW St Clair Ave.
SW Vista Ave.
26
N
1 2 3 4 5 6 7 8 9 10 11 12 13 14 15 16 17 18 19 20 21 22 23 24 25 26 27 28 29 30 31 32 33 34 35 36 37 38 39 40 41 42 43 44 45 46 47 48 49 50 51 52 53 54 55 56 57 58 59 60 61 62 63 64 65 66 67

SOUTHWEST AREA

SW MAP

① Adidas Timbers Team Store — p165
② Hotel DeLuxe — p251
③ MAC (Multnomah Athletic Club) — p167
④ Oregon Culinary Institute — p77
⑤ Fourteen 30 Contemporary — p126
⑥ Tanner Goods — p182
⑦ McMenamins Crystal Hotel — p254
⑧ Scandals — p244
⑨ QUIN — p78
⑩ Danner Boots — p182
⑪ West End Select Shop — p200
⑫ Courier Coffee Roasters — p92
⑬ Maak Lab — p181
⑭ Mâurice — p34
⑮ North of West — p201
⑯ Adams and Ollman — p122
⑰ Publication Studio — p187
⑱ U.S. Outdoor Store — p164
⑲ Bailey's Taproom — p109
⑳ Voodoo Doughnut — p66
㉑ Valentines — p143
㉒ Crystal Ballroom — p139
㉓ Lardo — p75
㉔ The Mark Spencer Hotel — p249
㉕ Living Room Theaters — p124
㉖ Ace Hotel — p248
㉗ Departure — p76
㉘ Pépé le Moko — p108
㉙ Portland Institute for Contemporary Art — p127
㉚ The Poler Flagship Store — p162
㉛ Thought Crime Tattoo — p237
㉜ Woonwinkel — p208
㉝ The Escape — p244
㉞ Benson Hotel — p254
㉟ Bunk Sandwiches — p75
㊱ Little Bird Bistro — p62
㊲ Alder & Co. — p202
㊳ Canoe — p208
㊴ Multnomah Whiskey Library — p90
㊵ Hotel Lucia — p254
㊶ Courtyard by Marriott Portland City Center — p254
㊷ Saint Cupcake — p74
㊸ Bridge & Burn — p209
㊹ Sentinel — p250
㊺ Nong's Khao Man Gai — p75

㊻ The Westin Portland — 255
㊼ All-Way — p48
㊽ Hotel Monaco — p254
㊾ Silverado — p244
㊿ Portland Outdoor Store — p164
51 Cameron's Books & Magazines — p228
52 Crafty Wonderland — p208
53 Boys Fort — p208
54 The Nines — p251
55 Nike Portland — p165
56 The Paramount Hotel — p255
57 Columbia Sportswear Flagship Store — p161
58 Chef Naoko — p29
59 The Heathman Hotel — p254
60 Arlene Schnitzer Concert Hall — p143
61 Portland Art Museum — p116
62 Higgins — p60
63 Lúc Lác Vietnamese Kitchen — p76
64 Mill Ends Park — p228
65 Governor Tom McCall Waterfront Park — p228
66 Hotel Modera — p250
67 RiverPlace Hotel — p255

Steel Bridge
N Interstate Ave.
Broadway Bridge
Willamette River
NW 6th Ave.
NW Broadway
NW 9th Ave.
The Fields Neighborhood Park
NE Fremont St.
NW Glisan St.
NW 13th Ave.
NW Naito Pkwy
N Interstate Ave.
405
NW 18th Ave.
NW 20th Ave.
NW Lovejoy St.
NW Glisan St.
NW Everett St.
NW 21st Ave.
NW 22st Ave.
W Burnside St.
NW 23rd Ave.
30
NW Vaughan St.
NW Quimby St.
Wallace City Park
NW Nicolai St.
N
200m

NORTHWEST AREA

NW MAP

① The Good Flock ---------- p194
② Fat Tire Farm ---------- p169
③ Brick & Mortar ---------- p203
④ Ataula ---------- p50
⑤ Smith Teamaker ---------- p106
⑥ FIT RIGHT NW ---------- p171
⑦ Bull Run Distilling Company ---------- p109
⑧ Inn @ Northrup Station ---------- p254
⑨ The Athletic ---------- p171
⑩ Hush Meditation ---------- p228
⑪ REI ---------- p163
⑫ Lovejoy Bakers ---------- p74
⑬ Hot lips pizza ---------- p75
⑭ Cinema 21 ---------- p125
⑮ Keen Garage ---------- p161
⑯ Oblation Papers & Press ---------- p188
⑰ Pacific Northwest College of Art ---------- p212
⑱ Ken's Artisan Bakery ---------- p74
⑲ Snow Peak ---------- p163
⑳ Vintalier ---------- p208
㉑ Bullseye Projects ---------- p127
㉒ Nuvrei Fine Cakes & Pastries ---------- p74
㉓ Upfor ---------- p121
㉔ Elizabeth Leach Gallery ---------- p126
㉕ PDX Contemporary Art ---------- p126
㉖ Hap Gallery ---------- p126
㉗ Kitchencru ---------- p77
㉘ PINTS Urban Taproom ---------- p109
㉙ Pendleton Home Store ---------- p193
㉚ Magic Garden ---------- p245

㉛ Darcelle XV ---------- p244
㉜ CC Slaughters ---------- p244
㉝ Little Big Burger ---------- p75
㉞ Pearl Bakerly ---------- p74
㉟ Blue Sky Gallery ---------- p126
㊱ Museum of Contemporary Craft ---------- p118
㊲ Augen Gallery ---------- p126
㊳ Embers ---------- p244
㊴ Compound Gallery ---------- p203
㊵ Kiriko ---------- p183
㊶ The Good Mod ---------- p178
㊷ Garden Bar ---------- p45
㊸ Icebreaker Portland ---------- p162
㊹ Powell's City of Books ---------- p218
㊺ Made Here PDX ---------- p199
㊻ Glyph Café and Arts Space ---------- p105
㊼ Roseland Theater ---------- p143
㊽ Orox Leather ---------- p185
㊾ Floating World Comics ---------- p224
㊿ Hand-Eye Supply ---------- p207
㊑ Table of Contents ---------- p207
㊒ Hoodoo Antiques & Design ---------- p204
㊓ Little T American Baker ---------- p74
㊔ Egg Press ---------- p193
㊕ Schoolhouse Electric ---------- p207
㊖ Robot Piercing & Tatoo ---------- p237
㊗ Exit Real World ---------- p243
㊘ Everyday Music ---------- p143
㊙ Cal Skate Skateboards ---------- p243

N

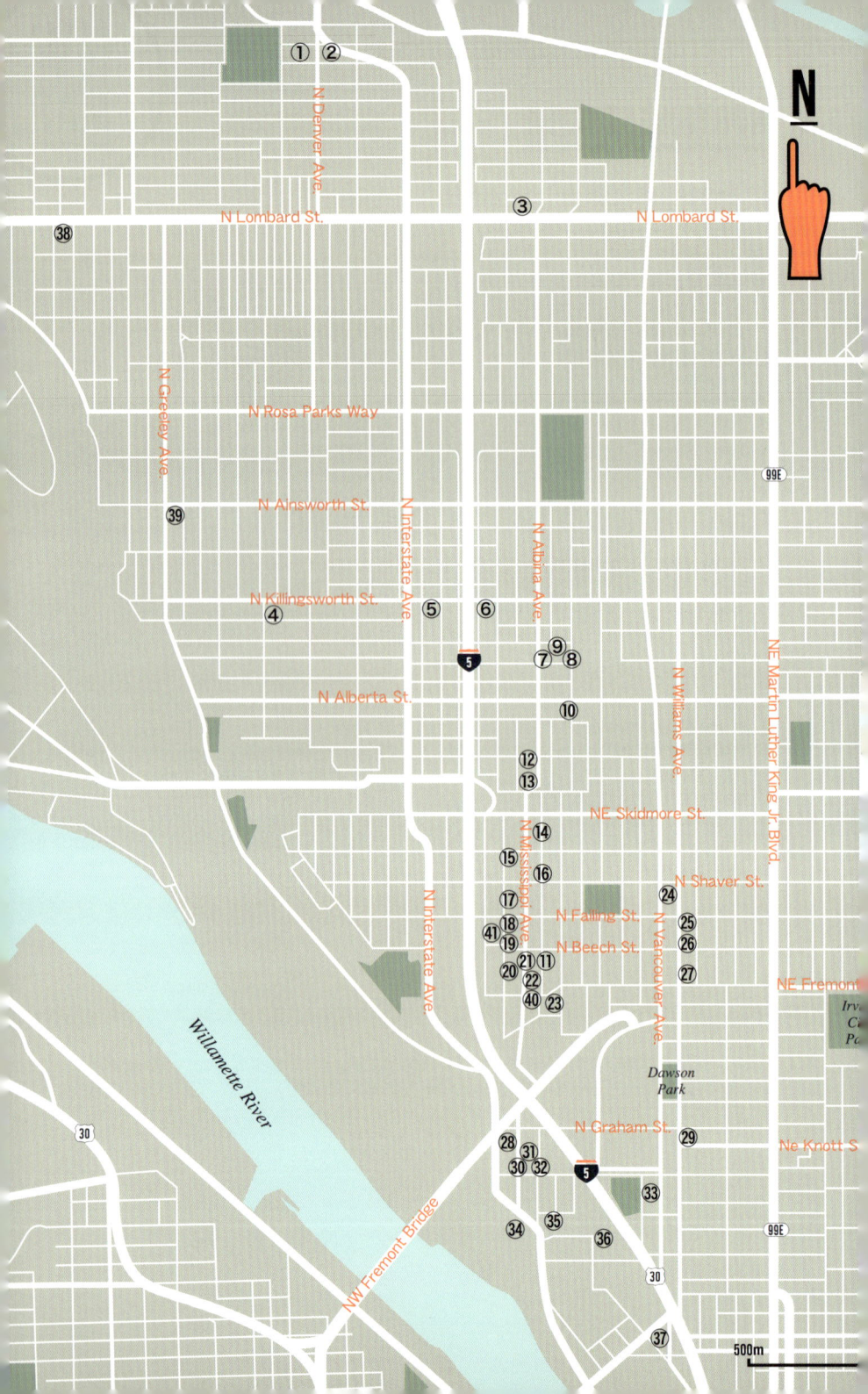

N Denver Ave.
N Lombard St.
N Lombard St.
N Greeley Ave.
N Rosa Parks Way
N Ainsworth St.
N Interstate Ave.
N Killingsworth St.
N Albina Ave.
N Alberta St.
NE Skidmore St.
N Williams Ave.
N Mississippi Ave.
N Shaver St.
N Failing St.
N Beech St.
N Vancouver Ave.
NE Martin Luther King Jr. Blvd.
NE Fremont
Dawson Park
N Graham St.
NE Knott S
Willamette River
NW Fremont Bridge
99E
30
I-5

500m

NORTH AREA

N MAP

① Revive Upholstery & Design — *p184*
② Disjecta Contemporary Art Center — *p123*
③ Eagle Portland — *p244*
④ Milk Glass Mrkt — *p44*
⑤ Portland Button Works — *p180*
⑥ Saraveza — *p109*
⑦ Mississippi Records — *p132*
⑧ Sweedeedee — *p38*
⑨ Portland Museum of Modern Art — *p123*
⑩ Traveler's House Hostel — *p255*
⑪ Fisk — *p121*
⑫ Albina Press — *p108*
⑬ Atlas Tattoo — *p236*
⑭ Paxton Gate — *p209*
⑮ Worn Path — *p209*
⑯ Animal Traffic — *p208*
⑰ Mississippi Studios — *p137*
⑱ Pistils Nursery — *p205*
⑲ The Meadow — *p65*
⑳ The ReBuilding Center — *p193*
㉑ Beacon Sound — *p134*
㉒ Reading Frenzy — *p222*
㉓ Spin Loundry Lounge — *p225*
㉔ United Bicycle Institute Portland — *p172*
㉕ Sugar Wheel Works — *p170*
㉖ Tasty n Sons — *p76*
㉗ Abraham Fixes Bike — *p170*
㉘ Beam & Anchor — *p181*
㉙ Microcosm — *p228*
㉚ Lowell — *p198*
㉛ Icon Tattoo — *p234*
㉜ Portland Culinary Workshop — *p77*
㉝ Ex Novo Brewing — *p96*
㉞ Stumptown Printers — *p186*
㉟ Broder Nord — *p76*
㊱ Wood & Faulk — *p184*
㊲ Upright Brewing — *p97*
㊳ Infinity Tattoo — *p237*
㊴ The Tiny Spoon — *p185*
㊵ ¿Por Que No? — *p63*
㊶ Blue Star Donuts — *p66*

N

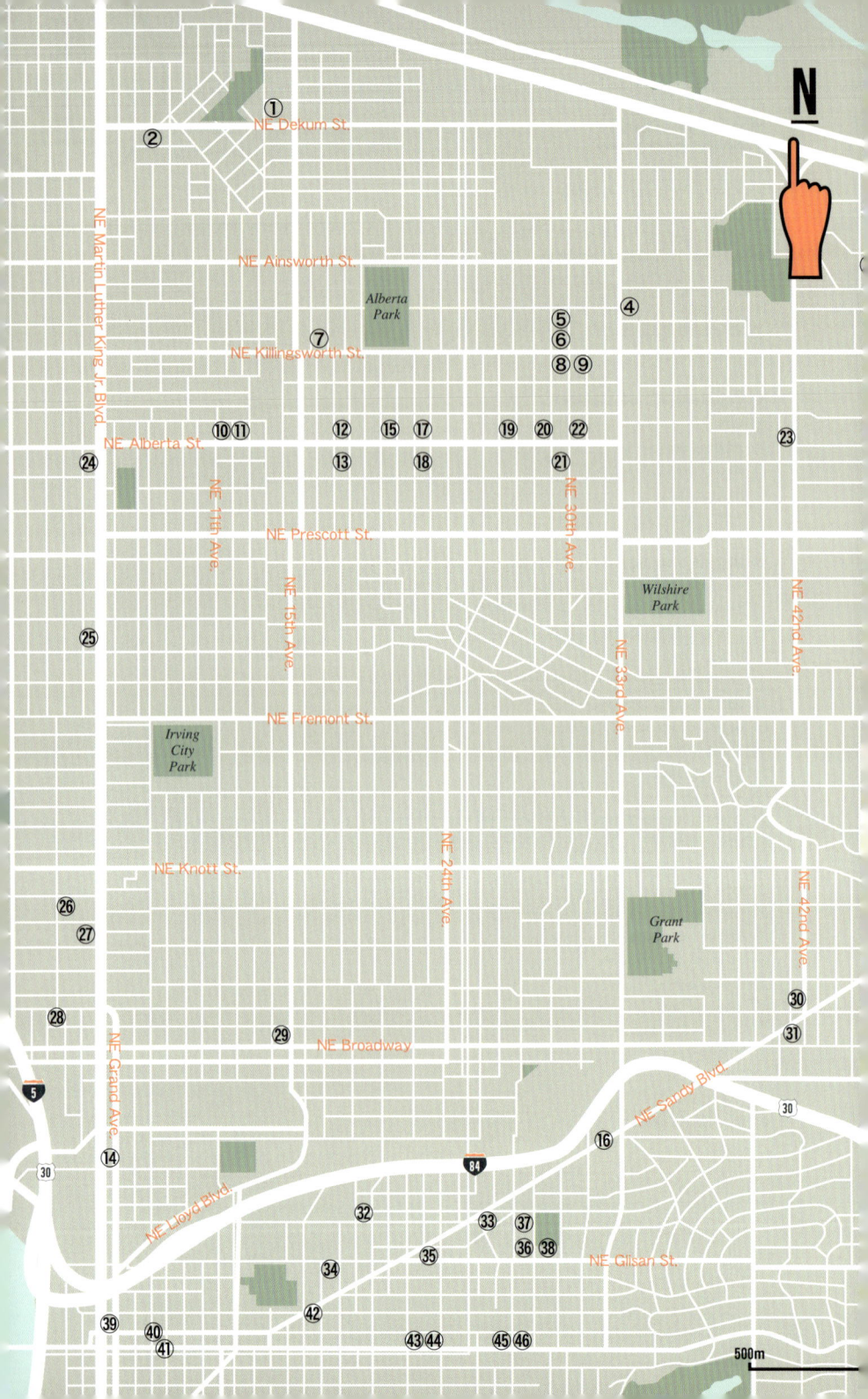

NE Dekum St.

NE Ainsworth St.

Alberta Park

NE Killingsworth St.

NE Alberta St.

NE Martin Luther King Jr. Blvd

NE 11th Ave.

NE 15th Ave.

NE Prescott St.

NE 30th Ave.

NE 33rd Ave.

Wilshire Park

NE 42nd Ave.

NE Fremont St.

Irving City Park

NE Knott St.

Grant Park

NE Broadway

NE Sandy Blvd.

NE Grand Ave.

NE Lloyd Blvd.

NE Glisan St.

500m

NORTHEAST AREA

NE MAP

① P's & Q's Market — *p46*
② The Olegon Public House — *p109*
③ The Side Yard Farm & Kitchen — *p68*
④ McMenamins Kennedy School — *p254*
⑤ DOC — *p54*
⑥ Extracto Coffee Roasters — *p108*
⑦ Tea Bar — *p94*
⑧ Beast — *p58*
⑨ Expatriate — *p107*
⑩ Caravan The Tiny House Hotel — *p252*
⑪ Donnie Vegas — *p108*
⑫ Barista — *p108*
⑬ Communly Cycling Center — *p169*
⑭ Hotel Eastlund — *p254*
⑮ Bollywood Theater — *p62*
⑯ Rip City Skate — *p243*
⑰ Sip Juice Cart — *p106*
⑱ Pine State Biscuits — *p75*
⑲ Monograph Bookwerks — *p220*
⑳ Little Axe Records — *p130*
㉑ Ampersand Gallery & Fine Books — *p223*
㉒ The Sugar Cube — *p74*
㉓ Old Salt Marketplace — *p76*
㉔ Everybody's Bike Rental — *p170*
㉕ Ned Ludd — *p60*
㉖ Wonder Ballroom — *p138*
㉗ OX — *p76*
㉘ Reverend Nat's Hard Cider — *p100*
㉙ Eb and Bean — *p75*
㉚ Velo Cult — *p168*
㉛ Hollywood Theatre — *p127*
㉜ Eutectic Gallery — *p126*
㉝ Church — *p108*
㉞ The Circuit Gym — *p167*
㉟ The Ocean — *p67*
㊱ Pambiche — *p63*
㊲ Fortress Letterpress — *p188*
㊳ Ascari Bicycle — *p173*
㊴ Stark's Vacuum Museum — *p127*
㊵ Burnside Brewing — *p99*
㊶ Hattie's Vintage Clothing — *p209*
㊷ See See Motorcycle Coffee — *p104*
㊸ Palace — *p202*
㊹ Heart Roasters — *p105*
㊺ Laurelhurst theater — *p125*
㊻ Angel Face — *p107*

N 500m

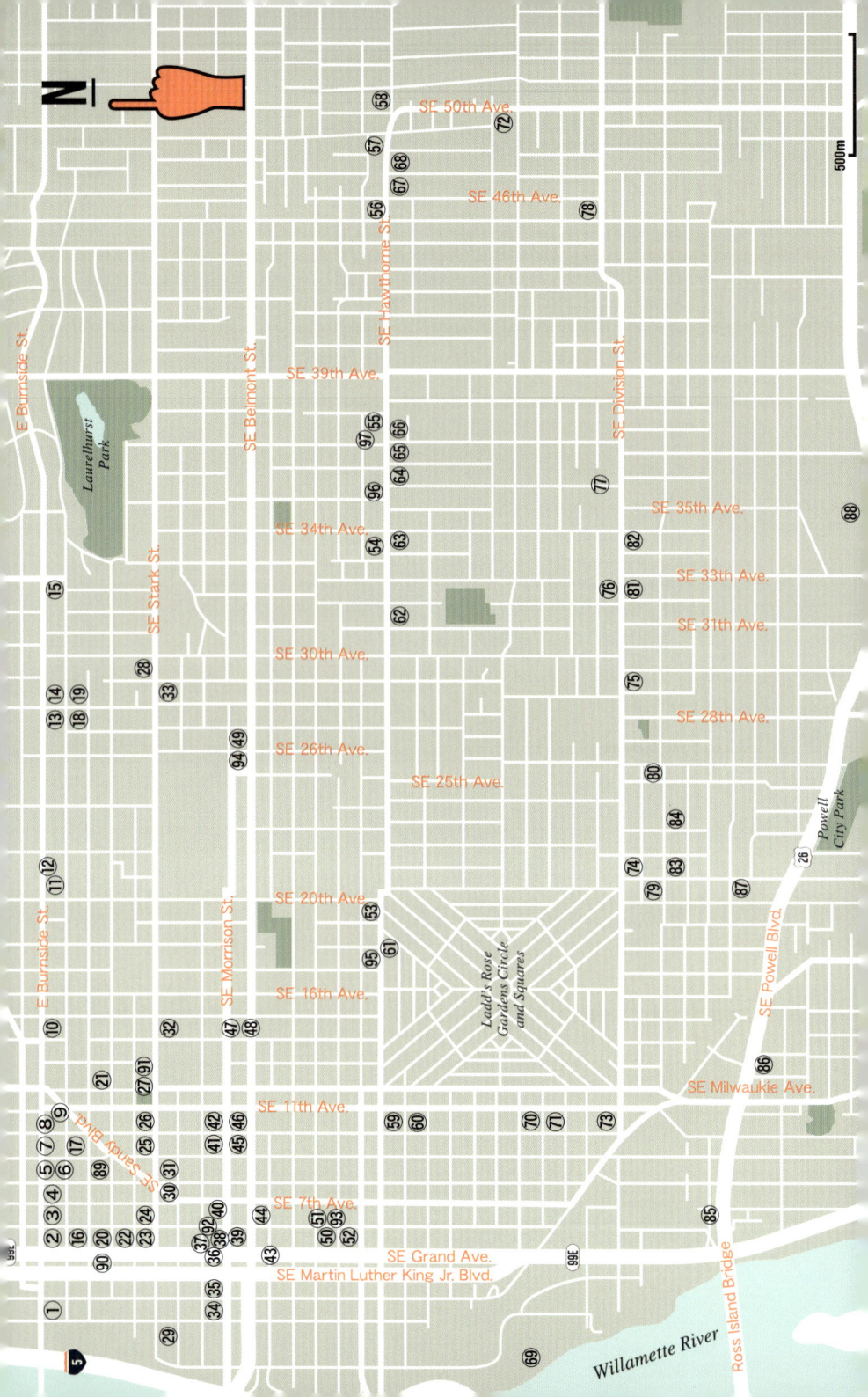

SE 50th Ave.
SE 46th Ave.
SE Hawthorne St.
SE Belmont St.
SE 39th Ave.
E Burnside St.
Laurelhurst Park
SE Stark St.
SE 34th Ave.
SE 35th Ave.
SE Division St.
SE 33rd Ave.
SE 31st Ave.
SE 30th Ave.
SE 28th Ave.
SE 26th Ave.
SE 25th Ave.
SE 20th Ave.
Ladd's Rose Gardens Circle and Squares
SE Morrison St.
SE 16th Ave.
E Burnside St.
SE 11th Ave.
SE Milwaukie Ave.
SE Sandy Blvd.
SE 7th Ave.
SE Grand Ave.
SE Martin Luther King Jr. Blvd.
SE Powell Blvd.
Powell City Park
Willamette River
Ross Island Bridge

SOUTHEAST AREA

SE MAP

① Passages Bookshop — p224
② Machus — p209
③ Rontoms — p143
④ LePigeon — p59
⑤ Jupiter Hotel — p249
⑥ Doug Fir Lounge — p138
⑦ Union Jacks Club — p245
⑧ One Grand Gallery — p126
⑨ Hippo Hardware & Trading Co — p207
⑩ Cal's Pharmacy Skateboards — p243
⑪ Revival Drum Shop — p209
⑫ Luce — p76
⑬ Smut Vintage — p208
⑭ Langbaan — p56
⑮ Music Millenium — p143
⑯ Holdfast Dining — p61
⑰ Una — p200
⑱ Crema Coffee & Bakery — p75
⑲ Artemisia — p207
⑳ Portland Flea — p208
㉑ F.H Steinbart — p104
㉒ ANDY and BAX — p209
㉓ Next Adventure — p160
㉔ Cooper's Hall — p102
㉕ Base Camp Brewing — p109
㉖ ADX — p189
㉗ Woodblock Chocolate — p80
㉘ Starky's — p244
㉙ Olympia Provisions — p59
㉚ Rum Club — p108
㉛ Ota Tofu — p28
㉜ Enso Winery — p103
㉝ Canteen — p75
㉞ Burnside Skate Park — p242
㉟ Radius — p192
㊱ River City Bicycles — p169
㊲ Kachka — p52
㊳ Oso Market + Bar — p47
㊴ Mother Foucault's Bookshop — p228
㊵ Trifecta Tavern & Bakery — p49
㊶ Sassy's Bar & Grill — p245
㊷ Holocene — p137
㊸ Grand Marketplace — p207
㊹ The Commons Brewery — p88
㊺ Cascade Brewing Barrel House — p98
㊻ Yale Union — p122
㊼ Crush — p244
㊽ Milk Milk Lemonade — p201
㊾ Portland Knife House — p206
㊿ Wildfang — p207
51 Jacobsen Salt Co. — p82
52 Coava Coffee Roasters — p108
53 Commonwealth Skateboarding — p240
54 House of Vintage — p208
55 Nodoguro — p29
56 Modern Man — p238
57 Apizza Scholls — p76
58 Tabor Bread — p74
59 Hawthorne Strip — p245
60 Newspace Center for Photography — p126
61 Bee Thinking — p185
62 Crossroads Music — p143
63 Elements Vape — p209
64 Jack Pot Recoeds — p143
65 Harlow — p42
66 McMenamins Bagdad Theater & Pub — p127
67 Exiled Records — p135
68 Hawthorne Vintage — p207
69 OMSI — p127
70 Scout Books — p187
71 Baerlic Brewing Company — p98
72 Historic Tattoo — p236
73 Independent Publishing Resource Center — p223
74 Spielman Bagels — p74
75 Lodekka — p
76 Little Otsu — p193
77 SE Wine Collective — p109
78 Stumptown Coffee Roasters — p108
79 Fifty Licks Ice Cream — p65
80 Clinton Street Record & Stereo — p136
81 Pok Pok — p76
82 Nationale — p120
83 Oddball Studios Tattoo — p237
84 North St. Bags — p171
85 Lucky Devil Lounge — p245
86 Bushwhacker Cider — p101
87 People's Food Co-op — p70
88 Urban Farm Store — p71
89 Biwa — p29
90 Sea Tramp Tattoo Co. — p237
91 Scapegoat Tattoo — p237
92 Shrunken Head Skateboards — p243
93 Bee Local — p82
94 Adorn Tattoos Piercing & Jewelry — p237
95 Skelton Key Tattoo — p237
96 Tender Loving Empire — p140
97 Salt & Straw — p64
98 Hopworks Urban Brewery — p109

A

Abraham Fixes Bikes	p170
Ace Hotel	p248
Acropolis	p245
Adams and Ollman	p122
Adidas Timbers Team Store	p165
Adorn Tattoos Piercing & Jewelry	p237
ADX	p189
Albina Press	p108
Alder & Co.	p202
All-Way	p48
Ampersand Gallery & Fine Books	p223
Anatomy Tattoo	p237
Andy and Bax	p209
Angel Face	p107
Angel's Rest Trail	p152
Animal Traffic	p208
Apizza Scholls	p76
Artemisia	p207
Ascari Bicycles	p173
Ataula	p50
Atlas Tattoo	p236
Augen Gallery	p126

B

Bailey's Taproom	p109
Barista	p108
Base Camp Brewing	p109
Beacon Sound	p134
Beam & Anchor	p181
Baerlic Brewing Company	p98
Beast	p58
Bee Local	p82
Bee Thinking	p185
Benson Hotel	p254
Biwa	p29
Blue Moon Camera and Machine	p209
Blue Sky Gallery	p126
Blue Star Donuts	p66
Bollywood Theater	p62
Boys Fort	p208
Brick & Mortar	p203
Bridge and Burn	p209
Broder Nord	p76
Bull Run Distilling Company	p109
Bullseye Projects	p127
Bunk Sandwiches	p75
Burnside Brewing Co.	p99
Burnside Skate Park	p242
Bushwhacker Cider	p101

Cal Skate Skateboards	p243

C

Cal's Pharmacy	p243
Cameron's Books & Magazines	p228
Canoe	p208
Canteen	p75
Caravan - The Tiny House Hotel Casa	p252
Diablo	p245
Cascade Brewing Barrel House	p98
Cascade Rocks	p154
CC Slaughters	p244
Chef Naoko	p29
Chris King	p169
Church	p108
Cinema 21	p125
Clinton Street Record & Stereo	p136
Coava Coffee	p108
Columbia River Gorge	p155
Columbia Sportswear Flagship Store	p161
Commonwealth Skateboarding	p240
Communiy Cycling Center	p169
Compound Gallery	p203
Cooper's Hall	p102
Courier Coffee Roasters	p92
Courtyard by Marriott Portland City Center	p254
Crafty Wonderland	p208
Crema Coffee Roaster & Bakery	p75
Crossroads Music	p143
Crush	p244
Crystal Ballroom	p139

D

Daddies Board Shop	p243
Danner Boots	p182
Darcelle XV	p244
Devils Point	p245
Disjecta Contemporary Art Center	p123
Division Leap	p228
DOC	p54
Donnie Vegas	p108
Doug Fir Lounge	p138

E

Eagle Portland	p244
Eb & Bean	p75
Ed Benedict Skatepark	p243
Egg Press	p193
Elements PDX Vape	p209
Elizabeth Leach Gallery	p126
Embers	p244
ENSO Winery	p103
Eutectic Gallery	p126
Everybody's Bike Rental	p170

	Everyday Music	p143	Hotel Vintage	p255
	Ex Novo Brewing	p96	House of Vintage	p208
	Exiled Records	p135	Hoyt Arboretum	p228
	Exit Real World	p243	Hush Meditation	p228
	Expatriate	p107		
	Extracto Coffee Roasters	p108		

			Icebreaker Portland	p162
			Icon Tattoo	p234
F	F.H Steinbart Co.	p104	Imperial Tattoo	p237
	Fat Tire Farm	p169	Independent Publishing Resource Center	p223
	Fifty Licks Ice Cream	p65	Infinity Tattoo	p237
	Fisk	p121	Inn @ Northrup Station	p254
	Fit Right NW	p171		
	Floating World Comics	p224		
	Forest Park	p150	**J** Jackpot Records	p143
	Fortress Letterpress	p188	Jacobsen Salt Co.	p82
	Fourteen 30 Contemporary	p126	Jupiter Hotel	p249

G	Gabriel Park	p243	**K** Kachka	p52
	Garden Bar	p45	Keen Garage	p161
	Gigantic Brewing Company	p99	Ken's Artisan Bakery	p74
	Glenhaven Park	p243	Kiriko	p183
	Glyph Café & Arts Space	p105	KitchenCru	p77
	Governor Tom McCall Waterfront Park	p228		
	Grand Marketplace	p207		
	Grovemade	p184	**L** Langbaan	p56
			Lardo	p75
			Laurelhurst Theater	p125
H	Hand-Eye Supply	p207	LePigeon	p59
	Hap Gallery	p126	Little Axe Records	p130
	Harlow	p42	Little Big Burger	p75
	Hattie's Vintage Clothing	p209	Little Bird Bistro	p62
	Hawthorne Strip	p245	Little Otsu	p193
	Hawthorne Vintage	p207	Little T American Baker	p74
	Heart Roasters	p105	Living Room Theaters	p124
	Higgins Restaurant and Bar	p60	Lodekka	p207
	Hippo Hardware & Trading Co	p207	Lovejoy Bakers	p74
	Historic Tattoo	p236	Lowell	p198
	Holdfast Dining	p61	Lúc Lác Vietnamese Kitchen	p76
	Hollywood Theatre	p127	Luce	p76
	Holocene	p137	Lucky Devil Lounge	p245
	Hood River	p158		
	Hoodoo Antiques & Design	p204		
	Hopworks Urban Brewery	p109	**M** Maak Lab	p181
	Hotlips Pizza	p75	MAC (Multnomah Athletic Club)	p167
	Hotel DeLuxe	p251	Machus	p209
	Hotel Eastlund	p254	Made Here PDX	p199
	Hotel Lucia	p254	Magic Garden	p245
	Hotel Modera	p250	Mary's Club	p245
	Hotel Monaco	p254	Måurice	p34

McMenamins Bagdad Theater & Pub······p127
McMenamins Crystal Hotel ············ p254
McMenamins Kennedy School ············ p254
Microcosm Publishing······················ p228
Milk Glass Mrkt ···························p44
Milk Milk Lemonade ······················p201
Mill Ends Park······························ p228
Mississippi Records ·······················p132
Mississippi Studios and Bar Bar········p137
Monograph Bookwerks ····················· p220
Mother Foucault's Bookshop············ p228
Mt. Hood ·································p156
Mt. Tabor Park····························· p228
Multnomah Whiskey Library·············p90
Museum of Contemporary Craft·········p118
Music Millenium·····························p143

N
Nationale··································p120
Ned Ludd ·································p60
Newspace Center for Photography······p126
Next Adventure ··························· p160
Nike Portland ·····························p165
Nodoguro ································· p29
Nong's Khao Man Gai······················ p75
North of West ····························p201
North St. Bags ···························p171
Nuvrei Fine Cakes & Pastries ············ p74

O
Oblation Papers & Press··················p188
Oddball Studios Tattoo···················· p237
Old Salt Market Place····················· p76
Olympia Provisions ······················· p59
One Grand Gallery ························p126
Oregon Coast Trail························p155
Oregon College of Art and Craft ········ p190
Oregon Culinary Institute ··············· p77
Oregon Museum of Science and Industry ·····p127
Orox Leather ······························p185
Oso Market + Bar ························· p47
Ota Tofu ·································· p28
Ox ·· p76

P
P's & Q's Market··························· p46
Pacific Northwest College of Art(PNCA)····· p212
Palace ···································· p202
Pambiche ································· p63
Passages Bookshop ······················· p224
Paxton Gate······························· p209

PDX Contemporary Art····················p126
Pearl Bakerly······························ p74
Pendleton Home Store····················p193
People's Food Coop ······················· p70
Pépé Le Moko·····························p108
Pier Park·································· p243
Pine State Biscuits························ p75
PINTS Urban Taproom ···················· p109
Pistils Nursery··························· p205
Pok Pok··································· p76
¿Por Qué No? ····························· p63
Portland Apothecary······················p183
Portland Art Museum ····················p116
Portland Button Works···················p180
Portland Culinary Workshop ············· p77
Portland Design Works ··················p170
Portland Farmers Market················· p72
Portland Flea····························· p208
Portland Institute for Contemporary Art·····p127
Portland Japanese Garden················ p27
Portland Knife House····················· p206
Portland Museum of Modern Art········p123
Portland Outdoor Store ·················· p164
Portland Timbers·························· p166
Portland Trail Blazers ···················· p166
Powell's City of Books··················· p218
Publication Studio·······················p187

Q
Quin······································· p78

R
Radius Community Art Studios ············ p192
Reading Frenzy ··························· p222
Red Clouds Collective····················p185
Reed College ····························· p226
REI Portland ······························p163
Reverend Nat's Hard Cider ··············· p100
Revival Drum Shop ······················ p209
Revive Upholstery & Design ············· p184
Rip City Skate···························· p243
River City Bicycles ······················p169
River's Edge Hotel & Spa················ p255
RiverPlace Hotel·························· p255
Robot Piercing & Tattoo ················· p237
Rontoms··································p143
Roseland Theater ························p143
Rum Club ·································p108

300

S

Saint Cupcake	p74
Salt & Straw	p64
Saraveza	p109
Sassy's Bar & Grill	p245
Scandals	p244
Scapegoat Tattoo	p237
Schoolhouse Electric	p207
Scout Books	p187
SE Wine Collective	p109
Sea Tramp Tattoo	p237
See See Motor Coffee Co.	p104
Sentinel	p250
Shrunken Head Skateboards	p243
Shwood Eyewear	p184
Silverado	p244
Sip Juice Cart	p106
Skeleton Key Tattoo	p237
Smith Teamaker	p106
Smut Vintage	p208
Snow Peak	p163
Spielman Bagels	p74
Spin Laundry Lounge	p225
Stark's Vacuum Museum	p127
Starky's	p244
Stay Wild Magazine	p171
Stumptown Coffee Roasters	p108
Stumptown Printers	p186
Sugar Wheel Works	p170
Sweedeedee	p38

T

Table of Contents	p207
Tabor Bread	p74
Tanner Goods	p182
Tasty n Sons	p76
Tea Bar	p94
Tender Loving Empire	p140
The Arlene Schnitzer Concert Hall	p143
The Athletic	p171
The Circuit Bouldering Gym	p167
The Colony St. Johns	p253
The Commons Brewery	p88
The Escape	p244
The Good Flock	p194
The Good Mod	p178
The Heathman Hotel	p254
The Mark Spencer Hotel	p249
The Meadow	p65
The Modern Man Barber Shop	p238
The Nines	p251
The Ocean	p67
The Oregon Public House	p109
The Paramount Hotel	p255
The Poler Flagship Store	p162
The ReBuilding Center	p193
The Side Yard Farm & Kitchen	p68
The Sugar Cube	p74
The Tiny Spoon	p185
The Westin Portland	p255
ThoughtCrime Tattoo	p237
Traveler's House Hostel	p255
Trifecta Tavern & Bakery	p49

U

U.S. Outdoor Store	p164
Una	p200
Union Jacks Club	p245
United Bicycle Institute Portland	p172
Upfor	p121
Upright Brewing	p97
Urban Farm Store	p71

V

Valentines	p143
Velo Cult	p168
Vintalier	p208
Voodoo Doughnut	p66

W

West End Select Shop	p200
Wildfang	p207
Willamette Valley Wineries	p109
Wonder Ballroom	p138
Wood & Faulk	p184
Woodblock Chocolate	p80
Woonwinkel	p208
Worn Path	p209

Y

Yale Union	p122

百聞は一験に如かず

インターネットや雑誌、テレビ、ラジオなどの情報源から、どんな情報でも瞬時に必要なものは手に入れることができる時代に僕らは生きています。「今アメリカではこんな流れがあるらしい」「ヨーロッパではこんなレストランが流行っているらしい」「アジアではこんなファッションが人気らしい」と、情報源から目にすること、耳にすることで、「〜らしい」という情報をもとになんとなく自分がそれを追体験したような気になってしまうことがあるかもしれません。もちろん知らないよりは知っているほうが良いし、知識の引き出しは多いにこしたことはありません。

僕らBRIDGE LABが目指すのは、その一歩先にある本当の、"True"な体験のガイドとなること。限られた時間とお金を使って、狭い飛行機の座席に身をおき、目的地まであなたが行った時にどう効率的に、世界を見ることができるのか。無駄を愉しみつつ、どこまで効率よく、Trueな場所、体験にガイドすることができるのか。それこそが、BRIDGE LABの担う一つの役割であり、このTRUE PORTLANDの目指すところなのです。

百聞は一験に如かず。100回聞いた情報を一度自分でした体験が上回る。自分の目で見て、耳で聞いて、手で触り、口で味わい、そしてその時代の瞬間、その街で起きている状況の匂いを鼻で嗅ぐ。それこそが最も価値のあるものだと信じて。このガイドブックが、そのための橋渡しとなることを願います。

世界はあなたが思うよりもはるかに近く、そして刺激的で、何よりも愛おしいものなのだから。

BRIDGE LAB

TRUE PORTLAND

The unofficial guide for creative people

創造都市ポートランドガイド

Annual 2015

ISBN978-4-9907396-5-2
Printed in Japan
© 2015 BRIDGE LAB /
Media Surf Communications Inc.

2015年4月28日　第1刷発行

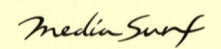

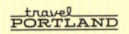

BRIDGE LAB

Media Surf

travel PORTLAND ◆ Columbia

CAFE COMPANY　icebreaker MERINO　TRAVEL OREGON

発行人
黒﨑輝男 Teruo Kurosaki

発行元
BRIDGE LAB

発売元
メディアサーフコミュニケーションズ株式会社
東京都目黒区青葉台3-3-11 みどり荘3F
03-5459-4939

編集
田中佑資／堀江大祐／松井明洋
（メディアサーフコミュニケーションズ株式会社）
岡島悦代（自由大学）
奥野剛史

編集アシスタント
倉本潤（メディアサーフコミュニケーションズ株式会社）
酒井かえで

アートディレクション・デザイン・イラスト
大西真平

デザイン・イラスト
金森彩

テキスト
関澤麻里
間澤智大（メディアサーフコミュニケーションズ株式会社）
森本真奈

写真
Arthur Hitchcock
Christine Dong
Dina Avila
Travel Portland

企画・制作協力
阿部柚／佐々木緑／高木康介／田中亘
竹田潤平／拝原宏高／若菜公太
（メディアサーフコミュニケーションズ株式会社）
Katsu Tanaka
河野真由子（Airbnb）
小柴美保（Mirai Institute K.K.）
柴﨑朋美
武本祥子
水野龍哉
望月暢彦

印刷・製本
藤原印刷株式会社

協力
カフェ・カンパニー株式会社
株式会社ゴールドウイン（icebreaker）
株式会社コロンビアスポーツウェアジャパン
Travel Oregon
Travel Portland

Special thanks to
Yoshio Kurosaki and Niki Kurosaki
Steve Bloom (Japanese Garden)
and
All the Portlanders we met!

website ⇒ truepdx.com